포켓북 왕초보 한일단어 사전

포켓북

왕초보 한일단어 사전

2022년 04월 05일 초판 1쇄 인쇄
2022년 04월 10일 초판 1쇄 발행

지은이 박해리
발행인 손건
편집기획 김상배, 장수경
마케팅 최관호, 김재명
디자인 박민주
제작 최승용
인쇄 선경프린테크

발행처 *LanCom* 랭컴
주소 서울시 영등포구 영등포동4가 146-5, 3층
등록번호 제 312-2006-00060호
전화 02) 2636-0895
팩스 02) 2636-0896
홈페이지 www.lancom.co.kr
이메일 elancom@naver.com

ⓒ 랭컴 2022
ISBN 979-11-92199-09-2 13730

외국어 잡는 포켓북 단어사전 시리즈 4

왕초보

포켓북

한일

KOREAN-JAPANESE
DICTIONARY

단어
사전

LanCom
Language & Communication

이 책의 구성과 특징

모든 외국어는 단어에서 비롯됩니다. 따라서 하나의 단어에서 외국어 학습의 문이 무한대로 열리는 것입니다. 이 때 가장 필요한 것이 사전입니다. 그러나 대부분의 사전은 한정된 지면에 최대한의 정보를 수록하기 때문에 보기 편하고, 찾기 쉬운 점에서는 문제가 있습니다. 또한 상세한 어구 해설이나 문법 설명 등이 들어 있어도 초급자에게는 오히려 단어 그 자체의 의미를 알기 어려운 경우도 많습니다. 이 책은 일본어를 배우는 학생에서부터 실버 세대에 이르기까지 폭넓게 초보자의 입장을 고려하여 심혈을 기울여 다음과 같이 간편하게 엮었습니다.

가나다순으로 찾아보는 단어사전

일본어 학습자가 원하는 단어를 즉석에서 우리말 사전처럼 찾아 볼 수 있도록 한글 가나다순으로 엮어 모르는 단어가 나왔을 때 쉽고 빠르게 그 뜻을 찾아 볼 수 있습니다.

일상생활에 필요한 9,000여 한일단어 엄선수록

일본어를 자유자재로 구사할 수 있도록 주로 일상생활에 쓰이는 9,000여 단어를 엄선하여 기초 학습자의 일본어 단어 길라잡이가 될 수 있도록 꾸몄습니다.

일본인의 발음에 가깝게 한글로 발음표기

일본어 문자를 잘 모르더라도 누구나 쉽게 읽을 수 있도록 일본어 단어 바로 뒤에 일본인의 발음에 충실하여 한글로 표기해두었습니다. 한글 발음을 참조하되 전적으로 의존하지 말고 최대한 원음대로 발음할 수 있도록 노력한다면 학습에 많은 도움이 될 것입니다.

휴대가 간편한 포켓북 사이즈

이 책은 한손에 잡히는 아담한 사이즈로 언제 어디서나 들고 다니면서 쉽게 꺼내서 일본어 단어 학습은 물론 원하는 단어를 찾아볼 수 있습니다.

주제별 그림단어

학습자의 흥미를 돋우고 지루하지 않도록 중간 중간 주제별로 그림단어를 수록하여 그림과 함께 단어를 즐겁게 공부할 수 있습니다.

CONTENTS

주제별 그림단어

- □ **가게** 【店】 **みせ** 미세

- □ **가격** 【価格】 **かかく** 카카꾸

- □ **가결** 【可決】 **かけつ** 카케쓰

- □ **가계** 【家計】 **かけい** 카께-

- □ **가곡** 【歌曲】 **かきょく** 카쿄꾸

- □ **가공** 【加工】 **かこう** 카꼬-

- □ **가공할** 【恐るべき】 **おそるべき** 오소루베끼

- □ **가구** 【家具】 **かぐ** 카구

- □ **가극** 【歌劇】 **かげき** 카게끼

- □ **가급적** **なるべく** 나루베꾸

- □ **가깝다** 【近い】 **ちかい** 치까이

- □ **가까스로** **ようやく** 요-야꾸

- □ **가까이** 【近く】 **ちかく** 치카꾸

- □ **가깝게**(친근) 【親しく】 **したしく** 시따시꾸

- □ **가깝다** 【近い】 **ちかい** 치까이

□ 가꾸다	【育てる】**そだてる** 소다떼루	가
□ 가끔	【時々】**ときどき** 토끼도끼	나
□ 가나다순	【イロハ順】**イロハじゅん** 이로하쥰	다
□ 가난	【貧乏】**びんぼう** 빔보-	라
□ 가난뱅이	【貧乏人】**びんぼうにん** 빔보-닝	마
□ 가난하다	【貧しい】**まずしい** 마즈시-	바
□ 가냘프다	【か細い】**かぼそい** 카보소이	
□ 가늘다	【細い】**ほそい** 호소이	사
□ 가늠	【狙い】**ねらい** 네라이	아
□ 가능	【可能】**かのう** 카노-	
□ 가다	【行く】**いく** 이꾸	자
□ 가다듬다	【取り直す】**とりなおす** 토리나오스	차
□ 가다랑어	**かつお** 카쓰오	카
□ 가닥	【糸口】**いとぐち** 이또구찌	타
□ 가당찮다	**とんでもない** 톤데모나이	
□ 가도	【街道】**かいどう** 카이도-	파
□ 가동	【稼動】**かどう** 카도-	하
□ 가두	【街頭】**がいとう** 가이또-	

□ **가두다**	【閉じ込める】 **とじこめる** 토지꼬메루	
□ **가득**	【一杯】 **いっぱい** 입빠이	
□ **가득하다**	【一杯だ】 **いっぱいだ** 입빠이다	
□ **가든**	**ガーデン** 가-뎅	
□ **가뜩이나**	**そうでなくても** 소-데나꾸테모	
□ **가라앉다**	【沈む】 **しずむ** 시즈무	
□ **가라앉히다**	【沈める】 **しずめる** 시즈메루	
□ **가랑비**	【細雨】 **さいう** 사이우	
□ **가랑이**	【股】 **また** 마따	
□ **가랑잎**	【枯葉】 **かれは** 카레하	
□ **가래(액체)**	【痰】 **たん** 탕	
□ **가래(도구)**	**すき** 스끼	
□ **가려내다**	【選り分ける】 **よりわける** 요리와께루	
□ **가련하다**	【可憐だ】 **かれんだ** 카렌다	
□ **가렵다**	**かゆい** 카유이	
□ **가령**	【例えば】 **たとえば** 타또에바	
□ **가로**	【横】 **よこ** 요꼬	
□ **가로눕다**	【横たわる】 **よこたわる** 요코따와루	

□ **가로등**	【街灯】 **がいとう** 가이또-	
□ **가로막다**	【塞ぐ】 **ふさぐ** 후사구	
□ **가로수**	【並木】 **なみき** 나미끼	
□ **가로쓰기**	【横書き】 **よこがき** 요꼬가끼	
□ **가로지르다**	【横切る】 **よこぎる** 요꼬기루	
□ **가로채기**	【横取り】 **よこどり** 요꼬도리	
□ **가루**	【粉】 **こな** 코나	
□ **가르다**	【割る】 **わる** 와루	
□ **가르치다**	【教える】 **おしえる** 오시에루	
□ **가리다**	【覆う】 **おおう** 오-우	
□ **가리마**	**くしめ** 쿠시메	
□ **가리비**	**ほだてがい** 호다떼가이	
□ **가리키다**	【指す】 **さす** 사스	
□ **가마**(신을 모시는)	【輿】 **こし** 코시	
□ **가마**(머리)	**つむじ** 쓰무지	
□ **가마니**	**かます** 카마스	
□ **가마솥**	【釜】 **かま** 카마	
□ **가마우지**	**う** 우	

□ **가만히**	【静かに】 **しずかに** 시즈까니	
□ **가망**	【見込み】 **みこみ** 미꼬미	
□ **가맹**	【加盟】 **かめい** 카메-	
□ **가면**	【仮面】 **かめん** 카멩	
□ **가명**	【仮名】 **かめい** 카메-	
□ **가무**	【歌舞】 **かぶ** 카부	
□ **가문**	【家門】 **かもん** 카몽	
□ **가뭄**	【日照り】 **ひでり** 히데리	
□ **가미**	【加味】 **かみ** 카미	
□ **가발**	**かつら** 카쓰라	
□ **가방**	**かばん** 카방	
□ **가볍다**	【軽い】 **かるい** 카루이	
□ **가보**	【家宝】 **かほう** 카호-	
□ **가봉**	【仮縫い】 **かりぬい** 카리누이	
□ **가분수**	【仮分数】 **かぶんすう** 카분스-	
□ **가불**	【前借り】 **まえがり** 마에가리	
□ **가사**(집안일)	【家事】 **かじ** 카지	
□ **가사**(노래)	【歌詞】 **かし** 카시	

12

□ 가산	【加算】 かさん	카상
□ 가상	【仮想】 かそう	카소-
□ 가설	【架設】 かせつ	카세쓰
□ 가설	【仮説】 かせつ	카세쓰
□ 가세	【加勢】 かせい	카세-
□ 가소롭다	【笑止千万だ】 しょうしせんばんだ	쇼-시셈반다
□ 가속	【加速】 かそく	카소꾸
□ 가솔린	ガソリン	가소링
□ 가수	【歌手】 かしゅ	카슈
□ 가스	ガス	가스
□ 가슴	【胸】 むね	무네
□ 가슴앓이	【胸焼け】 むなやけ	무나야께
□ 가시	【刺】 とげ	토게
□ 가십	ゴシップ	고십뿌
□ 가업	【家業】 かぎょう	카교-
□ 가열	【加熱】 かねつ	카네쓰
□ 가엾다	【気の毒だ】 きのどくだ	키노 도꾸다
□ 가옥	【家屋】 かおく	카오꾸

□ 가요	【歌謡】 **かよう** 카요-	
□ 가운	**ガウン** 가웅	
□ 가운데	【中】 **なか** 나까	
□ 가위	**はさみ** 하사미	
□ 가위바위보	**じゃんけんぽん** 쟝켐뽕	
□ 가을	【秋】 **あき** 아끼	
□ 가이드	**ガイド** 가이도	
□ 가입	【加入】 **かにゅう** 카뉴-	
□ 가자미	**ひらめ** 히라메	
□ 가작	【佳作】 **かさく** 카사꾸	
□ 가장(어른)	【家長】 **かちょう** 카쪼-	
□ 가장(최고)	【最も】 **もっとも** 못또모	
□ 가장자리	【縁】 **ふち** 후찌	
□ 가재	**ざりがに** 자리가니	
□ 가정(집안)	【家庭】 **かてい** 카떼-	
□ 가정	【仮定】 **かてい** 카떼-	
□ 가족	【家族】 **かぞく** 카조꾸	
□ 가죽	【革・皮】 **かわ** 카와	

14

□ **가지**(나무)	【枝】 **えだ** 에다	
□ **가지**(채소)	【茄子】 **なす** 나스	
□ **가지각색**	【区々】 **まちまち** 마찌마찌	
□ **가지다**	【持つ】 **もつ** 모쓰	
□ **가짜**	【偽物】 **にせもの** 니세모노	
□ **가차없이**	【容赦なく】 **ようしゃなく** 요-샤나꾸	
□ **가축**	【家畜】 **かちく** 카치꾸	
□ **가출**	【家出】 **いえで** 이에데	
□ **가치**	【価値】 **かち** 카치	
□ **가톨릭**	**カトリック** 카토릭꾸	
□ **가파르다**	【急だ】 **きゅうだ** 큐-다	
□ **가해자**	【加害者】 **かがいしゃ** 카가이샤	
□ **가호**	【加護】 **かご** 카고	
□ **가훈**	【家訓】 **かくん** 카꿍	
□ **각**	【角】 **かく** 카꾸	
□ **각각**	【各々】 **おのおの** 오노오노	
□ **각광**	【脚光】 **きゃっこう** 캭꼬-	
□ **각국**	【各国】 **かっこく** 칵코꾸	

□ 각기(각각)	それぞれ	소레조레
□ 각도	【角度】 かくど	카꾸도
□ 각목	【角材】 かくざい	카꾸자이
□ 각박하다	【せち辛い】 せちがらい	세치가라이
□ 각별하다	【格別だ】 かくべつだ	카꾸베쓰다
□ 각본	【脚本】 きゃくほん	캬꾸홍
□ 각색	【脚色】 きゃくしょく	캬꾸쇼꾸
□ 각서	【覚え書き】 おぼえがき	오보에가끼
□ 각선미	【脚線美】 きゃくせんび	캬꾸셈비
□ 각성	【覚醒】 かくせい	카꾸세-
□ 각오	【覚悟】 かくご	카꾸고
□ 각자	【各自】 かくじ	카꾸지
□ 각자(각각)	【各々】 おのおの	오노오노
□ 각자부담	【割り勘】 わりかん	와리깡
□ 각종	【各種】 かくしゅ	카꾸슈
□ 각지	【各地】 かくち	카꾸찌
□ 각축	【角逐】 かくちく	카꾸찌꾸
□ 각하(존칭)	【閣下】 かっか	칵까

□ **각하**(소송)	【却下】 **きゃっか** 캬까		
□ **간격**	【間隔】 **かんかく** 캉카꾸		
□ **간결하다**	【簡潔だ】 **かんけつだ** 캉케쯔다		
□ **간과하다**	【見逃す】 **みのがす** 미노가스		
□ **간단**	【簡単】 **かんたん** 칸땅		
□ **간략하다**	【簡略だ】 **かんりゃくだ** 칸랴꾸다		
□ **간병**	【看病】 **かんびょう** 캄뵤-		
□ **간부**	【幹部】 **かんぶ** 캄부		
□ **간사하다**	**よこしまだ** 요꼬시마다		
□ **간살**	【お世辞】 **おせじ** 오세지		
□ **간섭**	【干渉】 **かんしょう** 칸쇼-		
□ **간소하다**	【簡素だ】 **かんそだ** 칸소다		
□ **간식**	**おやつ** 오야쯔		
□ **간신히**	**やっと** 얏또		
□ **간이**	【簡易】 **かんい** 칸이		
□ **간장**(액체)	【醤油】 **しょうゆ** 쇼-유		
□ **간장**(신체)	【肝臓】 **かんぞう** 칸조-		
□ **간접**	【間接】 **かんせつ** 칸세쯔		

□ 간주	【見做し】 みなし	미나시
□ 간지럽다	くすぐったい	쿠스굿따이
□ 간질이다	くすぐる	쿠스구루
□ 간첩	【間諜】 かんちょう	칸쬬-
□ 간추리다	まとめる	마또메루
□ 간통	【姦通】 かんつう	칸쓰-
□ 간파	【見破り】 みやぶり	미야부리
□ 간판	【看板】 かんばん	캄방
□ 간편하다	【簡便だ】 かんべんだ	캄벤다
□ 간행	【刊行】 かんこう	캉꼬-
□ 간호	【看護】 かんご	캉고
□ 갇히다	【監禁される】 かんきんされる	캉낀사레루
□ 갈구	【渇求】 かっきゅう	칵뀨-
□ 갈기(털)	たてがみ	타떼가미
□ 갈기갈기	ずたずた	즈따즈따
□ 갈다(밭)	【耕す】 たがやす	타가야스
□ 갈대	あし	아시
□ 갈등	【葛藤】 かっとう	캇또-

18

□ 갈라놓다	【引き離す】 **ひきはなす** 히끼하나스	가
□ 갈라지다	【割れる】 **われる** 와레루	
□ 갈림길	【別れ道】 **わかれみち** 와까레미찌	나
□ 갈망	【渇望】 **かつぼう** 카쓰보-	다
□ 갈매기	**かもめ** 카모메	
□ 갈비	【肋骨】 **あばらぼね** 아바라보네	라
□ 갈색	【褐色】 **かっしょく** 캇쇼꾸	마
□ 갈아입다	【着替える】 **きがえる** 키가에루	
□ 갈아타다	【乗り換える】 **のりかえる** 노리까에루	바
□ 갈채	【喝采】 **かっさい** 캇사이	사
□ 갈치	【太刀魚】 **たちうお** 타찌우오	
□ 갈퀴	【熊手】 **くまで** 쿠마데	아
□ 갈팡질팡	**うろうろ** 우로우로	자
□ 갉다	**かじる** 카지루	차
□ 감	**かき** 카끼	
□ 감각	【感覚】 **かんかく** 캉카꾸	카
□ 감개	【感慨】 **かんがい** 캉가이	타
□ 감격	【感激】 **かんげき** 캉게끼	파

□ 감금	【監禁】 かんきん	캉낑
□ 감기	【風邪】 かぜ	카제
□ 감기다	【巻きつく】 まきつく	마끼쓰꾸
□ 감다(실)	【巻く】 まく	마꾸
□ 감다(눈)	【瞑る】 つぶる	쓰부루
□ 감독	【監督】 かんとく	칸또꾸
□ 감동	【感動】 かんどう	칸도-
□ 감량	【感量】 かんりょう	칸료-
□ 감명	【感銘】 かんめい	칸메-
□ 감사(고마움)	【感謝】 かんしゃ	칸샤
□ 감사(감시)	【監査】 かんさ	칸사
□ 감산	【減産】 げんさん	겐상
□ 감상(느낌)	【感想】 かんそう	칸소-
□ 감상(슬픔)	【感傷】 かんしょう	칸쇼-
□ 감상(작품)	【鑑賞】 かんしょう	칸쇼-
□ 감세	【減税】 げんぜい	겐제-
□ 감소	【減少】 げんしょう	겐쇼-
□ 감수(달게 받음)	【甘受】 かんじゅ	칸쥬

□ **감수**(감독)	【監修】 **かんしゅう** 칸슈-	가
□ **감시**	【監視】 **かんし** 칸시	나
□ **감싸다**	【庇う】 **かばう** 카바우	다
□ **감안**	【勘案】 **かんあん** 캉앙	
□ **감언이설**	【口車】 **くちぐるま** 쿠찌구루마	라
□ **감염**	【感染】 **かんせん** 칸셍	마
□ **감옥**	【監獄】 **かんごく** 캉고꾸	바
□ **감원**	【減員】 **げんいん** 겡잉	
□ **감응**	【感応】 **かんのう** 칸노-	사
□ **감자**	【芋】 **いも** 이모	아
□ **감전**	【感電】 **かんでん** 칸뎅	자
□ **감점**	【減点】 **げんてん** 겐뗑	
□ **감정**(마음)	【感情】 **かんじょう** 칸죠-	차
□ **감정**(평가)	【鑑定】 **かんてい** 칸떼-	카
□ **감지**	【感知】 **かんち** 칸찌	타
□ **감질나다**	【焦れったい】 **じれったい** 지렛따이	
□ **감찰**	【監察】 **かんさつ** 칸사쯔	파
□ **감촉**	【感触】 **かんしょく** 칸쇼꾸	하

□ 감추다	【隠す】 かくす 카꾸스
□ 감탄	【感嘆】 かんたん 칸딴
□ 감퇴	【減退】 げんたい 겐따이
□ 감행	【敢行】 かんこう 캉꼬-
□ 감화	【感化】 かんか 캉까
□ 감회	【感懐】 かんかい 캉까이
□ 갑갑하다	【窮屈だ】 きゅうくつだ 큐-꾸쓰다
□ 갑옷	よろい 요로이
□ 갑자기	【急に】 きゅうに 큐-니
□ 갑판	【甲板】 かんぱん 캄빵
□ 값	【値段】 ねだん 네당
□ 값어치	【値打ち】 ねうち 네우찌
□ 값지다	【高価だ】 こうかだ 코-까다
□ 갓	【笠】 かさ 카사
□ 갓난아기	【赤ちゃん】 あかちゃん 아까쨩
□ 강	【河·川】 かわ 카와
□ 강가	【川岸】 かわぎし 카와기시
□ 강간	【強姦】 ごうかん 고-깡

□ **강구하다** 【講じる】 こうじる 코-지루

□ **강당** 【講堂】 こうどう 코-도-

□ **강대** 【強大】 きょうだい 쿄-다이

□ **강도** 【強盗】 ごうとう 고-또-

□ **강등** 【降等】 こうとう 코-또-

□ **강력범** 【強力犯】 ごうりきはん 고-리끼항

□ **강렬하다** 【強烈だ】 きょうれつだ 쿄-레쓰다

□ **강매** 【押売り】 おしうり 오시우리

□ **강물** 【川水】 かわみず 카와미즈

□ **강박관념** 【強迫観念】 きょうはくかんねん 쿄-하꾸간넹

□ **강사** 【講師】 こうし 코-시

□ **강습** 【講習】 こうしゅう 코-슈-

□ **강아지** 【子犬】 こいぬ 코이누

□ **강약** 【強弱】 きょうじゃく 쿄-쟈꾸

□ **강연** 【講演】 こうえん 코-엥

□ **강요하다** 【強いる】 しいる 시이루

□ **강의** 【講義】 こうぎ 코-기

□ **강자** 【強者】 きょうしゃ 쿄-샤

□ 강제	【強制】 **きょうせい**	쿄-세-
□ 강제로	【無理やりに】 **むりやりに**	무리야리니
□ 강조	【強調】 **きょうちょう**	쿄-쬬-
□ 강좌	【講座】 **こうざ**	코-자
□ 강철	【鋼鉄】 **こうてつ**	코-테쓰
□ 강타	【強打】 **きょうだ**	쿄-다
□ 강하다	【強い】 **つよい**	쓰요이
□ 강행	【強行】 **きょうこう**	쿄-꼬-
□ 강화	【強化】 **きょうか**	쿄-까
□ 갖가지	【様々】 **さまざま**	사마자마
	【色々】 **いろいろ**	이로이로
□ 갖다	【持つ】 **もつ**	모쓰
□ 갖추다	【揃える】 **そろえる**	소로에루
□ 갖추어지다	【揃う】 **そろう**	소로우
□ 같다	【同じだ】 **おなじだ**	오나지다
□ 갚다(보답)	【報いる】 **むくいる**	무꾸이루
□ 갚다(되돌림)	【返す】 **かえす**	카에스
□ 개	【犬】 **いぬ**	이누

□ **개간**	【開墾】 **かいこん**	카이꽁
□ **개강**	【開講】 **かいこう**	카이꼬-
□ **개교**	【開校】 **かいこう**	카이꼬-
□ **개구리**	**かえる**	카에루
□ **개구쟁이**	**わんぱく**	왐빠꾸
□ **개그맨**	**ギャグマン**	갸구망
□ **개나리**	**れんぎょう**	렝교-
□ **개념**	【概念】 **がいねん**	카이넹
□ **개다**(날씨)	【晴れる】 **はれる**	하레루
□ **개다**(접다)	【畳む】 **たたむ**	타따무
□ **개량**	【改良】 **かいりょう**	카이료-
□ **개런티**	**ギャランティー**	갸란띠
□ **개막**	【開幕】 **かいまく**	카이마꾸
□ **개명**	【改名】 **かいめい**	카이메-
□ **개미**	**あり**	아리
□ **개발**	【開発】 **かいはつ**	카이하쓰
□ **개방**	【開放】 **かいほう**	카이호-
□ **개별**	【個別】 **こべつ**	코베쓰

개봉	【封切り】 ふうきり 후-끼리
개새끼	【犬畜生】 いぬちくしょう 이누치꾸쇼-
개선	【改善】 かいぜん 카이젱
개설	【開設】 かいせつ 카이세쓰
개성	【個性】 こせい 코세-
개시	【開始】 かいし 카이시
개안	【開眼】 かいがん 카이강
개업	【開業】 かいぎょう 카이교-
개울	【小川】 おがわ 오가와
개울가	【川辺】 かわべ 카와베
개인	【個人】 こじん 코징
개입	【介入】 かいにゅう 카이뉴-
개장	【開場】 かいじょう 카이죠-
개점	【開店】 かいてん 카이뗑
개정	【改正】 かいせい 카이세-
개조	【改造】 かいぞう 카이조-
개중에는	【中には】 なかには 나까니와
개찰	【改札】 かいさつ 카이사쓰

□ 개척　　　【開拓】 かいたく 카이따꾸

□ 개체　　　【個体】 こたい 코따이

□ 개최　　　【開催】 かいさい 카이사이

□ 개축　　　【改築】 かいちく 카이치꾸

□ 개탄　　　【慨嘆】 がいたん 가이땅

□ 개통　　　【開通】 かいつう 카이쓰-

□ 개펄　　　【干潟】 ひがた 히가따

□ 개편　　　【改編】 かいへん 카이헹

□ 개폐　　　【開閉】 かいへい 가이헤-

□ 개표　　　【開票】 かいひょう 카이효-

□ 개학　　　【開学】 かいがく 카이가꾸

□ 개항　　　【開港】 かいこう 카이꼬-

□ 개혁　　　【改革】 かいかく 카이카꾸

□ 개화(열림)　【開化】 かいか 카이까

□ 개화(꽃)　【開花】 かいか 카이까

□ 객관적　　【客観的】 きゃっかんてき 캭깐테끼

□ 객기　　　【空元気】 からげんき 카라겡끼

□ 객사　　　【野垂れ死に】 のたれじに 노따레지니

□ **객석**	【客席】 **きゃくせき** 캬꾸세끼	
□ **객실**	【客室】 **きゃくしつ** 캬꾸시쓰	
□ **객지**	【旅先】 **たびさき** 타비사끼	
□ **객차**	【客車】 **きゃくしゃ** 캬꾸샤	
□ **갤러리**	**ギャラリー** 갸라리-	
□ **갱**	**ギャング** 걍구	
□ **갱년기**	【更年期】 **こうねんき** 코-넹끼	
□ **갱도**	【坑道】 **こうどう** 코-도-	
□ **갱생**	【更生】 **こうせい** 코-세-	
□ **갸륵하다**	【健気だ】 **けなげだ** 케나게다	
□ **갸름하다**	【細長い】 **ほそながい** 호소나가이	
□ **갹출**	【醵出】 **きゃくしゅつ** 캬꾸슈쓰	
□ **거간꾼**	【仲買】 **なかがい** 나까가이	
□ **거구**	【巨躯】 **きょく** 쿄꾸	
□ **거국적**	【挙国的】 **きょこくてき** 쿄코꾸테끼	
□ **거꾸로**	【逆様に】 **さかさまに** 사까사마니	
□ **거나하다**	【ほろ酔い】 **ほろよい** 호로요이	
□ **거느리다**	【率いる】 **ひきいる** 히끼이루	

□ 거닐다	ぶらつく 부라쓰꾸	
□ 거대	【巨大】 きょだい 쿄다이	
□ 거덜나다	つぶれる 쓰부레루	
□ 거동	【振舞い】 ふるまい 후루마이	
□ 거두	【巨頭】 きょとう 쿄또-	
□ 거두다	【収める】 おさめる 오사메루	
□ 거두절미	【単刀直入】 たんとうちょくにゅう 단또-쵸꾸뉴-	
□ 거드름피우다	もったいぶる 못따이부루	
□ 거들다	【手伝う】 てつだう 테쓰다우	
□ 거들먹거리다	のさばる 노사바루	
□ 거듭	【重ねて】 かさねて 카사네떼	
□ 거듭되다	【度重なる】 たびかさなる 다비카사나루	
□ 거뜬히	【軽く】 かるく 카루꾸	
□ 거래	【取り引き】 とりひき 토리히끼	
□ 거룩하다	【尊い】 とうとい 토-또이	
□ 거류민	【居留民】 きょりゅうみん 쿄류-밍	
□ 거르다	【欠かす】 かかす 카까스	
□ 거름	【肥し】 こやし 코야시	

가
나
다
라
마
바
사
아
자
차
카
타
파
하

29

□ 거리(도로)	【街】 **まち** 마찌	
□ 거리(간격)	【距離】 **きょり** 쿄리	
□ 거리끼다	**はばかる** 하바까루	
□ 거만	【高慢】 **こうまん** 코-망	
□ 거머리	**ひる** 히루	
□ 거머쥐다	【引っ掴む】 **ひっつかむ** 힛쓰까무	
□ 거목	【巨木】 **きょぼく** 쿄보꾸	
□ 거무스레하다	【薄黒い】 **うすぐろい** 우스구로이	
□ 거물	【大物】 **おおもの** 오-모노	
□ 거미	**くも** 쿠모	
□ 거부	【拒否】 **きょひ** 쿄히	
□ 거부하다	【拒む】 **こばむ** 코바무	
□ 거북이	【亀】 **かめ** 카메	
□ 거북하다	【気まずい】 **きまずい** 키마즈이	
□ 거북함	【窮屈】 **きゅうくつ** 큐-꾸쓰	
□ 거성	【巨星】 **きょせい** 쿄세-	
□ 거세	【去勢】 **きょせい** 쿄세-	
□ 거세다	【激しい】 **はげしい** 하게시-	

30

□ 거수　　　　　【挙手】きょしゅ 쿄슈

□ 거스르다　　　【逆らう】さからう 사까라우

□ 거스름돈　　　【お釣り】おつり 오쓰리

□ 거슬러 올라가다　さかのぼる 사까노보루

□ 거액　　　　　【巨額】きょがく 쿄가꾸

□ 거울　　　　　【鏡】かがみ 카가미

□ 거위　　　　　がちょう 가쬬-

□ 거의　　　　　ほとんど 호똔도

□ 거인　　　　　【巨人】きょじん 쿄징

□ 거장　　　　　【巨匠】きょしょう 쿄쇼-

□ 거저　　　　　ただ 타다

□ 거절　　　　　【拒絶】きょぜつ 쿄제쓰

□ 거절하다　　　【断る】ことわる 코또와루

□ 거주　　　　　【居住】きょじゅう 쿄쥬-

□ 거지　　　　　【乞食】こじき 코지끼

□ 거지반　　　　【大半】たいはん 타이항

□ 거짓말　　　　うそ 우소

□ 거짓말쟁이　　うそつき 우소쓰끼

□ 거창하다	**おおげさだ** 오-게사다	
□ 거추장스럽다	【面倒だ】 **めんどうだ** 멘도-다	
□ 거치다	【経る】 **へる** 헤루	
□ 거칠다	【荒い】 **あらい** 아라이	
□ 거푸	【重ねて】 **かさねて** 카사네떼	
□ 거품	【泡】 **あわ** 아와	
□ 걱정	【心配】 **しんぱい** 심빠이	
□ 건강	【健康】 **けんこう** 켕꼬-	
□ 건강하다	【丈夫だ】 **じょうぶだ** 죠-부다	
□ 건국	【建国】 **けんこく** 켕코꾸	
□ 건너	【向う側】 **むこうがわ** 무꼬-가와	
□ 건너다	【渡る】 **わたる** 와따루	
□ 건널목	【踏切り】 **ふみきり** 후미끼리	
□ 건네주다	【手渡す】 **てわたす** 테와따스	
□ 건달	**やくざ** 야꾸자	
□ 건드리다	【触る】 **さわる** 사와루	
□ 건립	【建立】 **こんりゅう** 콘류-	
□ 건망증	【健忘症】 **けんぼうしょう** 켐보-쇼-	

32

□ 건물	【建物】 たてもの	타떼모노
□ 건반	【鍵盤】 けんばん	켐방
□ 건방지다	【生意気だ】 なまいきだ	나마이끼다
□ 건배	【乾杯】 かんぱい	캄빠이
□ 건설	【建設】 けんせつ	켄세쓰
□ 건성	【上の空】 うわのそら	우와노소라
□ 건어물	【干物】 ひもの	히모노
□ 건전	【健全】 けんぜん	켄젱
□ 건조(세움)	【建造】 けんぞう	켄조-
□ 건조(마름)	【乾燥】 かんそう	칸소-
□ 건축	【建築】 けんちく	켄치꾸
□ 건투	【健闘】 けんとう	켄또-
□ 건포도	【干葡萄】 ほしぶどう	호시부도-
□ 걷다	【歩く】 あるく	아루꾸
□ 걷어차다	【蹴る】 ける	케루
□ 걷어치우다	【片付ける】 かたづける	카따즈께루
□ 걷히다	【晴れる】 はれる	하레루
□ 걸다	【掛ける】 かける	카께루

가
나
다
라
마
바
사
아
자
차
카
타
파
하

33

□ 걸레	【雑巾】 ぞうきん	조-낑
□ 걸리다	【掛かる】 かかる	카까루
□ 걸맞다	ふさわしい	후사와시-
□ 걸상	【腰掛け】 こしかけ	코시까께
□ 걸음	【歩み】 あゆみ	아유미
□ 걸음걸이	【足取り】 あしどり	아시도리
□ 걸음마	あんよ	앙요
□ 걸작	【傑作】 けっさく	켓사꾸
□ 걸쭉하다	どろどろだ	도로도로다
□ 걸터앉다	【腰掛ける】 こしかける	코시카께루
□ 걸핏하면	ともすれば	도모스레바
□ 검거	【検挙】 けんきょ	켕꾜
□ 검다	【黒い】 くろい	쿠로이
□ 검도	【剣道】 けんどう	켄도-
□ 검둥이	【黒ん坊】 くろんぼう	쿠롬보-
□ 검문	【検問】 けんもん	켐몽
□ 검붉다	【赤黒い】 あかぐろい	아까구로이
□ 검사(조사)	【検査】 けんさ	켄사

□ **검사**(검찰관)	【検事】 **けんじ** 켄지	
□ **검소한**	【質素な】 **しっそな** 싯소나	
□ **검안**	【検眼】 **けんがん** 켕강	
□ **검열**	【検閲】 **けんえつ** 켕에쓰	
□ **검은머리**	【黒髪】 **くろがみ** 쿠로가미	
□ **검정**(색)	【黒】 **くろ** 쿠로	
□ **검정**(검사)	【検定】 **けんてい** 켄떼이	
□ **검정사마귀**	【黒子】 **ほくろ** 호꾸로	
□ **검증**	【検証】 **けんしょう** 켄쇼-	
□ **검진**	【検診】 **けんしん** 켄싱	
□ **검찰**	【検察】 **けんさつ** 켄사쓰	
□ **검출**	【検出】 **けんしゅつ** 켄슈쓰	
□ **검토**	【検討】 **けんとう** 켄또-	
□ **겁나다**	【恐い】 **こわい** 코와이	
□ **겁내다**	【恐れる】 **おそれる** 오소레루	
□ **겁먹다**	**おじける** 오지께루	
□ **겁쟁이**	【臆病者】 **おくびょうもの** 오꾸뵤-모노	
□ **겁탈**	【劫奪】 **ごうだつ** 고-다쓰	

□ 겉	【表】 **おもて**	오모떼
□ 겉치레	【見せ掛け】 **みせかけ**	미세카께
□ 게	**かに**	카니
□ 게다가	**それに**	소레니
□ 게릴라	**ゲリラー**	게리라
□ 게스트	**ゲスト**	게스또
□ 게시판	【掲示板】 **けいじばん**	케-지방
□ 게으르다	【無精だ】 **ぶしょうだ**	부쇼-다
□ 게으름피우다	【怠ける】 **なまける**	나마께루
□ 게으름뱅이	【怠け者】 **なまけもの**	나마께모노
□ 게임	**ゲーム**	게-무
□ 게재	【掲載】 **けいさい**	케-사이
□ 겨	**ぬか**	누까
□ 겨냥	**ねらい**	네라이
□ 겨누다	**ねらう**	네라우
□ 겨드랑이	**わき**	와끼
□ 겨루다	【競う】 **きそう**	키소우
□ 겨를	【暇】 **いとま**	이또마

□ 겨우	かろうじて	카로-지떼
□ 겨울	【冬】 ふゆ	후유
□ 겨울잠	【冬ごもり】 ふゆごもり	후유고모리
□ 겨자	【芥子】 からし	카라시
□ 격노	【激怒】 げきど	게끼도
□ 격돌	【激突】 げきとつ	게끼토쓰
□ 격랑	【激浪】 げきろう	게끼로-
□ 격려	【激励】 げきれい	게끼레-
□ 격려하다	【励ます】 はげます	하게마스
□ 격류	【激流】 げきりゅう	게끼류-
□ 격리	【隔離】 かくり	카꾸리
□ 격멸	【撃滅】 げきめつ	게끼메쓰
□ 격식	【格式】 かくしき	카꾸시끼
□ 격일	【隔日】 かくじつ	카꾸지쓰
□ 격전	【激戦】 げきせん	게끼셍
□ 격찬	【激讃】 げきさん	게끼상
□ 격침	【撃沈】 げきちん	게끼찡
□ 격퇴	【撃退】 げきたい	게끼따이

가
나
다
라
마
바
사
아
자
차
카
타
파
하

□ 격통	【激痛】 げきつう	게끼쓰-
□ 격투	【格闘】 かくとう	카꾸또-
□ 격파	【撃破】 げきは	게끼하
□ 격화	【激化】 げっか	겍까
□ 겪다	【経験する】 けいけんする	케-껭스루
□ 견고	【堅固】 けんご	켕고
□ 견디다	【堪える】 たえる	타에루
□ 견문	【見聞】 けんぶん	켐붕
□ 견본	【見本】 みほん	미홍
□ 견본	サンプル	삼뿌루
□ 견습	【見習い】 みならい	미나라이
□ 견인	【牽引】 けんいん	켕잉
□ 견적	【見積り】 みつもり	미쓰모리
□ 견제	【牽制】 けんせい	켄세-
□ 견주다	【比べる】 くらべる	쿠라베루
□ 견지	【堅持】 けんじ	켄지
□ 견학	【見学】 けんがく	켕가꾸
□ 견해	【見解】 けんかい	켕까이

38

□ **결과**	【結果】 **けっか** 켁까	가
□ **결국**	【結局】 **けっきょく** 켁쿄꾸	나
□ **결근**	【欠勤】 **けっきん** 켁낑	
□ **결단**	【決断】 **けつだん** 케쓰당	다
□ **결단코**	【断じて】 **だんじて** 단지떼	라
□ **결렬**	【決裂】 **けつれつ** 케쓰레쓰	마
□ **결례**	【欠礼】 **けつれい** 케쓰레-	바
□ **결론**	【結論】 **けつろん** 케쓰롱	사
□ **결말**	【決末】 **けつまつ** 케쓰마쓰	
□ **결백**	【潔白】 **けっぱく** 켑빠꾸	아
□ **결벽**	【潔癖】 **けっぺき** 켑뻬끼	자
□ **결별**	【訣別】 **けつべつ** 케쓰베쓰	차
□ **결빙**	【結氷】 **けっぴょう** 켑뾰-	카
□ **결사적**	【決死的】 **けっしてき** 켓시테끼	타
□ **결산**	【決算】 **けっさん** 켓상	
□ **결석**(빠짐)	【欠席】 **けっせき** 켓세끼	파
□ **결석**(돌)	【結石】 **けっせき** 켓세끼	하
□ **결성**	【結成】 **けっせい** 켓세-	

□ 결속	【結束】けっそく	켓소꾸
□ 결손	【欠損】けっそん	켓송
□ 결승	【決勝】けっしょう	켓쇼-
□ 결실	【結実】けつじつ	케쓰지쓰
□ 결심	【決心】けっしん	켓싱
□ 결여	【欠如】けつじょ	케쓰죠
□ 결의	【決意】けつい	케쓰이
□ 결재	【決裁】けっさい	켓사이
□ 결정	【決定】けってい	켓떼-
□ 결코	【決して】けっして	켓시떼
□ 결투	【決闘】けっとう	켓또-
□ 결핍	【欠乏】けつぼう	케쓰보-
□ 결함	【欠陥】けっかん	켁깡
□ 결합	【結合】けつごう	케쓰고-
□ 결항	【欠航】けっこう	켁꼬-
□ 결핵	【結核】けっかく	켁카꾸
□ 결혼	【結婚】けっこん	켁꽁
□ 겸사겸사	がてら	가떼라

□ 겸손	【謙遜】 けんそん	켄송
□ 겸용	【兼用】 けんよう	켕요-
□ 겸직	【兼職】 けんしょく	켄쇼꾸
□ 겹겹이	【十重二十重に】 とえはたえに	토에하따에니
□ 겹질리다	くじく	쿠지꾸
□ 겹쳐지다	【重なる】 かさなる	카사나루
□ 겹치다	【重ねる】 かさねる	카사네루
□ 경건	【敬虔】 けいけん	케-껭
□ 경계(감시)	【警戒】 けいかい	케-까이
□ 경계(구분)	【境界】 きょうかい	쿄-까이
□ 경고	【警告】 けいこく	케-코꾸
□ 경과	【経過】 けいか	케-까
□ 경관	【警官】 けいかん	케-깡
□ 경기(겨룸)	【競技】 きょうぎ	쿄-기
□ 경기(경제)	【景気】 けいき	케-끼
□ 경단	【団子】 だんご	당고
□ 경대	【鏡台】 きょうだい	쿄-다이
□ 경력	【経歴】 けいれき	케-레끼

경련	【痙攣】 けいれん 케-렝
경례	【敬礼】 けいれい 케-레-
경로	【経路】 けいろ 케-로
경리	【経理】 けいり 케-리
경마	【競馬】 けいば 케-바
경매	【競売】 きょうばい 쿄-바이
경멸	【軽蔑】 けいべつ 케-베쓰
경박하다	【軽薄だ】 けいはくだ 케-하꾸다
경범죄	【軽犯罪】 けいはんざい 케-한자이
경보	【警報】 けいほう 케-호-
경비(비용)	【経費】 けいひ 케-히
경비(지킴)	【警備】 けいび 케-비
경사스럽다	めでたい 메데따이
경선	【競選】 きょうせん 쿄-셍
경솔	【軽率】 けいそつ 케-소쓰
경신	【更新】 こうしん 코-싱
경악	【驚愕】 きょうがく 쿄-가꾸
경어	【敬語】 けいご 케-고

□ 경영　　　【経営】けいえい　케-에-

□ 경우　　　【場合】ばあい　바아이

□ 경위　　　【経緯】いきさつ　이끼사쓰

□ 경유　　　【経由】けいゆ　케-유

□ 경의　　　【敬意】けいい　케-이

□ 경음악　　【軽音楽】けいおんがく　케-옹가꾸

□ 경이　　　【驚異】きょうい　쿄-이

□ 경작　　　【耕作】こうさく　코-사꾸

□ 경쟁　　　【競争】きょうそう　쿄-소-

□ 경적　　　【警笛】けいてき　케-테끼

□ 경전　　　【経典】けいてん　케-뗑

□ 경제　　　【経済】けいざい　케-자이

□ 경종　　　【警鐘】けいしょう　케-쇼-

□ 경주　　　【競走】きょうそう　쿄-소-

□ 경지　　　【境地】きょうち　쿄-찌

□ 경질　　　【更迭】こうてつ　코-떼쓰

□ 경찰　　　【警察】けいさつ　케-사쓰

□ 경치　　　【景色】けしき　케시끼

□ 경쾌함	【軽快】 けいかい	케-까이
□ 경품	【景品】 けいひん	케-힝
□ 경향	【傾向】 けいこう	케-꼬-
□ 경험	【経験】 けいけん	케-껭
□ 경호	【警護】 けいご	케-고
□ 곁	【側】 そば	소바
□ 곁들이다	【添える】 そえる	소에루
□ 계곡	【渓谷】 けいこく	케-코꾸
□ 계급	【階級】 かいきゅう	케이뀨-
□ 계기	【契機】 けいき	케-끼
□ 계단	【階段】 かいだん	카이당
□ 계도	【系図】 けいず	케-즈
□ 계란	【卵】 たまご	타마고
□ 계략	【計略】 けいりゃく	케-랴꾸
□ 계류	【渓流】 けいりゅう	케-류-
□ 계모	【継母】 ままはは	마마하하
□ 계몽	【啓蒙】 けいもう	케-모-
□ 계산	【計算】 けいさん	케-상

44

□ 계산(지불)	【勘定】 **かんじょう** 칸죠-	가
□ 계산대	【帳場】 **ちょうば** 죠-바	나
□ 계속	【継続】 **けいぞく** 케-조꾸	
□ 계속되다	【続く】 **つづく** 쓰즈꾸	다
□ 계속하다	【続ける】 **つづける** 쓰즈께루	라
□ 계승	【継承】 **けいしょう** 케-쇼-	마
□ 계시	【啓示】 **けいじ** 케-지	바
□ 계약	【契約】 **けいやく** 케-야꾸	
□ 계엄령	【戒厳令】 **かいげんれい** 카이겐레-	사
□ 계열	【系列】 **けいれつ** 케-레쓰	아
□ 계장	【係長】 **かかりちょう** 카까리쬬-	자
□ 계절	【季節】 **きせつ** 키세쓰	차
□ 계집	【女】 **おんな** 온나	
□ 계통	【系統】 **けいとう** 케-또-	카
□ 계파	【系派】 **けいは** 케-하	타
□ 계획	【計画】 **けいかく** 케-카꾸	파
□ 고가도로	【高架道路】 **こうかどうろ** 코-까도-로	하
□ 고갈	【枯渇】 **こかつ** 코까쓰	

□ 고개	【峠】 とうげ	토-게
□ 고개를 끄덕이다	うなずく	우나즈꾸
□ 고객	【得意】 とくい	토꾸이
□ 고갯길	【峠道】 とうげみち	토-게미찌
□ 고고학	【考古学】 こうこがく	코-꼬가꾸
□ 고구마	さつまいも	사쓰마이모
□ 고궁	【古宮】 こきゅう	코뀨-
□ 고꾸라지다	つんのめる	쓴노메루
□ 고귀	【高貴】 こうき	코-끼
□ 고금	【古今】 ここん	코꽁
□ 고급	【高級】 こうきゅう	코-뀨-
□ 고기	【肉】 にく	니꾸
□ 고기압	【高気圧】 こうきあつ	코-끼아쓰
□ 고깃배	【漁船】 ぎょせん	교셍
□ 고깝다	【恨めしい】 うらめしい	우라메시-
□ 고난	【苦難】 くなん	쿠낭
□ 고뇌	【苦悩】 くのう	쿠노-
□ 고뇌하다	【悩む】 なやむ	나야무

□ 고니	スワン	스왕
□ 고달프다	だるい	다루이
□ 고대	【古代】こだい	코다이
□ 고도(섬)	【孤島】ことう	코또-
□ 고도(옛도읍)	【古都】こと	코또
□ 고도(높이)	【高度】こうど	코-도
□ 고독	【孤独】こどく	코도꾸
□ 고드름	つらら	쓰라라
□ 고등	【高等】こうとう	코-또-
□ 고등어	さば	사바
□ 고딕	ゴシック	고싯꾸
□ 고락	【苦楽】くらく	쿠라꾸
□ 고래	くじら	쿠지라
□ 고료	【考慮】こうりょ	코-료
□ 고르다	【選ぶ】えらぶ	에라부
□ 고름	【膿】うみ	우미
□ 고리	【輪】わ	와
□ 고리대금	【高利貸し】こうりがし	코-리가시

47

□ 고리짝	【行李】こうり 코-리
□ 고릴라	**ゴリラ** 고리라
□ 고립	【孤立】こりつ 코리쓰
□ 고막	【鼓膜】こまく 코마꾸
□ 고맙다	【有難い】ありがたい 아리가따이
□ 고목	【枯木】こぼく 코보꾸
□ 고무	**ゴム** 고무
□ 고무적	【鼓舞的】こぶてき 코부테끼
□ 고문(자문)	【顧問】こもん 코몽
□ 고문(자백)	【拷問】ごうもん 고-몽
□ 고물	【古物】ふるもの 후루모노
□ 고민	【悩み】なやみ 나야미
□ 고발	【告発】こくはつ 코꾸하쓰
□ 고배	【苦杯】くはい 쿠하이
□ 고백	【告白】こくはく 코꾸하꾸
□ 고별	【告別】こくべつ 코꾸베쓰
□ 고분고분	【大人しく】おとなしく 오또나시꾸
□ 고삐	【手綱】たづな 타즈나

고사리	わらび 와라비
고상하다	【気高い】けだかい 케다까이
고상함	【上品】じょうひん 죠-힝
고생	【苦労】くろう 쿠로-
고서	【古本】ふるほん 후루홍
고소	【告訴】こくそ 코꾸소
고소하다	こきみよい 코끼미요이
고속도로	【高速道路】こうそくどうろ 코-소꾸도-로
고수	【高段者】こうだんしゃ 코-단샤
고수머리	【縮れ毛】ちぢれげ 치지레게
고스란히	ごっそり 곳소리
고슴도치	はりねずみ 하리네즈미
고시(알림)	【告示】こくじ 코꾸지
고시(시험)	【考試】こうし 코-시
고아	【孤児】こじ 코지
고안	【考案】こうあん 코-앙
고압적	【高圧的】こうあつてき 코-아쯔테끼
고양이	【猫】ねこ 네꼬

고요하다	【静かだ】 しずかだ 시즈까다
고용	【雇用】 こよう 코요-
고유	【固有】 こゆう 코유-
고의	【故意】 こい 코이
고인	【故人】 こじん 코징
고자질	【告げ口】 つげくち 쓰게쿠찌
고작	【高々】 たかだか 타까다까
고장	【故障】 こしょう 코쇼-
고저	【高低】 こうてい 코-떼-
고전(힘든 싸움)	【苦戦】 くせん 쿠셍
고전(옛 작품)	【古典】 こてん 코뗑
고정	【固定】 こてい 코떼-
고조	【高潮】 こうちょう 코-쬬-
고증	【考証】 こうしょう 코-쇼-
고지(높은 곳)	【高地】 こうち 코-찌
고지(알림)	【告知】 こくち 코꾸찌
고지식함	【律儀】 りちぎ 리찌기
고질	【病み付き】 やみつき 야미쓰끼

50

□ 고집불통　　【意地っ張り】 いじっぱり　이집빠리

□ 고찰　　　　【考察】 こうさつ　코-사쯔

□ 고참　　　　【古顔】 ふるがお　후루가오

□ 고체　　　　【固体】 こたい　코따이

□ 고추　　　　【唐芥子】 とうがらし　토-가라시

□ 고취　　　　【鼓吹】 こすい　코스이

□ 고층　　　　【高層】 こうそう　코-소-

□ 고치다　　　【直す】 なおす　나오스

□ 고쳐지다　　【直る】 なおる　나오루

□ 고통　　　　【苦痛】 くつう　쿠쓰-

□ 고프다　　　ひもじい　히모지-

□ 고하　　　　【高下】 こうか　코-까

□ 고하다　　　【告げる】 つげる　쓰게루

□ 고함치다　　【怒鳴る】 どなる　도나루

□ 고행　　　　【苦行】 くぎょう　쿠교-

□ 고향　　　　【故郷】 こきょう　코쿄-

□ 고혈압　　　【高血圧】 こうけつあつ　코-게쓰아쓰

□ 곡　　　　　【曲】 きょく　쿄꾸

가족　家族

① おじいさん
오지-상

② おばあさん
오바-상

③ お父さん
오또-상

④ お母さん
오까-상

⑤ お兄さん・弟
오니-상・오토-또

⑥ お姉さん・妹
오네-상・이모-또

⑦ 夫 <ruby>おっと</ruby>
옷또

⑧ 妻 <ruby>つま</ruby>
쓰마

⑨ 子供 <ruby>こ ども</ruby>
코도모

⑩ 赤ちゃん <ruby>あか</ruby>
아카쨩

① 할아버지 ② 할머니 ③ 아버지 ④ 어머니 ⑤ 형(오빠)·남동생
⑥ 언니(누나)·여동생 ⑦ 남편 ⑧ 아내 ⑨ 어린이 ⑩ 아기

□ 곡괭이	つるはし	쓰루하시
□ 곡목	【曲目】 きょくもく	교꾸모꾸
□ 곡물	【穀物】 こくもつ	고꾸모쓰
□ 곡선	【曲線】 きょくせん	쿄꾸셍
□ 곡예	【曲芸】 きょくげい	쿄꾸게-
□ 곤경	【困境】 こんきょう	콩꾜-
□ 곤란	【困難】 こんなん	콘낭
□ 곤란하다	【困る】 こまる	코마루
□ 곤봉	【棍棒】 こんぼう	콤보-
□ 곤충	【昆虫】 こんちゅう	콘쮸-
□ 곤혹	【困惑】 こんわく	콩와꾸
□ 곧	すぐ	스구
□ 곧바로	まっすぐ	맛스구
□ 곧이듣다	【真に受ける】 まにうける	마니우께루
□ 골격	【骨付き】 ほねつき	호네쓰끼
□ 골동품	【骨董品】 こっとうひん	콧또-힝
□ 골든아워	ゴールデンアワー	고-루뎅아와
□ 골목	【路地】 ろじ	로지

54

□ 골몰하다	【耽る】 ふける	후께루
□ 골반	【骨盤】 こつばん	코쓰방
□ 골수	【骨髄】 こつずい	코쓰즈이
□ 골짜기	【谷間】 たにま	타니마
□ 골칫거리	【頭痛の種】 ずつうのたね	즈쓰-노타네
□ 골프	ゴルフ	고루후
□ 골키퍼	ゴールキーパー	고-루키-빠-
□ 곰	【熊】 くま	쿠마
□ 곰곰이	じっくり	직꾸리
□ 곰보	あばた	아바따
□ 곰팡이	かび	카비
□ 곱다	【綺麗だ】 きれいだ	키레-다
□ 곱하기	【掛け算】 かけざん	카께장
□ 곱슬머리	【縮れ毛】 ちぢれげ	지지레게
□ 곳	【所】 ところ	토꼬로
□ 공	まり	마리
□ 공간	【空間】 くうかん	쿠-깡
□ 공갈	【恐喝】 きょうかつ	쿄-까쓰

□ 공감	【共感】 きょうかん 쿄-깡
□ 공개	【公開】 こうかい 코-까이
□ 공격	【攻撃】 こうげき 코-게끼
□ 공격하다	【攻める】 せめる 세메루
□ 공고	【公告】 こうこく 코-코꾸
□ 공공연히	【大っぴらに】 おおっぴらに 오옵삐라니
□ 공교롭게	【生憎】 あいにく 아이니꾸
□ 공군	【空軍】 くうぐん 쿠-궁
□ 공금	【公金】 こうきん 코-낑
□ 공급	【供給】 きょうきゅう 쿄-뀨-
□ 공기	【空気】 くうき 쿠-끼
□ 공동	【共同】 きょうどう 쿄-도-
□ 공략	【攻略】 こうりゃく 코-랴꾸
□ 공로	【手柄】 てがら 테가라
□ 공룡	【恐竜】 きょうりゅう 쿄-류-
□ 공립	【公立】 こうりつ 코-리쓰
□ 공명	【公明】 こうめい 코-메-
□ 공모	【共謀】 きょうぼう 쿄-보-

| 공무원 | 【役人】 やくにん 야꾸닝 |

□ 공무원　　　【役人】 やくにん 야꾸닝

□ 공방　　　　【攻防】 こうぼう 코-보-

□ 공백　　　　【空白】 くうはく 쿠-하꾸

□ 공범　　　　【共犯】 きょうはん 쿄-항

□ 공부　　　　【勉強】 べんきょう 벵꾜-

□ 공사(일)　　【工事】 こうじ 코-지

□ 공사(공과 사)　【公私】 こうし 코-시

□ 공상　　　　【空想】 くうそう 쿠-소-

□ 공세　　　　【攻勢】 こうせい 코-세-

□ 공수　　　　【空輸】 くうゆ 쿠-유

□ 공습　　　　【空襲】 くうしゅう 쿠-슈-

□ 공식　　　　【公式】 こうしき 코-시끼

□ 공약　　　　【公約】 こうやく 코-야꾸

□ 공업　　　　【工業】 こうぎょう 코-교-

□ 공연　　　　【公演】 こうえん 코-엥

□ 공연히　　　【無性に】 むしょうに 무쇼-니

□ 공염불　　　【空念仏】 からねんぶつ 카라넴부쓰

□ 공영　　　　【公営】 こうえい 코-에-

57

공예	【工芸】 こうげい 코-게-
공원	【公園】 こうえん 코-엥
공익	【公益】 こうえき 코-에끼
공인	【公認】 こうにん 코-닝
공작	【孔雀】 くじゃく 쿠쟈꾸
공장(학문)	【工場】 こうじょう 코-죠-
공장(일상)	【工場】 こうば 코-바
공정	【公正】 こうせい 코-세-
공조	【共助】 きょうじょ 쿄-죠
공중	【公衆】 こうしゅう 코-슈-
공증인	【公証人】 こうしょうにん 코-쇼-닝
공짜	【只】 ただ 타다
공책	ノート 노-또
공처가	【恐妻家】 きょうさいか 쿄-사이까
공청회	【共聴会】 きょうちょうかい 쿄-쬬-까이
공통	【共通】 きょうつう 쿄-쓰-
공평	【公平】 こうへい 코-헤-
공포	【恐怖】 きょうふ 쿄-후

□ 공포심	【怖気】 おじけ	오지께
□ 공항	【空港】 くうこう	쿠-꼬-
□ 공해	【公害】 こうがい	코-가이
□ 공황	【恐慌】 きょうこう	쿄-꼬-
□ 곶	【岬】 みさき	미사끼
□ 곶감	【干し柿】 ほしがき	호시가끼
□ 과거	【過去】 かこ	카꼬
□ 과녁	【的】 まと	마또
□ 과대	【誇大】 こだい	코다이
□ 과대평가	【過大評価】 かだいひょうか	카다이효-까
□ 과도기	【過渡期】 かとき	카또끼
□ 과로	【過労】 かろう	카로-
□ 과목	【科目】 かもく	카모꾸
□ 과묵	【寡黙】 かもく	카모꾸
□ 과민	【過敏】 かびん	카빙
□ 과부	【寡婦】 やもめ	야모메
□ 과분	【過分】 かぶん	카붕
□ 과세	【課税】 かぜい	카제-

59

□ 과속	【過速】 **かそく** 카소꾸
□ 과수원	【果樹園】 **かじゅえん** 카쥬엥
□ 과시	【誇示】 **こじ** 코지
□ 과식	【食べ過ぎ】 **たべすぎ** 타베스기
□ 과실(열매)	【果実】 **かじつ** 카지쓰
□ 과실(부주의)	【過失】 **かしつ** 카시쓰
□ 과연	【成程】 **なるほど** 나루호도
□ 과일	【果物】 **くだもの** 쿠다모노
□ 과잉	【過剰】 **かじょう** 카죠-
□ 과자	【菓子】 **かし** 카시
□ 과장(직책)	【課長】 **かちょう** 카쬬-
□ 과장(허풍)	【誇張】 **こちょう** 코쬬-
□ 과정	【過程】 **かてい** 카떼-
□ 과제	【課題】 **かだい** 카다이
□ 과즙	【果汁】 **かじゅう** 카쥬-
□ 과찬	【誉め過ぎ】 **ほめすぎ** 호메스기
□ 과학	【科学】 **かがく** 카가꾸
□ 관객	【観客】 **かんきゃく** 캉캬꾸

□ 관건	【関鍵】	かんけん 캉껭
□ 관계	【関係】	かんけい 캉께-
□ 관공서	【役所】	やくしょ 야꾸쇼
□ 관광	【観光】	かんこう 캉꼬-
□ 관내	【管内】	かんない 칸나이
□ 관념	【観念】	かんねん 칸넹
□ 관능미	【官能美】	かんのうび 칸노-비
□ 관대	【寛大】	かんだい 칸다이
□ 관람	【観覧】	かんらん 칸랑
□ 관련	【関連】	かんれん 칸렝
□ 관례	【慣例】	かんれい 칸레-
□ 관록	【貫禄】	かんろく 칸로꾸
□ 관료	【官僚】	かんりょう 칸료-
□ 관리(공무원)	【役人】	やくにん 야꾸닝
□ 관리(맡음)	【管理】	かんり 칸리
□ 관문	【関門】	かんもん 칸몽
□ 관상	【観相】	かんそう 칸소-
□ 관세	【関税】	かんぜい 칸제-

□ 관심	【関心】	かんしん 칸싱
□ 관용(널리 쓰임)	【慣用】	かんよう 캉요-
□ 관용(너그러움)	【寛容】	かんよう 캉요-
□ 관음	【観音】	かんのん 칸농
□ 관자놀이	【蟀谷】	こめかみ 코메까미
□ 관절	【関節】	かんせつ 칸세쓰
□ 관찰	【観察】	かんさつ 칸사쓰
□ 관철	【貫徹】	かんてつ 칸떼쓰
□ 관측	【観測】	かんそく 칸소꾸
□ 관통	【貫通】	かんつう 칸쓰-
□ 관행	【慣行】	かんこう 캉꼬-
□ 관현악	【管弦楽】	かんげんがく 캉겡가꾸
□ 괄목	【刮目】	かつもく 카쓰모꾸
□ 괄호	【括弧】	かっこ 칵꼬
□ 광견병	【狂犬病】	きょうけんびょう 쿄-켐뵤-
□ 광경	【光景】	こうけい 코-께-
□ 광고	【広告】	こうこく 코-코꾸
□ 광명	【光明】	こうみょう 코-묘-

□ 광물	【鉱物】こうぶつ 코-부쓰
□ 광분	【狂奔】きょうほん 쿄-홍
□ 광산	【鉱山】こうざん 코-장
□ 광선	【光線】こうせん 코-셍
□ 광신	【狂信】きょうしん 쿄-싱
□ 광야	【広野】こうや 코-야
□ 광어	【平目】ひらめ 히라메
□ 광인	【狂人】きょうじん 쿄-징
□ 광장	【広場】ひろば 히로바
□ 광적	【狂的】きょうてき 쿄-테끼
□ 광채	【光彩】こうさい 코-사이
□ 광택	【光沢】こうたく 코-따꾸
□ 괘종시계	【目覚し時計】めざましどけい 메자마시도께-
□ 괜찮다	【宜しい】よろしい 요로시-
□ 괭이	くわ 쿠와
□ 괴기	【怪奇】かいき 카이끼
□ 괴다	【溜まる】たまる 타마루
□ 괴담	【怪談】かいだん 카이당

가 나 다 라 마 바 사 아 자 차 카 타 파 하

63

괴력	【怪力】 かいりき 카이리끼
괴로움	【苦しみ】 くるしみ 쿠루시미
괴로워하다	【苦しむ】 くるしむ 쿠루시무
괴롭다	【苦しい】 くるしい 쿠루시-
괴롭히다	【苦しめる】 くるしめる 쿠루시메루
괴뢰	【傀儡】 かいらい 카이라이
괴멸	【壊滅】 かいめつ 카이메쓰
괴물	【怪物】 かいぶつ 카이부쓰
괴상하다	【怪しい】 あやしい 아야시-
괴수	【怪獣】 かいじゅう 카이쥬-
괴이함	【怪異】 かいい 카이-
괴인	【怪人】 かいじん 카이징
괴짜	【変り者】 かわりもの 카와리모노
괴팍스럽다	【偏屈だ】 へんくつだ 헹꾸쓰다
괴한	【怪漢】 かいかん 카이깡
굉음	【轟音】 ごうおん 고오옹
굉장하다	【凄い】 すごい 스고이
교과서	【教科書】 きょうかしょ 쿄-까쇼

□ 교관 【教官】 きょうかん 쿄-깡

□ 교단 【教壇】 きょうだん 쿄-당

□ 교대 【交替】 こうたい 코-따이

□ 교도 【教徒】 きょうと 쿄-또

□ 교량 【橋梁】 きょうりょう 쿄-료-

□ 교류 【交流】 こうりゅう 코-류-

□ 교만 【傲慢】 ごうまん 코-망

□ 교모 【校帽】 こうぼう 코-보-

□ 교묘함 【巧妙】 こうみょう 코-묘-

□ 교문 【校門】 こうもん 코-몽

□ 교미 【交尾】 こうび 코-비

□ 교복 【校服】 こうふく 코-후꾸

□ 교본 【教本】 きょうほん 쿄-홍

□ 교사(선생) 【教師】 きょうし 쿄-시

□ 교사(부추김) 【教唆】 きょうさ 쿄-사

□ 교섭 【交渉】 こうしょう 코-쇼-

□ 교수 【教授】 きょうじゅ 쿄-쥬

□ 교습 【教習】 きょうしゅう 쿄-슈-

□ 교신	【交信】 こうしん	코-싱
□ 교실	【教室】 きょうしつ	쿄-시쓰
□ 교양	【教養】 きょうよう	쿄-요-
□ 교외	【郊外】 こうがい	코-가이
□ 교육	【教育】 きょういく	쿄-이꾸
□ 교장	【校長】 こうちょう	코-쬬-
□ 교재	【教材】 きょうざい	쿄-자이
□ 교정(학교)	【校庭】 こうてい	코-떼-
□ 교정(바로잡음)	【矯正】 きょうせい	쿄-세-
□ 교제	【付合】 つきあい	쓰끼아이
□ 교주	【教主】 きょうしゅ	쿄-슈
□ 교체	【交替】 こうたい	코-따이
□ 교태	【嬌態】 きょうたい	쿄-따이
□ 교통	【交通】 こうつう	코-쓰-
□ 교향악	【交響楽】 こうきょうがく	코-꾜-가꾸
□ 교환	【交換】 こうかん	코-깡
□ 교활	【狡猾】 こうかつ	코-까쓰
□ 교활하다	【狡い】 ずるい	즈루이

66

□ 교황	【教皇】 きょうこう	쿄-꼬-
□ 교회	【教会】 きょうかい	쿄-까이
□ 교훈	【教訓】 きょうくん	쿄-꿍
□ 구간	【区間】 くかん	쿠깡
□ 구걸	【物乞い】 ものごい	모노고이
□ 구겨지다	しわよる	시와요루
□ 구경	【見物】 けんぶつ	켐부쓰
□ 구경거리	【見せ物】 みせもの	미세모노
□ 구급차	【救急車】 きゅうきゅうしゃ	큐-뀨-샤
□ 구내	【構内】 こうない	코-나이
□ 구더기	うじ	우지
□ 구덩이	【凹み】 くぼみ	쿠보미
□ 구도(그림)	【構図】 こうず	코-즈
□ 구도(깨달음)	【求道】 きゅうどう	큐-도-
□ 구독	【購読】 こうどく	코-도꾸
□ 구두	【靴】 くつ	쿠쓰
□ 구두쇠	けちんぼう	케찜보-
□ 구렁이	【青大将】 あおだいしょう	아오다이쇼-

67

구류	【拘留】 こうりゅう 코-류-
구르다	【転ぶ】 ころぶ 코로부
구름	【雲】 くも 쿠모
구릉	【丘】 おか 오까
구리	【銅】 どう 도-
구리다	【臭い】 くさい 쿠사이
구린내	【臭におい】 くさにおい 쿠사니오이
구매	【購買】 こうばい 코-바이
구멍	【穴】 あな 아나
구명	【救命】 きゅうめい 큐-메-
구별	【区別】 くべつ 쿠베쓰
구보	【駆足】 かけあし 카께아시
구부러지다	【曲がる】 まがる 마가루
구부리다	【曲げる】 まげる 마게루
구분	【区分】 くぶん 쿠붕
구사일생	【命拾い】 いのちびろい 이노찌비로이
구상	【構想】 こうそう 코-소-
구석	【隅】 すみ 스미

□ 구석지다　　　【奥まる】おくまる　오꾸마루

□ 구성　　　　　【構成】こうせい　코-세-

□ 구세주　　　　【救い主】すくいぬし　스꾸이누시

□ 구속　　　　　【拘束】こうそく　코-소꾸

□ 구슬　　　　　【玉】たま　타마

□ 구슬프다　　　【物悲しい】ものがなしい　모노가나시-

□ 구실　　　　　【口実】こうじつ　코-지쓰

□ 구애　　　　　【求愛】きゅうあい　큐-아이

□ 구약　　　　　【旧約】きゅうやく　큐-야꾸

□ 구역　　　　　【区域】くいき　쿠이끼

□ 구역질　　　　【反吐】へど　헤도

□ 구원　　　　　【救い】すくい　스꾸이

□ 구입　　　　　【購入】こうにゅう　코-뉴-

□ 구조(짜서 이룸)　【構造】こうぞう　코-조-

□ 구조(도움)　　　【救助】きゅうじょ　큐-죠

□ 구주　　　　　【欧州】おうしゅう　오-슈-

□ 구질구질하다　【薄汚い】うすぎたない　우스기타나이

□ 구체적　　　　【具体的】ぐたいてき　구따이테끼

69

□ 구축	【構築】こうちく	코-치꾸
□ 구축함	【駆逐艦】くちくかん	쿠찌쿠깡
□ 구출	【救出】きゅうしゅつ	큐-슈쯔
□ 구충제	【駆虫剤】くちゅうざい	쿠쮸-자이
□ 구타	【殴打】おうだ	오-다
□ 구태여	【強いて】しいて	시-떼
□ 구토	【嘔吐】おうと	오-또
□ 구하다	【救う】すくう	스꾸-
□ 구호	【口号】くごう	쿠고-
□ 구호품	【救護品】きゅうごひん	큐-고힝
□ 구혼	【求婚】きゅうこん	큐-꽁
□ 국가	【国家】こっか	콕까
□ 국경	【国境】こっきょう	콕꾜-
□ 국고	【国庫】こっこ	콕꼬
□ 국교	【国交】こっこう	콕꼬-
□ 국기	【国旗】こっき	콕끼
□ 국난	【国難】こくなん	코꾸낭
□ 국력	【国力】こくりょく	코꾸료꾸

70

□ 국론	【国論】 こくろん	코꾸롱
□ 국립	【国立】 こくりつ	코꾸리쓰
□ 국면	【局面】 きょくめん	쿄꾸멩
□ 국문	【国文】 こくぶん	코꾸붕
□ 국물	【汁】 しる	시루
□ 국민	【国民】 こくみん	코꾸밍
□ 국방	【国防】 こくぼう	코꾸보-
□ 국번	【局番】 きょくばん	쿄꾸방
□ 국법	【国法】 こくほう	코꾸호-
□ 국보	【国宝】 こくほう	코꾸호-
□ 국부	【局部】 きょくぶ	쿄꾸부
□ 국비	【国費】 こくひ	코꾸히
□ 국사	【国史】 こくし	코꾸시
□ 국산	【国産】 こくさん	코꾸상
□ 국수	うどん	우동
□ 국어	【国語】 こくご	코꾸고
□ 국왕	【国王】 こくおう	코꾸오-
□ 국운	【国運】 こくうん	코꾸웅

□ 국자	【柄杓】 **ひしゃく** 히샤꾸	
□ 국장	【局長】 **きょくちょう** 쿄꾸쬬-	
□ 국적	【国籍】 **こくせき** 코꾸세끼	
□ 국제	【国際】 **こくさい** 코꾸사이	
□ 국철	【国鉄】 **こくてつ** 코꾸테쓰	
□ 국토	【国土】 **こくど** 코꾸도	
□ 국화(화초)	【菊】 **きく** 키꾸	
□ 국화(나라꽃)	【国花】 **こっか** 콕까	
□ 국회	【国会】 **こっかい** 콕까이	
□ 군가	【軍歌】 **ぐんか** 궁까	
□ 군고구마	【焼き芋】 **やきいも** 야끼이모	
□ 군기(기강)	【軍紀】 **ぐんき** 궁끼	
□ 군기(깃발)	【軍旗】 **ぐんき** 궁끼	
□ 군납	【軍納】 **ぐんのう** 군노-	
□ 군단	【軍団】 **ぐんだん** 군당	
□ 군대	【軍隊】 **ぐんたい** 군따이	
□ 군더더기	【蛇足】 **だそく** 다소꾸	
□ 군데군데	【所々】 **ところどころ** 토꼬로도꼬로	

□ 군도	【群島】 ぐんとう	군또-
□ 군림	【君臨】 くんりん	쿤링
□ 군밤	【焼き栗】 やきぐり	야끼구리
□ 군번	【軍番】 ぐんばん	군방
□ 군법	【軍法】 ぐんぽう	굼뽀-
□ 군비	【軍備】 ぐんび	굼비
□ 군사	【軍事】 ぐんじ	군지
□ 군상	【群像】 ぐんぞう	군조-
□ 군수품	【軍需品】 ぐんじゅひん	군쥬힝
□ 군용	【軍用】 ぐんよう	궁요-
□ 군인	【軍人】 ぐんじん	군징
□ 군자	【君子】 くんし	쿤시
□ 군주	【君主】 くんしゅ	쿤슈
□ 군중	【群衆】 ぐんしゅう	군슈-
□ 군축	【軍縮】 ぐんしゅく	군슈꾸
□ 군침	【生唾】 なまつば	나마쓰바
□ 군함	【軍艦】 ぐんかん	궁깡
□ 군항	【軍港】 ぐんこう	궁꼬-

□ 군화	【軍靴】 ぐんか	궁까
□ 굳어지다	【固まる】 かたまる	카따마루
□ 굳히다	【固める】 かためる	카따메루
□ 굴	かき	카끼
□ 굴뚝	【煙突】 えんとつ	엔또쓰
□ 굴레	きずな	키즈나
□ 굴리다	【転がす】 ころがす	코로가스
□ 굴복	【屈服】 くっぷく	쿱뿌꾸
□ 굴욕	【屈辱】 くつじょく	쿠쓰죠꾸
□ 굴절	【屈折】 くっせつ	쿳세쓰
□ 굴종	【屈従】 くつじゅう	쿠쓰쥬-
□ 굴지	【屈指】 くっし	쿳시
□ 굵다	【太い】 ふとい	후또이
□ 굶주리다	【飢える】 うえる	우에루
□ 굶주림	【飢え】 うえ	우에
□ 굼뜨다	【鈍い】 のろい	노로이
□ 굼벵이	【鈍間】 のろま	노로마
□ 굽다	【曲がる】 まがる	마가루

74

□ **굽실굽실**	ぺこぺこ	페꼬페꼬
□ **굽히다**	【屈める】 **かがめる**	카가메루
□ **궁금하다**	【気になる】 **きになる**	키니나루
□ **궁둥이**	【尻】 **しり**	시리
□ **궁리**	【工夫】 **くふう**	쿠후-
□ **궁성**	【宮城】 **きゅうじょう**	큐-죠-
□ **궁전**	【宮殿】 **きゅうでん**	큐-뎅
□ **궁지**	【窮地】 **きゅうち**	큐-찌
□ **궁핍**	【窮乏】 **きゅうぼう**	큐-보-
□ **궁하다**	【窮する】 **きゅうする**	큐-스루
□ **궁합**	【合性】 **あいしょう**	아이쇼-
□ **권고**	【勧告】 **かんこく**	캉코꾸
□ **권력**	【権力】 **けんりょく**	켄료꾸
□ **권리**	【権利】 **けんり**	켄리
□ **권위**	【権威】 **けんい**	켕이
□ **권총**	【拳銃】 **けんじゅう**	켄쥬-
□ **권태**	【倦怠】 **けんたい**	켄따이
□ **권투**	【拳闘】 **けんとう**	켄또-

□ 권하다	【勧める】 すすめる	스스메루
□ 궐기	【蹶起】 けっき	켁끼
□ 궤도	【軌道】 きどう	키도-
□ 궤멸	【潰滅】 かいめつ	카이메쓰
□ 궤양	【潰瘍】 かいよう	카이요-
□ 귀	【耳】 みみ	미미
□ 귀가	【帰家】 きか	키까
□ 귀감	【龜鑑】 きかん	키깡
□ 귀결	【帰結】 きけつ	키께쓰
□ 귀고리	【耳飾り】 みみかざり	미미카자리
□ 귀국	【帰国】 きこく	키코꾸
□ 귀금속	【貴金属】 ききんぞく	키낀조꾸
□ 귀납	【帰納】 きのう	키노-
□ 귀동냥	【聞き覚え】 ききおぼえ	키끼오보에
□ 귀뚜라미	こおろぎ	코-로기
□ 귀띔	【耳打ち】 みみうち	미미우찌
□ 귀머거리	つんぼ	쏨보
□ 귀부인	【貴婦人】 きふじん	키후징

76

□ 귀빈	【貴賓】 きひん	키힝
□ 귀성	【帰省】 きせい	키세-
□ 귀신	【鬼】 おに	오니
□ 귀얄	はけ	하께
□ 귀여워하다	【可愛がる】 かわいがる	카와이가루
□ 귀엽다	【可愛い】 かわいい	카와이-
□ 귀재	【鬼才】 きさい	키사이
□ 귀족	【貴族】 きぞく	키조꾸
□ 귀중품	【貴重品】 きちょうひん	키쬬-힝
□ 귀찮다	【面倒だ】 めんどうだ	멘도-다
□ 귀천	【貴賤】 きせん	키셍
□ 귀추	【帰趨】 きすう	키스-
□ 귀퉁이	【角】 かど	카도
□ 귀항	【帰港】 きこう	키꼬-
□ 귀향	【帰郷】 ききょう	키꾜-
□ 귀화	【帰化】 きか	키까
□ 귀환	【帰還】 きかん	키깡
□ 귓밥	みみぶた	미미부따

□ 규격	【規格】 **きかく** 키카꾸	
□ 규명	【糾明】 **きゅうめい** 큐-메-	
□ 규모	【規模】 **きぼ** 키보	
□ 규율	【規律】 **きりつ** 키리쓰	
□ 규정	【規定】 **きてい** 키떼-	
□ 규제	【規制】 **きせい** 키세-	
□ 규칙	【規則】 **きそく** 키소꾸	
□ 규탄	【糾弾】 **きゅうだん** 큐-당	
□ 균	【菌】 **きん** 킹	
□ 균등	【均等】 **きんとう** 킨또-	
□ 균형	【釣合い】 **つりあい** 쓰리아이	
□ 귤	【蜜柑】 **みかん** 미깡	
□ 그, 그이	【彼】 **かれ** 카레	
□ 그것	**それ** 소레	
□ 그곳	**そこ** 소꼬	
□ 그까짓	**それしき** 소레시끼	
□ 그나마	**それさえ** 소레사에	
□ 그네	**ブランコ** 부랑꼬	

78

□ 그녀	【彼女】 かのじょ 카노죠	
□ 그늘	【陰】 かげ 카게	
□ 그다지	それほど 소레호도	
□ 그 대신	そのかわり 소노가와리	
□ 그대로	そのまま 소노마마	
□ 그득	なみなみ 나미나미	
□ 그들	【彼ら】 かれら 카레라	
□ 그라운드	グラウンド 구라운도	
□ 그랑프리	グランプリ 구랑푸리	
□ 그래도	それでも 소레데모	
□ 그래서	それで 소레데	
□ 그래픽	グラフィック 구라휘꾸	
□ 그램	グラム 구라무	
□ 그러나	しかし 시까시	
□ 그러면	それでは 소레데와	
□ 그러므로	だから 다까라	
□ 그럭저럭	どうやら 도-야라	
□ 그런	そんな 손나	

□ 그런대로	それなりに	소레나리니
□ 그런데	ところが	토꼬로가
□ 그런데도	それでも	소레데모
□ 그렇게	そう	소-
□ 그렇다면	そうなら	소-나라
□ 그렇지만	しかし	시까시
□ 그룹	グループ	구루-뿌
□ 그릇	【入れ物】いれもの	이레모노
□ 그르치다	【誤まる】あやまる	아야마루
□ 그리고	そして	소시떼
□ 그리고 나서	それから	소레까라
□ 그리다	【画く】かく	카꾸
□ 그리스	ギリシア	기리시아
□ 그리스도	キリスト	키리스또
□ 그리워하다	【憧れる】あこがれる	아꼬가레루
□ 그린	グリーン	구리-인
□ 그릴	グリル	구리루
□ 그림	【絵】え	에

□ 그림자	【影】 かげ 카게	가
□ 그립다	【恋しい】 こいしい 코이시-	나
□ 그만두다	【止める】 やめる 야메루	다
□ 그만큼	それほど 소레호도	
□ 그물	【網】 あみ 아미	라
□ 그믐날	【三十日】 みそか 미소까	마
□ 그밖에	【その外】 そのほか 소노호까	바
□ 그야말로	それこそ 소레꼬소	
□ 그윽하다	おくゆかしい 오꾸유까시-	사
□ 그을리다	くすぶる 쿠스부루	아
□ 그저께	【一昨日】 おととい 오토또이	자
□ 그쪽	そちら 소찌라	차
□ 그쯤	それくらい 소레쿠라이	
□ 그처럼	それほど 소레호도	카
□ 그치다	【止む】 やむ 야무	타
□ 그토록	それほど 소레호도	파
□ 극기	【克己】 こっき 콕끼	하
□ 극단	【劇団】 げきだん 게끼당	

□ 극단적	【極端的】	きょくたんてき	쿄꾸딴테끼
□ 극도	【極度】	きょくど	쿄꾸도
□ 극락	【極楽】	ごくらく	고꾸라꾸
□ 극명	【克明】	こくめい	코꾸메-
□ 극복	【克服】	こくふく	코꾸후꾸
□ 극본	【劇本】	げきほん	게끼홍
□ 극비	【極秘】	ごくひ	고꾸히
□ 극성스럽다		がめつい	가메쓰이
□ 극약	【劇薬】	げきやく	게끼야꾸
□ 극작가	【劇作家】	げきさっか	게끼삭까
□ 극장	【劇場】	げきじょう	게끼죠-
□ 극진하다	【手厚い】	てあつい	테아쓰이
□ 극찬	【極讃】	きょくさん	쿄꾸상
□ 극치	【極致】	きょくち	쿄꾸찌
□ 극한	【極限】	きょくげん	쿄꾸겡
□ 근거	【根拠】	こんきょ	콩꾜
□ 근교	【近郊】	きんこう	킹꼬-
□ 근근이		かろうじて	카로-지떼

82

□ 근래	【近頃】 **ちかごろ**	치까고로	
□ 근로	【勤労】 **きんろう**	킨로-	
□ 근면	【勤勉】 **きんべん**	킴벵	
□ 근무처	【勤め先】 **つとめさき**	쓰또메사끼	
□ 근무하다	【勤める】 **つとめる**	쓰또메루	
□ 근본	【根本】 **こんぽん**	콤뽕	
□ 근사하다	**すばらしい**	스바라시-	
□ 근성	【根性】 **こんじょう**	콘죠-	
□ 근시	【近視】 **きんし**	킨시	
□ 근심	【心配】 **しんぱい**	심빠이	
□ 근육	【筋肉】 **きんにく**	킨니꾸	
□ 근질근질하다	**むずがゆい**	무즈가유이	
□ 근처	【近所】 **きんじょ**	킨죠	
□ 근황	【近況】 **きんきょう**	킹꾜-	
□ 글	【文】 **ふみ**	후미	
□ 글라스	**グラス**	구라스	
□ 글래머	**グラマー**	구라마-	
□ 글러브	**グローブ**	구로-부	

83

□ 글자	【文字】 もじ	모지
□ 글피	【明明後日】 しあさって	시아삿떼
□ 긁다	かく	카꾸
□ 긁어 부스럼	やぶへび	야부헤비
□ 금	【金】 きん	킹
□ 금고	【金庫】 きんこ	킹꼬
□ 금광	【金鉱】 きんこう	킹꼬-
□ 금괴	【金塊】 きんかい	킹까이
□ 금기	【禁忌】 きんき	킹끼
□ 금년	【今年】 ことし	코또시
□ 금니	【金歯】 きんば	킴바
□ 금단	【禁断】 きんだん	킨당
□ 금리	【金利】 きんり	킨리
□ 금물	【禁物】 きんもつ	킴모쓰
□ 금발	【金髪】 きんぱつ	킴빠쓰
□ 금붕어	【金魚】 きんぎょ	킹교
□ 금빛	【金色】 こんじき	콘지끼
□ 금속	【金属】 きんぞく	킨조꾸

□ **금시초문**　　【初耳】**はつみみ** 하쓰미미

□ **금액**　　【金額】**きんがく** 킹가꾸

□ **금연**　　【禁煙】**きんえん** 킹엥

□ **금요일**　　【金曜日】**きんようび** 킹요-비

□ **금융**　　【金融】**きんゆう** 킹유-

□ **금은**　　【金銀】**きんぎん** 킹깅

□ **금주**(이번 주)　　【今週】**こんしゅう** 콘슈-

□ **금주**(술)　　【禁酒】**きんしゅ** 킨슈

□ **금지**　　【禁止】**きんし** 킨시

□ **금화**　　【金貨】**きんか** 킹까

□ **급격**　　【急激】**きゅうげき** 큐-게끼

□ **급기야**　　**ついに** 쓰이니

□ **급락**　　【急落】**きゅうらく** 큐-라꾸

□ **급료**　　【給料】**きゅうりょう** 큐-료-

□ **급류**　　【急流】**きゅうりゅう** 큐-류-

□ **급변**　　【急変】**きゅうへん** 큐-헹

□ **급보**　　【急報】**きゅうほう** 큐-호-

□ **급사**(심부름)　　【給仕】**きゅうじ** 큐-지

85

□ 급사(죽음)	【急死】 **きゅうし** 큐-시	
□ 급성	【急性】 **きゅうせい** 큐-세-	
□ 급소	【急所】 **きゅうしょ** 큐-쇼	
□ 급수(물)	【給水】 **きゅうすい** 큐-스이	
□ 급수(단계)	【級数】 **きゅうすう** 큐-스-	
□ 급식	【給食】 **きゅうしょく** 큐-쇼꾸	
□ 급여	【給与】 **きゅうよ** 큐-요	
□ 급우	【級友】 **きゅうゆう** 큐-유-	
□ 급제	【及第】 **きゅうだい** 큐-다이	
□ 급조	【急造】 **きゅうぞう** 큐-조-	
□ 급파	【急派】 **きゅうは** 큐-하	
□ 급하다	【急ぐ】 **いそぐ** 이소구	
□ 급한 고비	【急場】 **きゅうば** 큐-바	
□ 급한 대로	**とりあえず** 토리아에즈	
□ 급한 볼일	【急用】 **きゅうよう** 큐-요-	
□ 급행	【急行】 **きゅうこう** 큐-꼬-	
□ 긋다	【引く】 **ひく** 히꾸	
□ 긍정	【肯定】 **こうてい** 코-떼-	

□ 긍지　　　　ほこり 호꼬리

□ 기　　　　　【旗】はた 하따

□ 기간　　　　【期間】きかん 키깡

□ 기개　　　　【気概】きがい 키가이

□ 기계　　　　【機械】きかい 키까이

□ 기겁　　　　【仰天】ぎょうてん 교-뗑

□ 기꺼이　　　【喜んで】よろこんで 요로꼰데

□ 기껏　　　　せいぜい 세-제-

□ 기고　　　　【寄稿】きこう 키꼬-

□ 기공식　　　【起工式】きこうしき 키꼬-시끼

□ 기괴하다　　【奇怪だ】きかいだ 키까이

□ 기교　　　　【技巧】ぎこう 기꼬-

□ 기관지　　　【気管支】きかんし 키깐시

□ 기구　　　　【気球】ききゅう 키뀨-

□ 기구　　　　【器具】きぐ 키구

□ 기근　　　　【飢饉】ききん 키낑

□ 기금　　　　【基金】ききん 키낑

□ 기념　　　　【記念】きねん 키넹

□ **기능**(작용)	【機能】 **きのう**	키노-
□ **기능**(기량)	【技能】 **ぎのう**	키노-
□ **기다**	【這う】 **はう**	하우
□ **기다리다**	【待つ】 **まつ**	마쓰
□ **기대**	【期待】 **きたい**	키따이
□ **기대다**	**もたれる**	모따레루
□ **기도**	【祈祷】 **きとう**	키또-
□ **기도**	【企図】 **きと**	키또
□ **기둥**	【柱】 **はしら**	하시라
□ **기러기**	**がん**	강
□ **기로**	【岐路】 **きろ**	키로
□ **기록**	【記録】 **きろく**	키로꾸
□ **기록하다**	【記す】 **しるす**	시루스
□ **기르다**	【育てる】 **そだてる**	소다떼루
□ **기름**	【油】 **あぶら**	아부라
□ **기름에 볶다**	**いためる**	이따메루
□ **기름지다**	【脂っこい】 **あぶらっこい**	아부락꼬이
□ **기린**	**きりん**	키링

□ 기립	【起立】 **きりつ** 키리쓰
□ 기막히다	【素敵だ】 **すてきだ** 스테끼다
□ 기만	【欺瞞】 **ぎまん** 키망
□ 기묘	【奇妙】 **きみょう** 키묘-
□ 기물	【器物】 **きぶつ** 키부쓰
□ 기밀	【機密】 **きみつ** 키미쓰
□ 기반	【基盤】 **きばん** 키방
□ 기발하다	【奇抜だ】 **きばつだ** 키바쓰다
□ 기백	【気魄】 **きはく** 키하꾸
□ 기법	【技法】 **ぎほう** 기호-
□ 기별	【便り】 **たより** 타요리
□ 기본	【基本】 **きほん** 키홍
□ 기부	【寄付】 **きふ** 키후
□ 기분	【気持ち】 **きもち** 키모찌
□ 기분	【機嫌】 **きげん** 키겡
□ 기분이 언짢음	【不機嫌】 **ふきげん** 후끼겡
□ 기분풀이	【気晴らし】 **きばらし** 키바라시
□ 기뻐하다	【喜ぶ】 **よろこぶ** 요로꼬부

□ 기쁘다	【嬉しい】 うれしい	우레시-
□ 기쁨	【喜び】 よろこび	요로꼬비
□ 기사(글)	【記事】 きじ	키지
□ 기사(기술)	【技師】 ぎし	기시
□ 기사(무사)	【騎士】 きし	키시
□ 기상(일어남)	【起床】 きしょう	키쇼-
□ 기상(날씨)	【気象】 きしょう	키쇼-
□ 기색	【気配】 けはい	케하이
□ 기생	【芸者】 げいしゃ	게-샤
□ 기생충	【寄生虫】 きせいちゅう	키세-쮸-
□ 기선	【汽船】 きせん	키셍
□ 기성복	【既製服】 きせいふく	키세-후꾸
□ 기소	【起訴】 きそ	키소
□ 기수(깃발)	【旗手】 きしゅ	키슈
□ 기수(홀수)	【奇数】 きすう	키스-
□ 기숙사	【寄宿舎】 きしゅくしゃ	키슈꾸샤
□ 기술(솜씨)	【技術】 ぎじゅつ	기쥬쓰
□ 기술(서술)	【記述】 きじゅつ	키쥬쓰

□ 기슭 　　　ふもと 후모또

□ 기습 　　　【奇襲】 きしゅう 키슈-

□ 기아 　　　【飢餓】 きが 키가

□ 기안 　　　【起案】 きあん 키앙

□ 기압 　　　【気圧】 きあつ 키아쓰

□ 기어오르다 　【這い上る】 はいあがる 하이아가루

□ 기어코 　　　きっと 킷또

□ 기억 　　　【記憶】 きおく 키오꾸

□ 기억력 　　　【記憶力】 きおくりょく 키오꾸료꾸

□ 기업 　　　【企業】 きぎょう 키교-

□ 기염 　　　【気炎】 きえん 키엥

□ 기온 　　　【気温】 きおん 키옹

□ 기와 　　　かわら 카와라

□ 기우 　　　【杞憂】 きゆう 키유-

□ 기울다 　　　【傾く】 かたむく 카따무꾸

□ 기울이다 　　【傾ける】 かたむける 카따무께루

□ 기원 　　　【起源】 きげん 키겡

□ 기일 　　　【期日】 きじつ 키지쓰

□ 기입	【記入】 **きにゅう** 키뉴-	
□ 기자	【記者】 **きしゃ** 키샤	
□ 기장	【機長】 **きちょう** 키쬬-	
□ 기재	【記載】 **きさい** 키사이	
□ 기저귀	**おむつ** 오무쓰	
□ 기적(신기한 일)	【奇跡】 **きせき** 키세끼	
□ 기적(소리)	【汽笛】 **きてき** 키테끼	
□ 기절	【気絶】 **きぜつ** 키제쓰	
□ 기정	【既定】 **きてい** 키떼-	
□ 기준	【基準】 **きじゅん** 키즁	
□ 기지(기점)	【基地】 **きち** 키찌	
□ 기지(위트)	【機知】 **きち** 키찌	
□ 기질	【気質】 **かたぎ** 카따기	
□ 기차	【汽車】 **きしゃ** 키샤	
□ 기체(공기)	【気体】 **きたい** 키따이	
□ 기체(비행기)	【機体】 **きたい** 키따이	
□ 기초	【基礎】 **きそ** 키소	
□ 기침	【咳】 **せき** 세끼	

□ **기타**(그밖)	【その他】 **そのた** 소노다	가
□ **기타**(악기)	**ギター** 기따아	나
□ **기특하다**	【感心だ】 **かんしんだ** 칸신다	
□ **기품**	【気品】 **きひん** 키힝	다
□ **기피**	【忌避】 **きひ** 키히	라
□ **기필코**	【必ずや】 **かならずや** 카나라즈야	마
□ **기한**	【期限】 **きげん** 키겡	
□ **기합**	【気合】 **きあい** 키아이	바
□ **기항**	【寄港】 **きこう** 키꼬-	사
□ **기행문**	【紀行文】 **きこうぶん** 키꼬-붕	아
□ **기호**(좋아함)	【嗜好】 **しこう** 시꼬-	
□ **기호**(표시)	【記号】 **きごう** 키고-	자
□ **기혼자**	【既婚者】 **きこんしゃ** 키꼰샤	차
□ **기회**	【機会】 **きかい** 키까이	카
□ **기획**	【企画】 **きかく** 키카꾸	
□ **기후**	【気候】 **きこう** 키꼬-	타
□ **긴급**	【緊急】 **きんきゅう** 킹뀨-	파
□ **긴밀하다**	【緊密だ】 **きんみつだ** 킴미쓰다	하

□ 긴박	【緊迫】 きんぱく 킴빠꾸
□ 긴소매	【長袖】 ながそで 나가소데
□ 긴장	【緊張】 きんちょう 킨쬬-
□ 긴축	【緊縮】 きんしゅく 킨슈꾸
□ 길	【道】 みち 미찌
□ 길가	【道端】 みちばた 미찌바따
□ 길다	【長い】 ながい 나가이
□ 길동무	【道連れ】 みちづれ 미찌즈레
□ 길들이다	てなずける 테나즈께루
□ 길몽	【吉夢】 きちむ 키찌무
□ 길이	【長さ】 ながさ 나가사
□ 길잡이	【道しるべ】 みちしるべ 미찌시루베
□ 길흉	【吉凶】 きっきょう 킥꾜-
□ 김(수증기)	【湯気】 ゆげ 유게
□ 김(해초)	のり 노리
□ 김밥	のりまき 노리마끼
□ 깁다	つくろう 쓰꾸로우
□ 깃	えり 에리

□ 깃발	【旗】はた	하따
□ 깊다	【深い】ふかい	후까이
□ 깊어지다	【深まる】ふかまる	후까마루
□ 깊이	【深さ】ふかさ	후까사
□ 까까머리	【坊主頭】ぼうずあたま	보-즈아따마
□ 까다	むく	무꾸
□ 까다롭다	ややこしい	야야꼬시-
□ 까닭	【訳】わけ	와께
□ 까마귀	からす	카라스
□ 까맣다	【黒い】くろい	쿠로이
□ 까불다	ふざける	후자께루
□ 까치	かささぎ	카사사기
□ 까칠까칠	ざらざら	자라자라
□ 깍듯이	【丁寧に】ていねいに	테-네-니
□ 깎다	【削る】けずる	케즈루
□ 깐깐하다	しっこい	식꼬이
□ 깔개	【敷物】しきもの	시끼모노
□ 깔끔함	こざっぱり	코잡빠리

나 다 라 마 바 사 아 자 차 카 타 파 하

□ 깔다	【敷く】 しく	시꾸
□ 깔때기	ろうと	로-또
□ 깔보다	あなどる	아나도루
□ 깜깜하다	【真っ暗い】 まっくらい	막꾸라이
□ 깜빡	うっかり	욱까리
□ 깜빡거리다	【瞬く】 またたく	마따타꾸
□ 깜짝 놀라다	びっくりする	빅꾸리스루
□ 깡그리	あらいざらい	아라이자라이
□ 깡통따개	【缶切り】 かんきり	캉끼리
□ 깡패	やくざ	야꾸자
□ 깨	ごま	고마
□ 깨끗이	きれいに	키레-니
□ 깨끗하다	【綺麗だ】 きれいだ	키레-다
□ 깨다(부수다)	【破る】 やぶる	야부루
□ 깨다(졸음)	【覚める】 さめる	사메루
□ 깨닫다	【悟る】 さとる	사또루
□ 깨달음	【悟り】 さとり	사또리
□ 깨뜨리다	【壊す】 こわす	코와스

96

□ 깨물다	**かむ** 카무	
□ 깨소금	【ごま塩】 **ごましお** 고마시오	
□ 깨지다	【割れる】 **われる** 와레루	
□ 꺼내다	【取り出す】 **とりだす** 토리다스	
□ 꺼리다	**はばかる** 하바까루	
□ 꺼림칙하다	**うしろめたい** 우시로메따이	
□ 꺼지다	【消える】 **きえる** 키에루	
□ 꺾다	【折る】 **おる** 오루	
□ 꺾이다	【折れる】 **おれる** 오레루	
□ 껍데기	【殻】 **から** 카라	
□ 껍질	【皮】 **かわ** 카와	
□ 껴안다	【抱く】 **だく** 다꾸	
□ 꼬깃꼬깃	**くちゃくちゃ** 쿠쨔꾸쨔	
□ 꼬드기다	**そそのかす** 소소노까스	
□ 꼬리	【尻尾】 **しっぽ** 십뽀	
□ 꼬리표	【荷札】 **にふだ** 니후다	
□ 꼬마	**ちび** 치비	
□ 꼬여들다	**たかる** 타까루	

□ 꼬이다	こじれる	코지레루
□ 꼬집다	つねる	쓰네루
□ 꼬챙이	【串】くし	쿠시
□ 꼬치꼬치	ねほりはほり	네호리하호리
□ 꼭	ぜひ	제히
□ 꼭대기	【天辺】てっぺん	텝뻰
□ 꼭두각시	【操り人形】あやつりにんぎょう	아야쓰리닝교-
□ 꼴뚜기	たこ	타꼬
□ 꼴불견	【不様】ぶざま	부자마
□ 꼴이 흉함	【不格好】ぶかっこう	부각꼬-
□ 꼴찌	びり	비리
□ 꼼꼼하다	【几帳面だ】きちょうめんだ	키쬬-멘다
□ 꼽추	せむし	세무시
□ 꽁무니를 뺌	【尻込み】しりごみ	시리고미
□ 꽁치	さんま	삼마
□ 꽂다	【挿す】さす	사스
□ 꽃	【花】はな	하나
□ 꽃꽂이	【生け花】いけばな	이께바나

98

□ 꽃다발	【花束】 はなたば	하나타바	
□ 꽃바구니	【花籠】 はなかご	하나카고	
□ 꽃밭	【花畑】 はなばたけ	하나바타께	
□ 꽃병	【花瓶】 かびん	카빙	
□ 꽃봉오리	つぼみ	쓰보미	
□ 꽃술	しべ	시베	
□ 꽃잎	【花びら】 はなびら	하나비라	
□ 꽤	【大分】 だいぶ	다이부	
□ 꾀	【知恵】 ちえ	치에	
□ 꾀꼬리	うぐいす	우구이스	
□ 꾀다	【誘う】 さそう	사소-	
□ 꾀병	【仮病】 けびょう	케뵤-	
□ 꾀하다	【計る】 はかる	하까루	
□ 꾸다	【借りる】 かりる	카리루	
□ 꾸며내다	でっちあげる	뎃찌아게루	
□ 꾸물꾸물	のろのろ	노로노로	
□ 꾸물대다	ぐずつく	구즈쓰꾸	
□ 꾸미다(계획)	【企む】 たくらむ	타꾸라무	

가
나
다
라
마
바
사
아
자
차
카
타
파
하

99

□ 꾸미다(장식)	【飾る】 **かざる** 카자루	
□ 꾸벅꾸벅	**うつらうつら** 우쓰라우쓰라	
□ 꾸준하다	【粘り強い】 **ねばりづよい** 네바리즈요이	
□ 꾸지람	【お叱り】 **おしかり** 오시까리	
□ 꾸짖다	【叱る】 **しかる** 시까루	
□ 꿀	【蜜】 **みつ** 미쓰	
□ 꿀꺽꿀꺽	**ごくりごくり** 고쿠리고꾸리	
□ 꿀벌	【蜜蜂】 **みつばち** 미쓰바찌	
□ 꿇다	**ひざまずく** 히자마즈꾸	
□ 꿈	【夢】 **ゆめ** 유메	
□ 꿈길	【夢路】 **ゆめじ** 유메지	
□ 꿈꾸다	【夢見る】 **ゆめみる** 유메미루	
□ 꿈틀거리다	**うごめく** 우고메꾸	
□ 꿍꿍이셈	【胸算用】 **むなざんよう** 무나잔요-	
□ 꿩	**きじ** 키지	
□ 꿰뚫다	【貫く】 **つらぬく** 쓰라누꾸	
□ 꿰매다	【縫う】 **ぬう** 누우	
□ 끄나풀	【紐切れ】 **ひもぎれ** 히모기레	

100

□ 끄다	【消す】 **けす** 케스	
□ 끄덕이다	**うなずく** 우나즈꾸	
□ 끄집어내다	【取り出す】 **とりだす** 토리다스	
□ 끄트머리	【端】 **はし** 하시	
□ 끈	【紐】 **ひも** 히모	
□ 끈기	【根気】 **こんき** 콩끼	
□ 끈끈하다	【粘りっこい】 **ねばりっこい** 네바릭꼬이	
□ 끈덕지다	**しっこい** 식꼬이	
□ 끈적거리다	**べたつく** 베따쓰꾸	
□ 끊기다	【切れる】 **きれる** 키레루	
□ 끊다(자르다)	【切る】 **きる** 키루	
□ 끊다	【断つ】 **たつ** 타쓰	
□ 끊어지다	【切れる】 **きれる** 키레루	
□ 끊임없이	【絶えず】 **たえず** 타에즈	
□ 끌다	【引っ張る】 **ひっぱる** 힙빠루	
□ 끌어당기다	【引き寄せる】 **ひきよせる** 히끼요세루	
□ 끌어올리다	【引き上げる】 **ひきあげる** 히끼아게루	
□ 끓다	【沸く】 **わく** 와꾸	

□ 끓이다	【沸かす】 **わかす** 와까스	
□ 끔찍하다	**ものすごい** 모노스고이	
□ 끝	【端】 **はし** 하시	
□ 끝나다	【終わる】 **おわる** 오와루	
□ 끝내	【遂に】 **ついに** 쓰이니	
□ 끝내다	【終える】 **おえる** 오에루	
□ 끝마치다	【仕舞う】 **しまう** 시마우	
□ 끝장	【お仕舞い】 **おしまい** 오시마이	
□ 끼얹다	【振り巻く】 **ふりまく** 후리마꾸	
□ 끼우다	**はめる** 하메루	
□ 끼이다	【挟まる】 **はさまる** 하사마루	
□ 끼치다	【掛ける】 **かける** 카께루	
□ 끽연	【喫煙】 **きつえん** 키쓰엥	
□ 끽소리	**ぐうのね** 구-노네	
□ 낌새	【気配】 **けはい** 케하이	

텔레비전 テレビ

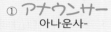
① アナウンサー
아나운사-

② ニュース
뉴-스

③ マイク
마이꾸

④ チャンネル
챤네루

⑤ コマーシャル
코마-샤루

① 아나운서 ② 뉴스 ③ 마이크 ④ 채널 ⑤ 광고방송

- □ **나** 【私】 **わたし** 와따시

- □ **나**(남성어) 【僕】 **ぼく** 보꾸

- □ **나가다** 【出る】 **でる** 데루

- □ **나귀** **ろば** 로바

- □ **나그네** 【旅人】 **たびびと** 타비비또

- □ **나날이** 【日毎】 **ひごとに** 히고또니

- □ **나누다** 【分ける】 **わける** 와께루

- □ **나눗셈** 【割り算】 **わりざん** 와리장

- □ **나다니다** 【出歩く】 **であるく** 데아루꾸

- □ **나들이** 【外出】 **がいしゅつ** 가이슈쓰

- □ **나들이** **よそゆき** 요소유끼

- □ **나들이옷** 【晴れ着】 **はれぎ** 하레기

- □ **나라** 【国】 **くに** 쿠니

- □ **나락** 【奈落】 **ならく** 나라꾸

- □ **나란히** 【並んで】 **ならんで** 나란데

□ 나래	【羽】 はね	하네
□ 나루터	【渡し場】 わたしば	와따시바
□ 나룻배	【渡し船】 わたしぶね	와따시부네
□ 나르다	【運ぶ】 はこぶ	하꼬부
□ 나른하다	だるい	다루이
□ 나리	【旦那】 だんな	단나
□ 나막신	【下駄】 げた	게따
□ 나머지	【残り】 のこり	노꼬리
□ 나무	【木】 き	키
□ 나무라다	とがめる	토가메루
□ 나무줄기	【幹】 みき	미끼
□ 나뭇가지	【枝】 えだ	에다
□ 나뭇잎	【木の葉】 このは	코노하
□ 나방	が	가
□ 나부끼다	はためく	하따메꾸
□ 나부랭이	【切れっ端】 きれっぱし	키렙빠시
□ 나불나불	ぺらぺら	뻬라뻬라
□ 나비	ちょう	쵸-

□ 나쁘다	【悪い】 わるい	와루이
□ 나사	ねじ	네지
□ 나서다	【乗り出す】 のりだす	노리다스
□ 나아가다	【進む】 すすむ	스스무
□ 나오다	【出る】 でる	데루
□ 나이	【年】 とし	토시
□ 나이테	【年輪】 ねんりん	넨링
□ 나이트클럽	ナイトクラブ	나이또쿠라부
□ 나이프	ナイフ	나이후
□ 나일론	ナイロン	나이롱
□ 나체	【裸体】 らたい	라따이
□ 나침반	【羅針盤】 らしんばん	라심방
□ 나타나다	【現れる】 あらわれる	아라와레루
□ 나타내다	【現わす】 あらわす	아라와스
□ 나팔	らっぱ	랍빠
□ 나팔꽃	【朝顔】 あさがお	아사가오
□ 나흘	【四日】 よっか	욕까
□ 낙관	【楽観】 らっかん	락깡

□ 낙농	【酪農】らくのう 라꾸노-
□ 낙담	【落胆】らくたん 라꾸땅
□ 낙도	【離れ島】はなれじま 하나레지마
□ 낙뢰	【落雷】らくらい 라꾸라이
□ 낙마	【落馬】らくば 라꾸바
□ 낙서	【落書き】らくがき 라꾸가끼
□ 낙선	【落選】らくせん 라꾸셍
□ 낙숫물	【雨垂れ】あまだれ 아마다레
□ 낙심하다	がっかりする 각까리스루
□ 낙엽	【落葉】おちば 오찌바
□ 낙원	【楽園】らくえん 라꾸엥
□ 낙오	【落伍】らくご 라꾸고
□ 낙인	【烙印】らくいん 라꾸잉
□ 낙제	【落第】らくだい 라꾸다이
□ 낙지	たこ 타꼬
□ 낙차	【落差】らくさ 라꾸사
□ 낙착	【落着】らくちゃく 라꾸쨔꾸
□ 낙찰	【落札】らくさつ 라꾸사쓰

□ 낙천가	【楽天家】	らくてんか	라꾸텡까
□ 낙타		らくだ	라꾸다
□ 낙태	【堕胎】	だたい	다따이
□ 낙하	【落下】	らっか	락까
□ 낙향	【都落ち】	みやこおち	미야꼬오찌
□ 낙화	【落花】	らっか	락까
□ 낚다	【釣る】	つる	쓰루
□ 낚시	【釣】	つり	쓰리
□ 낚아채다	【引ったくる】	ひったくる	힛따꾸루
□ 난간	【手摺】	てすり	테스리
□ 난관	【難関】	なんかん	낭깡
□ 난국	【難局】	なんきょく	낭꾜꾸
□ 난동(날씨)	【暖冬】	だんとう	단또-
□ 난동(폭력)	【乱動】	らんどう	란도-
□ 난류	【暖流】	だんりゅう	단류-
□ 난립	【乱立】	らんりつ	란리쓰
□ 난무	【乱舞】	らんぶ	람부
□ 난바다	【沖】	おき	오끼

108

□ **난방**	【暖房】 **だんぼう** 담보-	
□ **난산**	【難産】 **なんざん** 난장	
□ **난색**	【難色】 **なんしょく** 난쇼꾸	
□ **난세**	【乱世】 **らんせい** 란세-	
□ **난소**	【卵巣】 **らんそう** 란소-	
□ **난시**	【乱視】 **らんし** 란시	
□ **난이**	【難易】 **なんい** 낭이	
□ **난입**	【乱入】 **らんにゅう** 란뉴-	
□ **난자**	【卵子】 **らんし** 란시	
□ **난잡하다**	【乱雑だ】 **らんざつだ** 란자쓰다	
□ **난쟁이**	【一寸法師】 **いっすんぼうし** 잇슨보-시	
□ **난제**	【難題】 **なんだい** 난다이	
□ **난처하다**	【困る】 **こまる** 코마루	
□ **난청**	【難聴】 **なんちょう** 난쪼-	
□ **난초**	【蘭】 **らん** 랑	
□ **난치병**	【難治病】 **なんじびょう** 난지뵤-	
□ **난타**	【乱打】 **らんだ** 란다	
□ **난파선**	【難破船】 **なんぱせん** 남빠셍	

가
나
다
라
마
바
사
아
자
차
카
타
파
하

□ 난폭	【乱暴】 らんぼう	람보-
□ 난항	【難航】 なんこう	낭꼬-
□ 난행	【乱行】 らんぎょう	랑교-
□ 낟알	【粒】 つぶ	쓰부
□ 날(일)	【日】 ひ	히
□ 날(칼)	【刃】 は	하
□ 날개	【羽】 はね	하네
□ 날것	【生物】 なまもの	나마모노
□ 날다	【飛ぶ】 とぶ	토부
□ 날뛰다	【暴れる】 あばれる	아바레루
□ 날로	【日増に】 ひましに	히마시니
□ 날리다	【飛ばす】 とばす	토바스
□ 날림공사	【安普請】 やすぶしん	야스부싱
□ 날마다	【日毎】 ひごと	히고또
□ 날씨	【天気】 てんき	텡끼
□ 날씬한	すらりとした	스라리또시따
□ 날아오르다	【飛び上がる】 とびあがる	도비아가루
□ 날인	【捺印】 なついん	나쓰잉

110

□ **날조**　　　　【捏造】 **ねつぞう** 네쓰조-

□ **날짜**　　　　【日付】 **ひづけ** 히즈께

□ **날치기**　　　　**かっぱらい** 캅빠라이

□ **날카롭다**　　　【鋭い】 **するどい** 스루도이

□ **날품팔이**　　　【日稼ぎ】 **ひかせぎ** 히카세기

□ **낡다**　　　　**くたびれる** 쿠따비레루

□ **남**　　　　【他人】 **たにん** 타닝

□ **남극**　　　　【南極】 **なんきょく** 낭꾜꾸

□ **남기다**　　　　【残す】 **のこす** 노꼬스

□ **남남**　　　　【他人同士】 **たにんどうし** 타닝도-시

□ **남녀**　　　　【男女】 **だんじょ** 단죠

□ **남다**　　　　【残る】 **のこる** 노꼬루

□ **남달리**　　　【人並外れて】 **ひとなみはずれて**
　　　　　　　　　　　　　　히또나미하즈레떼

□ **남동생**　　　　【弟】 **おとうと** 오또-또

□ **남루함**　　　　**ぼろぼろ** 보로보로

□ **남발**　　　　【濫発】 **らんぱつ** 람빠쓰

□ **남빛**　　　　【藍色】 **あいいろ** 아이이로

□ **남성**　　　　【男性】 **だんせい** 단세이

111

□ 남아	【男児】 **だんじ** 단지	
□ 남아돌다	【有り余る】 **ありあまる** 아리아마루	
□ 남양	【南洋】 **なんよう** 낭요-	
□ 남용	【濫用】 **らんよう** 랑요-	
□ 남우	【男優】 **だんゆう** 당유-	
□ 남의 눈	【人目】 **ひとめ** 히또메	
□ 남자	【男】 **おとこ** 오도꼬	
□ 남쪽	【南】 **みなみ** 미나미	
□ 남편	【夫】 **おっと** 옷또	
□ 납	【鉛】 **なまり** 나마리	
□ 납골당	【納骨堂】 **のうこつどう** 노-꼬쓰도-	
□ 납기	【納期】 **のうき** 노-끼	
□ 납득	【納得】 **なっとく** 낫또꾸	
□ 납량	【納涼】 **のうりょう** 노-료-	
□ 납부	【納付】 **のうふ** 노-후	
□ 납세	【納税】 **のうぜい** 노-제-	
□ 납입	【納入】 **のうにゅう** 노-뉴-	
□ 납작하다	【平べったい】 **ひらべったい** 히라벳따이	

112

□ 납치	【拉致】 **らち** 라찌	
□ 납품	【納品】 **のうひん** 노-힝	
□ 낫	**かま** 카마	
□ 낫다	【治る】 **なおる** 나오루	
□ 낫다	【勝る】 **まさる** 마사루	
□ 낭독	【朗読】 **ろうどく** 로-도꾸	
□ 낭떠러지	【崖】 **がけ** 가께	
□ 낭만	【浪漫】 **ろうまん** 로-망	
□ 낭비	【浪費】 **ろうひ** 로-히	
□ 낭패	【狼狽】 **ろうばい** 로-바이	
□ 낮	【昼】 **ひる** 히루	
□ 낮다	【低い】 **ひくい** 히꾸이	
□ 낮잠	【昼寝】 **ひるね** 히루네	
□ 낮추다	【低める】 **ひくめる** 히꾸메루	
□ 낯	【面】 **つら** 쓰라	
□ 낯가림	【人見知り】 **ひとみしり** 히또미시리	
□ 낯익다	【顔馴染みだ】 **かおなじみだ** 카오나지미다	
□ 낯설다	【不慣れ】 **ふなれ** 후나레	

□ 낯짝	【面の皮】 つらのかわ	쓰라노가와
□ 낱낱이	【一つ残らず】 ひとつのこらず	히또쓰노꼬라즈
□ 낱말	【単語】 たんご	탕고
□ 낱알	【粒】 つぶ	쓰부
□ 낳다	【産む】 うむ	우무
□ 내	【川】 かわ	카와
□ 내각	【内閣】 ないかく	나이카꾸
□ 내걸다	【掲げる】 かかげる	카까게루
□ 내과	【内科】 ないか	나이까
□ 내기	【賭】 かけ	카께
□ 내내	ずっと	즛또
□ 내년	【来年】 らいねん	라이넹
□ 내놓다	【取り出す】 とりだす	토리다스
□ 내달	【来月】 らいげつ	라이게쓰
□ 내던지다	【ほうり出す】 ほうりだす	호-리다스
□ 내던지다	【投げ捨てる】 なげすてる	나게스떼루
□ 내딛다	【踏み出す】 ふみだす	후미다스
□ 내란	【内乱】 ないらん	나이랑

□ 내려가다	【下る】 **くだる** 쿠다루	
□ 내려놓다	【降ろす】 **おろす** 오로스	
□ 내려다보다	【見下ろす】 **みおろす** 미오로스	
□ 내려쌓이다	【降り積る】 **ふりつもる** 후리쓰모루	
□ 내력	【来歴】 **らいれき** 라이레끼	
□ 내륙	【内陸】 **ないりく** 나이리꾸	
□ 내리다(차에서)	【降りる】 **おりる** 오리루	
□ 내리다(비가)	【降る】 **ふる** 후루	
□ 내리막길	【下り道】 **くだりみち** 쿠다리미찌	
□ 내막	【内幕】 **ないまく** 나이마꾸	
□ 내맡기다	【委ねる】 **ゆだねる** 유다네루	
□ 내면	【内面】 **ないめん** 나이멩	
□ 내밀다	【差し出す】 **さしだす** 사시다스	
□ 내방	【来訪】 **らいほう** 라이호-	
□ 내버려두다	【放っておく】 **ほうっておく** 호옷떼오꾸	
□ 내복약	【内服薬】 **ないふくやく** 나이후꾸야꾸	
□ 내부	【内部】 **ないぶ** 나이부	
□ 내빈	【来賓】 **らいひん** 라이힝	

□ 내빼다	**ずらかる** ズラ까루
□ 내뿜다	【吹き出す】 **ふきだす** 후끼다스
□ 내사	【来社】 **らいしゃ** 라이샤
□ 내색	【素振り】 **そぶり** 소부리
□ 내성적	【内気】 **うちき** 우찌끼
□ 내세	【来世】 **らいせ** 라이세
□ 내셔널	**ナショナル** 나쇼나루
□ 내수	【内需】 **ないじゅ** 나이쥬
□ 내시경	【内視鏡】 **ないしきょう** 나이시꾜-
□ 내심	【内心】 **ないしん** 나이싱
□ 내연	【内縁】 **ないえん** 나이엥
□ 내열	【耐熱】 **たいねつ** 타이네쓰
□ 내외	【内外】 **ないがい** 나이가이
□ 내용	【内容】 **ないよう** 나이요-
□ 내의	【肌着】 **はだぎ** 하다기
□ 내일	【明日】 **あす** 아스
□ 내일 밤	【明晩】 **みょうばん** 묘-방
□ 내장	【内臓】 **ないぞう** 나이조-

□ 내전	【内戦】 **ないせん** 나이셍	
□ 내정(결정)	【内定】 **ないてい** 나이떼-	
□ 내정(정치)	【内政】 **ないせい** 나이세-	
□ 내조	【内助】 **ないじょ** 나이죠	
□ 내주	【来週】 **らいしゅ** 라이슈-	
□ 내주다	【引き渡す】 **ひきわたす** 히끼와따스	
□ 내지	【乃至】 **ないし** 나이시	
□ 내쫓다	【追い出す】 **おいだす** 오이다스	
□ 내키다	【気乗りがする】 **きのりがする** 키노리가 스루	
□ 내통	【内通】 **ないつう** 나이쓰-	
□ 내포	【内包】 **ないほう** 나이호-	
□ 내핍	【耐乏】 **たいぼう** 타이보-	
□ 내한	【耐寒】 **たいかん** 타이깡	
□ 내후년	【再来年】 **さらいねん** 사라이넹	
□ 냄비	【鍋】 **なべ** 나베	
□ 냄새	【匂い】 **におい** 니오이	
□ 냄새나다	【匂う】 **におう** 니오-	
□ 냄새를 풍기다	【匂わす】 **におわす** 니오와스	

117

□ 냄새를 맡다	かぐ 카구	
□ 냅다	いきなり 이끼나리	
□ 냅킨	ナプキン 나뿌낑	
□ 냇가	【川端】 かわばた 카와바따	
□ 냇물	【川水】 かわみず 카와미즈	
□ 냉각	【冷却】 れいきゃく 레-캬꾸	
□ 냉담	【冷淡】 れいたん 레-땅	
□ 냉난방	【冷暖房】 れいだんぼう 레-담보-	
□ 냉동	【冷凍】 れいとう 레-또-	
□ 냉방	【冷房】 れいぼう 레-보-	
□ 냉소	【冷笑】 れいしょう 레-쇼-	
□ 냉수	【冷や水】 ひやみず 히야미즈	
□ 냉장고	【冷蔵庫】 れいぞうこ 레-조-꼬	
□ 냉정	【冷静】 れいせい 레-세-	
□ 냉정하다	つれない 쓰레나이	
□ 냉철	【冷徹】 れいてつ 레-떼쓰	
□ 냉큼	【素早く】 すばやく 스바야꾸	
□ 냉혈	【冷血】 れいけつ 레-께쓰	

118

□ 냉혹하다	【冷酷だ】 れいこくだ	레-코꾸다
□ 너	【お前】 おまえ	오마에
□ 너구리	たぬき	타누끼
□ 너끈하다	【十分だ】 じゅうぶんだ	쥬-분다
□ 너덜너덜	ぼろぼろ	보로보로
□ 너도나도	だれもかれも	다레모카레모
□ 너도밤나무	ぶな	부나
□ 너무나도	あまりにも	아마리니모
□ 너무하다	ひどい	히도이
□ 너스레	ふざけ	후자께
□ 너절하다	みすぼらしい	미스보라시-
□ 너털웃음	【高笑い】 たかわらい	타까와라이
□ 너트	ナット	낫또
□ 넉넉하다	【有り余る】 ありあまる	아리아마루
□ 넉살좋다	ふてぶてしい	후떼부떼시-
□ 넋	【魂】 たましい	타마시-
□ 넋두리	ぐち	구찌
□ 넌더리	こりごり	코리고리

□ 넌지시	それとなく	소레또나꾸
□ 널다	【干す】 ほす	호스
□ 널리	あまねく	아마네꾸
□ 넓다	【広い】 ひろい	히로이
□ 넓어지다	【広がる】 ひろがる	히로가루
□ 넓이	【広さ】 ひろさ	히로사
□ 넓히다	【広げる】 ひろげる	히로게루
□ 넘기다(넘다)	【越す】 こす	코스
□ 넘기다(건네다)	【渡す】 わたす	와따스
□ 넘다	【越える】 こえる	코에루
□ 넘버	ナンバー	남바
□ 넘어뜨리다	【倒す】 たおす	타오스
□ 넘어지다	【倒れる】 たおれる	타오레루
□ 넘쳐흐르다	あふれる	아후레루
□ 넘쳐흐르다(가득)	みなぎる	미나기루
□ 넘치다	こぼれる	코보레루
□ 넙치	ひらめ	히라메
□ 넝마	ぼろ	보로

□ 넣다	【入れる】いれる	이레루
□ 네거리	【四つ角】よつかど	요쓰카도
□ 네덜란드	オランダ	오란다
□ 네모	【四角】しかく	시카꾸
□ 네모지다	【角張る】かくばる	카꾸바루
□ 네온	ネオン	네옹
□ 네임	ネーム	네-무
□ 네커치프	ネッカチーフ	넷까치-후
□ 네트워크	ネットワーク	넷또와-꾸
□ 넥타이	ネクタイ	네쿠따이
□ 녀석	やつ	야쓰
□ 년	あまっこ	아막꼬
□ 노고	【骨折り】ほねおり	호네오리
□ 노곤하다	【気だるい】けだるい	케다루이
□ 노골적	【露骨的】ろこつてき	로꼬쓰테끼
□ 노다지	ぼろもうけ	보로모-께
□ 노대	【露台】ろだい	로다이
□ 노도	【怒涛】どとう	도또-

□ 노동	【労働】 ろうどう	로-도-
□ 노랑	【黄色】 きいろ	키-로
□ 노랗다	【黄色い】 きいろい	키-로이
□ 노래	【歌】 うた	우따
□ 노래기	やすで	야스데
□ 노래방	【カラオケ屋】 カラオケや	카라오께야
□ 노래자랑	【喉自慢】 のどじまん	노도지망
□ 노래하다	【歌う】 うたう	우따우
□ 노려보다	にらむ	니라무
□ 노력	【努力】 どりょく	도료꾸
□ 노련함	【老練】 ろうれん	로-렝
□ 노령	【老齢】 ろうれい	로-레-
□ 노루	のろ	노로
□ 노름	【賭博】 とばく	토바꾸
□ 노리다	ねらう	네라우
□ 노망	もうろく	모-로꾸
□ 노면	【路面】 ろめん	로멩
□ 노모	【老母】 ろうぼ	로-보

□ **노벨상**	【ノーベル賞】 ノーベルしょう	노-베루쇼-
□ **노상**	【路上】 ろじょう	로죠-
□ **노상**	しょっちゅう	숏쮸-
□ **노상강도**	【辻強盗】 つじごうとう	쓰지고-또-
□ **노선**	【路線】 ろせん	로셍
□ **노소**	【老少】 ろうしょう	로-쇼-
□ **노쇠**	【老衰】 ろうすい	로-스이
□ **노숙**	【野宿】 のじゅく	노쥬꾸
□ **노예**	【奴隷】 どれい	도레-
□ **노을**	【夕焼け】 ゆうやけ	유-야께
□ **노이로제**	ノイローゼ	노이로-제
□ **노인**	【老人】 ろうじん	로-징
□ **노점**	【屋台】 やたい	야따이
□ **노처녀**	オールドミス	오-루도미스
□ **노출**	【露出】 ろしゅつ	로슈쓰
□ **노크**	ノック	녹꾸
□ **노트**	ノート	노-또
□ **노파**	【老婆】 ろうば	로-바

□ **노하다**	【怒る】 **おこる** 오꼬루	
□ **노하우**	**ノーハウ** 노-하우	
□ **노화**	【老化】 **ろうか** 로-까	
□ **노후**	【老後】 **ろうご** 로-고	
□ **노후**(썩음)	【老朽】 **ろうきゅう** 로-뀨-	
□ **녹**	【錆】 **さび** 사비	
□ **녹내장**	【緑內障】 **りょくないしょう** 료꾸나이쇼-	
□ **녹다**	【溶ける】 **とける** 토께루	
□ **녹말**	【澱粉】 **でんぷん** 뎀뿡	
□ **녹색**	【緑色】 **みどりいろ** 미도리이로	
□ **녹슬다**	【錆びる】 **さびる** 사비루	
□ **녹음**	【録音】 **ろくおん** 로꾸옹	
□ **녹음**	【緑陰】 **りょくいん** 료꾸잉	
□ **녹이다**	【溶かす】 **とかす** 토까스	
□ **녹지**	【緑地】 **りょくち** 료꾸찌	
□ **녹초가 되다**	**へこたれる** 헤꼬타레루	
□ **녹화**(비디오)	【録画】 **ろくが** 로꾸가	
□ **녹화**(푸르름)	【緑化】 **りょっか** 록까	

124

□ 논	【田圃】 たんぼ	탐보
□ 논고	【論告】 ろんこく	롱코꾸
□ 논두렁	あぜ	아제
□ 논란	【論難】 ろんなん	론낭
□ 논리	【論理】 ろんり	론리
□ 논문	【論文】 ろんぶん	롬붕
□ 논설	【論説】 ろんせつ	론세쓰
□ 논술	【論述】 ろんじゅつ	론쥬쓰
□ 논스톱	ノンストップ	논스똡뿌
□ 논어	【論語】 ろんご	롱고
□ 논쟁	【論争】 ろんそう	론소-
□ 논픽션	ノンフィクション	논휘꾸숑
□ 논하다	【論ずる】 ろんずる	론즈루
□ 놀라게 하다	【驚かす】 おどろかす	오도로까스
□ 놀라다	【驚く】 おどろく	오도로꾸
□ 놀래다	びっくりさせる	빅꾸리사세루
□ 놀리다	からかう	카라까우
□ 놀이터	【遊び場】 あそびば	아소비바

125

□ 놈	【奴】	やつ	야쓰
□ 놋쇠	【真鍮】	しんちゅう	신쮸-
□ 농가	【農家】	のうか	노-까
□ 농간	【手練】	てれん	테렝
□ 농구		バスケットボール	바스껫또보-루
□ 농담	【冗談】	じょうだん	죠-당
□ 농도	【濃度】	のうど	노-도
□ 농락하다	【弄ぶ】	もてあそぶ	모떼아소부
□ 농무	【濃霧】	のうむ	노-무
□ 농민	【農民】	のうみん	노-밍
□ 농번기	【農繁期】	のうはんき	노-항끼
□ 농부	【農夫】	のうふ	노-후
□ 농사	【農業】	のうぎょう	노-교-
□ 농산물	【農産物】	のうさんぶつ	노-삼부쓰
□ 농약	【農薬】	のうやく	노-야꾸
□ 농업	【農業】	のうぎょう	노-교-
□ 농작물	【農作物】	のうさくぶつ	노-사꾸부쓰
□ 농장	【農場】	のうじょう	노-죠-

126

□ 농촌	【農村】のうそん	노-송
□ 농축	【濃縮】のうしゅく	노-슈꾸
□ 농토	【農土】のうど	노-도
□ 농한기	【農閑期】のうかんき	노-캉끼
□ 농후	【濃厚】のうふ	노-후
□ 높다	【高い】たかい	타까이
□ 높아지다	【高まる】たかまる	타까마루
□ 높이	【高さ】たかさ	타까사
□ 놓다	【置く】おく	오꾸
□ 놓치다	【逃す】のがす	노가스
□ 뇌	【脳】のう	노-
□ 뇌리	【脳裡】のうり	노-리
□ 뇌물	【賄賂】わいろ	와이로
□ 뇌사	【脳死】のうし	노-시
□ 뇌신경	【脳神経】のうしんけい	노-싱께-
□ 뇌염	【脳炎】のうえん	노-엥
□ 뇌우	【雷雨】らいう	라이우
□ 뇌출혈	【脳出血】のうしゅっけつ	노-슉께쓰

127

□ 뇌파	【脳波】 のうは	노-하
□ 뇌하수체	【脳下垂体】 のうかすいたい	노-까스이따이
□ 누계	【累計】 るいけい	루이께-
□ 누구	【誰】 だれ	다레
□ 누군가	【誰か】 だれか	다레까
□ 누나	【姉】 あね	아네
□ 누님	【お姉さん】 おねえさん	오네-상
□ 누더기	ぼろ	보로
□ 누드	ヌード	누-도
□ 누룩	こうじ	코-지
□ 누르다(밀다)	【押す】 おす	오스
□ 누르다(눌러놓다)	【押さえる】 おさえる	오사에루
□ 누리다	【享受する】 きょうじゅする	쿄-쥬스루
□ 누명	【濡れ衣】 ぬれぎぬ	누레기누
□ 누비다	【縫う】 ぬう	누우
□ 누설	【漏洩】 ろうせつ	로-세쓰
□ 누수	【漏水】 ろうすい	로-스이
□ 누에	【蚕】 かいこ	카이꼬

128

□ 누이	【妹】いもうと	이모-또
□ 누적	【累積】るいせき	루이세끼
□ 누전	【漏電】ろうでん	로-뎅
□ 누추하다	【むさ苦しい】むさくるしい	무사쿠루시-
□ 눅눅하다	【湿っぽい】しめっぽい	시멥뽀이
□ 눈(보다)	【目】め	메
□ 눈(내리다)	【雪】ゆき	유끼
□ 눈가	【目縁】まぶち	마부찌
□ 눈감아주다	【見逃す】みのがす	미노가스
□ 눈곱	【目糞】めくそ	메꾸소
□ 눈금	【目盛り】めもり	메모리
□ 눈꺼풀	まぶた	마부따
□ 눈대중	【目分量】めぶんりょう	메분료-
□ 눈동자	ひとみ	히또미
□ 눈매	【目付き】めつき	메쓰끼
□ 눈물	【涙】なみだ	나미다
□ 눈물겹다	【涙ぐましい】なみだぐましい	나미다구마시-
□ 눈물짓다	【涙ぐむ】なみだぐむ	나미다구무

□ 눈보라	【吹雪】 ふぶき	후부끼
□ 눈부시다	【目映い】 まばゆい	마바유이
□ 눈사람	【雪達磨】 ゆきだるま	유끼다루마
□ 눈사태	【雪崩】 なだれ	나다레
□ 눈시울	【目頭】 めがしら	메가시라
□ 눈싸움	【雪合戦】 ゆきがっせん	유끼갓셍
□ 눈썹	【眉毛】 まゆげ	마유게
□ 눈알	【目玉】 めだま	메다마
□ 눈에 거슬림	【目障り】 めざわり	메자와리
□ 눈에 띄다	【目立つ】 めだつ	메다쓰
□ 눈요기	【目の保養】 めのほよう	메노호요-
□ 눈짓	【目配せ】 めくばせ	메쿠바세
□ 눈치	【目端】 めはし	메하시
□ 눌리다	【押される】 おされる	오사레루
□ 눕다	【横たわる】 よこたわる	요꼬타와루
□ 눕히다	【横たえる】 よこたえる	요꼬타에루
□ 눕히다	【寝かす】 ねかす	네까스
□ 뉘앙스	ニュアンス	뉴안스

□ 뉘우치다	【悔む】 くやむ	쿠야무
□ 뉴스	ニュース	뉴-스
□ 느글거리다	むかつく	무카쓰꾸
□ 느긋하게	ゆったりと	윳따리또
□ 느끼다	【感じる】 かんじる	칸지루
□ 느낌	【感じ】 かんじ	칸지
□ 느닷없이	【意気なり】 いきなり	이끼나리
□ 느릅나무	【楡】 にれ	니레
□ 느리다	【鈍い】 のろい	노로이
□ 느림보	【鈍間】 のろま	노로마
□ 느릿느릿	のろのろ	노로노로
□ 느슨하다	【緩い】 ゆるい	유루이
□ 느슨해지다	【緩む】 ゆるむ	유루무
□ 느티나무	けやき	케야끼
□ 늑골	【肋骨】 ろっこつ	록꼬쓰
□ 늑대	【狼】 おおかみ	오-까미
□ 늑막	【肋膜】 ろくまく	로꾸마꾸
□ 늑장부리다	ぐずつく	구즈쓰꾸

131

□ 늘	【絶えず】	たえず	다에즈
□ 늘다	【増える】	ふえる	후에루
□ 늘리다	【増やす】	ふやす	후야스
□ 늘어나다	【増える】	ふえる	후에루
□ 늘어놓다	【並べる】	ならべる	나라베루
□ 늘어뜨리다	【ぶら下げる】	ぶらさげる	부라사게루
□ 늘어서다	【並ぶ】	ならぶ	나라부
□ 늘어지다	【垂れる】	たれる	타레루
□ 늙다	【老いる】	おいる	오이루
□ 늙은이	【年寄り】	としより	토시요리
□ 늠름하다		りりしい	리리시-
□ 능가하다		しのぐ	시노구
□ 능구렁이		ふるだぬき	후루다누끼
□ 능란하다	【達者だ】	たっしゃだ	탓샤다
□ 능력	【能力】	のうりょく	노-료꾸
□ 능률	【能率】	のうりつ	노-리쓰
□ 능숙하다	【上手だ】	じょうずだ	죠-즈다
□ 능하다	【長ける】	たける	타께루

132

□ **늦다**	【遲い】 **おそい** 오소이	
□ **늦어지다**	【遲れる】 **おくれる** 오꾸레루	
□ **늦잠**	【朝寝】 **あさね** 아사네	
□ **늦추다**	【緩める】 **ゆるめる** 유루메루	
□ **늪**	【沼】 **ぬま** 누마	
□ **니그로**	**ニグロ** 니구로	
□ **니코틴**	**ニコチン** 니코칭	

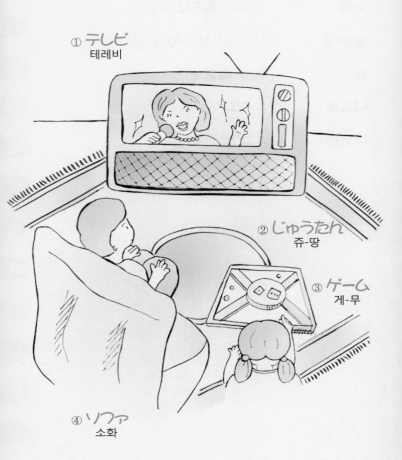

① テレビ
테레비

② じゅうたん
쥬-땅

③ ゲーム
게-무

④ ソファ
소화

① 텔레비전 ② 카펫 ③ 게임 ④ 소파

⑤ 電灯 (でんとう)
덴또-

⑥ 電話 (でんわ)
뎅와

⑦ 新聞 (しんぶん)
심붕

⑧ 漫画 (まんが)
망가

⑨ 雑誌 (ざっし)
잣시

⑤ 전등 ⑥ 전화 ⑦ 신문 ⑧ 만화 ⑨ 잡지

□ **다가가다** 【近寄る】 **ちかよる** 치까요루

□ **다가오다** 【近付く】 **ちかづく** 치까즈꾸

□ **다각적** 【多角的】 **たかくてき** 타카꾸테끼

□ **다갈색** 【鳶色】 **とびいろ** 토비이로

□ **다그치다** 【急き立てる】 **せきたてる** 세끼타떼루

□ **다난하다** 【多難だ】 **たなんだ** 타난다

□ **다니다** 【通う】 **かよう** 카요우

□ **다다르다** 【至る】 **いたる** 이따루

□ **다달이** 【毎月】 **まいげつ** 마이게쓰

□ **다락방** 【屋根裏部屋】 **やねうらべや**
　　　　　　　　　　　　　　　 야네우라베야

□ **다람쥐** **りす** 리스

□ **다래끼** **ものもらい** 모노모라이

□ **다량** 【多量】 **たりょう** 타료-

□ **다루다** 【扱う】 **あつかう** 아쓰까우

□ **다르다** 【違う】 **ちがう** 치가우

□ 다른	【他の】 ほかの	호까노
□ 다른 사람	【別人】 べつじん	베쓰징
□ 다름 아닌	【他ならぬ】 ほかならぬ	호까나라누
□ 다리(사람)	【足】 あし	아시
□ 다리(건물)	【脚】 あし	아시
□ 다리(교각)	【橋】 はし	하시
□ 다리미	アイロン	아이롱
□ 다림질	アイロンがけ	아이롱가께
□ 다만	ただ	타다
□ 다망	【多忙】 たぼう	타보-
□ 다물다	つぐむ	쓰구무
□ 다발	【束】 たば	타바
□ 다부지다	たくましい	타꾸마시-
□ 다분히	【多分に】 たぶんに	타분니
□ 다섯	【五つ】 いつつ	이쓰쓰
□ 다소	【多少】 たしょう	타쇼-
□ 다수	【多数】 たすう	타스-
□ 다슬기	にな	니나

□ 다시	また	마따
□ 다시마	【昆布】こんぶ	콤부
□ 다시 하다	【やり直す】やりなおす	야리나오스
□ 다운	ダウン	다웅
□ 다음	【次】つぎ	쓰기
□ 다음날	【翌日】よくじつ	요꾸지쓰
□ 다음해	【翌年】よくねん	요꾸넹
□ 다이내믹	ダイナミック	다이나믹꾸
□ 다이빙	ダイビング	다이빙구
□ 다이아몬드	ダイヤモンド	다이야몬도
□ 다이얼	ダイヤル	다이야루
□ 다작	【多作】たさく	타사꾸
□ 다재	【多才】たさい	타사이
□ 다지다	【固める】かためる	카따메루
□ 다짐	【念押し】ねんおし	넹오시
□ 다짜고짜로	【意気なり】いきなり	이끼나리
□ 다치다	【傷つく】きずつく	키즈쓰꾸
□ 다큐멘터리	ドキュメンタリー	도큐멘타리-

□ 다크호스	ダークホース	다-쿠호-스
□ 다투다	【争う】 あらそう	아라소우
□ 다툼	【争い】 あらそい	아라소이
□ 다하다	【果す】 はたす	하따스
□ 다행	【幸い】 さいわい	사이와이
□ 닥쳐오다	【差し迫る】 さしせまる	사시세마루
□ 닥치는 대로	【手当り次第】 てあたりしだい	테아따리시다이
□ 닦다(훔치다)	ふく	후꾸
□ 닦다(씻다)	ぬぐう	누구우
□ 닦다(연마하다)	【磨く】 みがく	미가꾸
□ 닦달하다	【急き立てる】 せきたてる	세끼타떼루
□ 단가	【単価】 たんか	탕까
□ 단감	あまがき	아마가끼
□ 단결	【団結】 だんけつ	당께쓰
□ 단계	【段階】 だんかい	당까이
□ 단골	【得意】 とくい	토꾸이
□ 단념	【思い切り】 おもいきり	오모이끼리
□ 단념하다	【思い切る】 おもいきる	오모이끼루

139

□ 단단하다	【固・堅い】	かたい	카따이
□ 단단히		しっかり	식까리
□ 단독	【単独】	たんどく	탄도꾸
□ 단련	【鍛練】	たんれん	탄렝
□ 단련하다	【鍛える】	きたえる	키따에루
□ 단면	【断面】	だんめん	담멩
□ 단명	【短命】	たんめい	탐메-
□ 단무지	【沢庵】	たくあん	타꾸앙
□ 단발	【短髪】	たんぱつ	탐빠쓰
□ 단백질	【蛋白質】	たんぱくしつ	탐빠꾸시쓰
□ 단벌	【一張羅】	いっちょうら	잇쬬-라
□ 단서	【手掛かり】	てがかり	테가까리
□ 단속	【取り締まり】	とりしまり	토리시마리
□ 단속하다	【取り締まる】	とりしまる	토리시마루
□ 단순	【単純】	たんじゅん	탄즁
□ 단순한	【単なる】	たんなる	탄나루
□ 단숨에	【一気に】	いっきに	익끼니
□ 단식	【断食】	だんじき	단지끼

140

□ 단안	【断案】だんあん	당앙
□ 단애	【断崖】だんがい	당가이
□ 단어	【単語】たんご	탕고
□ 단언	【断言】だんげん	당겡
□ 단연	【断然】だんぜん	단젱
□ 단위	【単位】たんい	탕이
□ 단일	【単一】たんいつ	탕이쓰
□ 단잠	【熟睡】じゅくすい	쥬꾸스이
□ 단장	【団長】だんちょう	단쬬-
□ 단절	【断絶】だんぜつ	단제쓰
□ 단점	【短所】たんしょ	탄쇼
□ 단지	【団地】だんち	단찌
□ 단짝친구	なかよしコンビ	나까요시콤비
□ 단체	【団体】だんたい	단따이
□ 단추	ボタン	보땅
□ 단축	【短縮】たんしゅく	탄슈꾸
□ 단층	【断層】だんそう	단소-
□ 단층집	【平屋】ひらや	히라야

□ 단편(소설)	【短篇】 たんぺん	탐뼁
□ 단편(조각)	【断片】 だんぺん	담뼁
□ 단풍	【紅葉】 もみじ・こうよう	모미지·코-요-
□ 단풍놀이	【紅葉狩り】 もみじがり	모미지가리
□ 단행	【断行】 だんこう	당꼬-
□ 단호하게	【断乎と】 だんこと	당꼬또
□ 닫다	【閉じる】 とじる	토지루
□ 닫히다	【閉まる】 しまる	시마루
□ 달	【月】 つき	쓰끼
□ 달걀	【卵】 たまご	타마고
□ 달구경	【月見】 つきみ	쓰끼미
□ 달다(맛)	【甘い】 あまい	아마이
□ 달다(재다)	【測る】 はかる	하까루
□ 달다(걸다)	【掛ける】 かける	카께루
□ 달다(매달다)	【掲げる】 かかげる	카까게루
□ 달다(장치하다)	【取り付ける】 とりつける	토리쓰께루
□ 달다(붙이다)	【付ける】 つける	쓰께루
□ 달라붙다	くっつく	쿳쓰꾸

142

□ 달라지다	【変わる】 かわる	카와루
□ 달래다	【宥める】 なだめる	나다메루
□ 달러	ドル	도루
□ 달려들다	【飛び掛かる】 とびかかる	토비카까루
□ 달력	【暦】 こよみ	코요미
□ 달리기	かけっこ	카켁꼬
□ 달리다	【走る】 はしる	하시루
□ 달맞이꽃	【月見草】 つきみそう	쓰끼미소-
□ 달밤	【月夜】 つきよ	쓰끼요
□ 달성하다	【達成する】 たっせいする	탓세-스루
□ 달아나다	【逃げる】 にげる	니게루
□ 달아매다	【吊す】 つるす	쓰루스
□ 달이다	【煮詰める】 につめる	니쓰메루
□ 달인	【達人】 たつじん	타쓰징
□ 달콤하다	【甘ったるい】 あまったるい	아맛타루이
□ 달팽이	かたつむり	카따쓰무리
□ 달필	【達筆】 たっぴつ	탑삐쓰
□ 닭	【鶏】 にわとり	니와또리

143

□ 닭고기	【鶏肉】	とりにく	토리니꾸
□ 닮다	【似る】	にる	니루
□ 닳다	【擦れる】	すれる	스레루
□ 닳아빠지다	【擦り減る】	すりへる	스리헤루
□ 담	【塀】	へい	헤-
□ 담그다(김치)	【漬ける】	つける	쓰께루
□ 담그다(적시다)	【浸す】	ひたす	히따스
□ 담다	【盛る】	もる	모루
□ 담당	【担当】	たんとう	탄또-
□ 담당(맡음)	【受持ち】	うけもち	우께모찌
□ 담당부서	【持ち場】	もちば	모찌바
□ 담배	【煙草】	たばこ	타바꼬
□ 담배꽁초	【吸い殻】	すいがら	스이가라
□ 담백하다	【淡白だ】	たんぱくだ	탐빠꾸다
□ 담뱃대		キセル	키세루
□ 담보	【担保】	たんぽ	탐뽀
□ 담요	【毛布】	もうふ	모-후
□ 담장	【垣根】	かきね	카끼네

□ **담쟁이** つた 쓰따

□ **담판** 【談判】 だんぱん 담빵

□ **담합** 【談合】 だんごう 당고-

□ **답답하다** はがゆい 하가유이

□ **답례** 【答礼】 とうれい 토-레-

□ **답보** 【足踏み】 あしぶみ 아시부미

□ **답사** 【踏査】 とうさ 토-사

□ **답습** 【踏襲】 とうしゅう 토-슈-

□ **답안** 【答案】 とうあん 토-앙

□ **당구** 【玉突き】 たまつき 타마쓰끼

□ **당국** 【当局】 とうきょく 토-꾜꾸

□ **당근** 【人参】 にんじん 닌징

□ **당기다** 【引き寄せる】 ひきよせる 히끼요세루

□ **당나귀** ろば 로바

□ **당뇨병** 【糖尿病】 とうにょうびょう 토-뇨-뵤-

□ **당당히** 【堂堂と】 どうどうと 도-도-또

□ **당돌하다** むこうみずだ 무꼬-미즈다

□ **당락** 【当落】 とうらく 토-라꾸

□ 당면	【当面】 とうめん 토-멩
□ 당번	【当番】 とうばん 토-방
□ 당분간	【当分】 とうぶん 토-붕
□ 당선	【当選】 とうせん 토-셍
□ 당수(우두머리)	【党首】 とうしゅ 토-슈
□ 당수(가라데)	【唐手】 からて 카라떼
□ 당시	【当時】 とうじ 토-지
□ 당신	あなた 아나따
□ 당연함	【当然】 とうぜん 토-젱
□ 당일	【当日】 とうじつ 토-지쓰
□ 당일치기	【日帰り】 ひがえり 히가에리
□ 당장	すぐさま 스구사마
□ 당직	【当直】 とうちょく 토-쬬꾸
□ 당찮다	とんでもない 톤데모나이
□ 당하다	やられる 야라레루
□ 당혹	【当惑】 とうわく 토-와꾸
□ 당황하다	あわてる 아와떼루
□ 닻	いかり 이까리

□ **닿다**(도착하다) 【着く】 **つく** 쓰꾸

□ **닿다**(접촉하다) 【触れる】 **ふれる** 후레루

□ **대가** 【代価】 **だいか** 다이까

□ **대가리** 【頭】 **あたま** 아따마

□ **대강** 【大体】 **だいたい** 다이따이

□ **대개** 【大概】 **たいがい** 타이가이

□ **대견하다** 【感心だ】 **かんしんだ** 칸싱다

□ **대결** 【対決】 **たいけつ** 타이께쓰

□ **대구** **たら** 타라

□ **대규모** 【大仕掛け】 **おおじかけ** 오-지카께

□ **대금** 【代金】 **だいきん** 다이낑

□ **대기** 【待期】 **たいき** 타이끼

□ **대기권** 【大気圏】 **たいきけん** 타이끼껭

□ **대나무** 【竹】 **たけ** 타께

□ **대낮** 【真昼】 **まひる** 마히루

□ **대뇌** 【大脳】 **だいのう** 다이노-

□ **대다**(손) 【当てる】 **あてる** 아떼루

□ **대다**(시간) 【間に合う】 **まにあう** 마니아우

□ 대다수	【大多数】だいたすう 다이따스-
□ 대단하다	すごい 스고이
□ 대단한	【大した】たいした 타이시따
□ 대단히	【大変】たいへん 타이헹
□ 대담	【大胆】だいたん 다이땅
□ 대담무쌍함	【大胆不敵】だいたんふてき 다이땅후테끼
□ 대답	【返事】へんじ 헨지
□ 대답하다	【答える】こたえる 코따에루
□ 대대적	【大大的】だいだいてき 다이따이테끼
□ 대독	【代読】だいどく 다이도꾸
□ 대들다	【食ってかかる】くってかかる 쿳떼카까루
□ 대등	【対等】たいとう 타이또-
□ 대란	【大乱】たいらん 타이랑
□ 대략	【大体】だいたい 다이따이
□ 대량	【大量】たいりょう 타이료-
□ 대령	【大佐】たいさ 타이사
□ 대륙	【大陸】たいりく 타이리꾸
□ 대리석	【大理石】だいりせき 다이리세끼

□ **대리점**	【代理店】 **だいりてん** 다이리뗑	
□ **대립**	【対立】 **たいりつ** 타이리쓰	
□ **대만원**	【大入り満員】 **おおいりまんいん** 오-이리망잉	
□ **대망**(기다림)	【待望】 **たいぼう** 타이보-	
□ **대망**(큰)	【大望】 **たいもう** 타이모-	
□ **대머리**	【禿頭】 **はげあたま** 하게아따마	
□ **대면**	【対面】 **たいめん** 타이멩	
□ **대명사**	【代名詞】 **だいめいし** 다이메-시	
□ **대문**	【門】 **もん** 몽	
□ **대범하다**	【大様だ】 **おおようだ** 오-요-다	
□ **대법원**	【大法院】 **だいほういん** 다이호-잉	
□ **대변**(생리)	【大便】 **だいべん** 다이벵	
□ **대변**(대리)	【代弁】 **だいべん** 다이벵	
□ **대본**	【台本】 **だいほん** 다이홍	
□ **대부**	【貸付け】 **かしつけ** 카시쓰께	
□ **대부분**	【大部分】 **だいぶぶん** 다이부붕	
□ **대불**	【大仏】 **だいぶつ** 다이부쓰	
□ **대비하다**	【備える】 **そなえる** 소나에루	

가
나
다
라
마
바
사
아
자
차
카
타
파
하

149

□ 대사	【台詞】 せりふ	세리후
□ 대사관	【大使館】 たいしかん	타이시깡
□ 대상	【対象】 たいしょう	타이쇼-
□ 대서양	【大西洋】 たいせいよう	타이세-요-
□ 대서	【代書】 だいしょ	다이쇼
□ 대세	【大勢】 たいせい	타이세-
□ 대신	【代り】 かわり	카와리
□ 대신하다	【代わる】 かわる	카와루
□ 대안	【代案】 だいあん	다이앙
□ 대야	たらい	타라이
□ 대양	【大洋】 たいよう	타이요-
□ 대어	【大魚】 たいぎょ	타이교
□ 대여	【貸与】 たいよ	타이요
□ 대왕	【大王】 だいおう	다이오-
□ 대용	【代用】 だいよう	다이요-
□ 대우	【待遇】 たいぐう	타이구-
□ 대원	【隊員】 たいいん	타이잉
□ 대응	【対応】 たいおう	타이오-

□ 대자연	【大自然】 だいしぜん	다이시젱
□ 대장(군대)	【大将】 たいしょう	타이쇼-
□ 대장(인솔)	【隊長】 たいちょう	타이쬬-
□ 대장(장부)	【台帳】 だいちょう	다이쬬-
□ 대장간	【かじ屋】 かじや	카지야
□ 대전	【大戦】 たいせん	타이셍
□ 대조하다	【照らし合わせる】 てらしあわせる	테라시아와세루
□ 대접하다	【持て成す】 もてなす	모떼나스
□ 대중(사람)	【大衆】 たいしゅう	타이슈-
□ 대중(짐작)	【見当】 けんとう	켄또-
□ 대지(땅)	【大地】 だいち	다이찌
□ 대지(큰뜻)	【大志】 たいし	타이시
□ 대책	【対策】 たいさく	타이사꾸
□ 대체로	【大体】 だいたい	다이따이
□ 대추	【棗】 なつめ	나쓰메
□ 대출	【貸出し】 かしだし	카시다시
□ 대충	【一通り】 ひととおり	히또토-리
□ 대충대충	【大雑把】 おおざっぱ	오-잡빠

□ 대통령	【大統領】 だいとうりょう	다이또-료-
□ 대파	【大破】 たいは	타이하
□ 대패	かんな	칸나
□ 대포	【大砲】 たいほう	타이호-
□ 대표	【代表】 だいひょう	다이효-
□ 대피	【待避】 たいひ	타이히
□ 대필	【代筆】 だいひつ	다이히쓰
□ 대하	【大河】 たいが	타이가
□ 대하다	【対する】 たいする	타이스루
□ 대학	【大学】 だいがく	다이가꾸
□ 대합	はまぐり	하마구리
□ 대합실	【待合室】 まちあいしつ	마찌아이시쓰
□ 대항	【対抗】 たいこう	타이꼬-
□ 대해	【大海】 たいかい	타이까이
□ 대화	【対話】 たいわ	타이와
□ 대회	【大会】 たいかい	타이까이
□ 댄서	ダンサー	단사-
□ 댄스	ダンス	단스

- □ 댐　　　　　　　ダム 다무

- □ 더군다나　　　【その上に】そのうえに 소노우에니

- □ 더더욱　　　　なおさら 나오사라

- □ 더듬다　　　　どもる 도모루

- □ 더디다　　　　【鈍い】のろい 노로이

- □ 더러워지다　　【汚れる】よごれる 요고레루

- □ 더럽다　　　　【汚い】きたない 키따나이

- □ 더럽히다　　　【汚す】よごす 요고스

- □ 더부살이　　　【住み込み】すみこみ 스미꼬미

- □ 더불어　　　　【一緒に】いっしょに 잇쇼니

- □ 더블　　　　　ダブル 다부루

- □ 더욱　　　　　もっと 못또

- □ 더욱더　　　　もっともっと 못또못또

- □ 더욱이　　　　【その上に】そのうえに 소노우에니

- □ 더운물　　　　【お湯】おゆ 오유

- □ 더위　　　　　【暑さ】あつさ 아쓰사

- □ 더한층　　　　【益々】ますます 마스마스

- □ 덕　　　　　　【徳】とく 토꾸

□ 덕분	【お陰】おかげ	오카게
□ 덕지덕지	べたべた	베타베따
□ 던지다	【投げる】なげる	나게루
□ 덜덜	ぶるぶる	부루부루
□ 덜렁대다	そそっかしい	소속까시-
□ 덜렁이	おっちょこちょい	옷쵸꼬쵸이
□ 덜컥	がっくり	각꾸리
□ 덤	おまけ	오마께
□ 덤불	やぶ	야부
□ 덤비다	【飛びかかる】とびかかる	토비카까루
□ 덤핑	ダンピング	담핑구
□ 덥다	【暑い】あつい	아쓰이
□ 덧나다	こじれる	코지레루
□ 덧니	やえば	야에바
□ 덧붙이다	【付け加える】つけくわえる	쓰께쿠와에루
□ 덧셈	【足し算】たしざん	타시장
□ 덧없다	はかない	하까나이
□ 덩굴	つた	쓰따

154

□ 덩어리	かたまり 카따마리
□ 덩치, 허우대	ずうたい 즈-따이
□ 덫	わな 와나
□ 덮다	おおう 오오우
□ 덮밥	【丼】どんぶり 돈부리
□ 덮어놓고	むやみに 무야미니
□ 덮어씌우다	かぶせる 카부세루
□ 덮치다	のしかかる 노시카까루
□ 데굴데굴	ごろごろ 고로고로
□ 데릴사위	【入り婿】いりむこ 이리무꼬
□ 데모	デモ 데모
□ 데모크라시	デモクラシー 데모쿠라시-
□ 데뷔	デビュー 데뷰-
□ 데생	デッサン 뎃상
□ 데이터	データ 데-따
□ 데이트	デート 데-또
□ 데커레이션	デコレーション 데꼬레-숑
□ 델리게이트	デリケート 데리케-또

□ 도가니	るつぼ	루쓰보
□ 도감	【図鑑】ずかん	즈깡
□ 도구	【道具】どうぐ	도-구
□ 도깨비	【化物】ばけもの	바께모노
□ 도끼	おの	오노
□ 도난	【盗難】とうなん	토-낭
□ 도넛	ドーナツ	도-나쓰
□ 도달	【到達】とうたつ	토-타쓰
□ 도대체	【一体】いったい	잇따이
□ 도덕	【道徳】どうとく	도-토꾸
□ 도도하다	【高慢ちきだ】こうまんちきだ	코-만치끼다
□ 도둑	【泥棒】どろぼう	도로보-
□ 도둑질	【盗み】ぬすみ	누스미
□ 도라지	【桔梗】ききょう	키꾜-
□ 도락	【道楽】どうらく	도-라꾸
□ 도랑	【溝】どぶ	도부
□ 도래	【到来】とうらい	토-라이
□ 도려내다	【抉る】えぐる	에구루

□ 도련님　　　　【坊っちゃん】ぼっちゃん 봇쨩

□ 도로　　　　　【道路】どうろ 도-로

□ 도로아미타불　【元の木阿弥】もとのもくあみ
　　　　　　　　　　　　　　　　　모또노모꾸아미

□ 도르래　　　　【滑車】かっしゃ 캇샤

□ 도리　　　　　【道理】どうり 도-리

□ 도리어　　　　かえって 카엣떼

□ 도마　　　　　まないた 마나이따

□ 도마뱀　　　　とかげ 토카게

□ 도망　　　　　【逃亡】とうぼう 토-보-

□ 도망치다　　　【逃げる】にげる 니게루

□ 도매상　　　　【卸屋】おろしや 오로시야

□ 도면　　　　　【図面】ずめん 즈멩

□ 도모하다　　　【図る】はかる 하까루

□ 도무지　　　　まったく 맛따꾸-

□ 도미　　　　　たい 타이

□ 도박　　　　　【博打】ばくち 바꾸찌

□ 도보　　　　　【徒歩】とほ 토호

□ 도산　　　　　【倒産】とうさん 토-상

157

□ 도상	【途上】 とじょう	토죠-
□ 도서(책)	【図書】 としょ	토쇼
□ 도서(섬)	【島嶼】 とうしょ	토-쇼
□ 도선장	【渡し場】 わたしば	와따시바
□ 도시	【都会】 とかい	토까이
□ 도시락	【弁当】 べんとう	벤또-
□ 도안	【図案】 ずあん	즈앙
□ 도약	【跳躍】 ちょうやく	쵸-야꾸
□ 도어	ドア	도아
□ 도요새	しぎ	시기
□ 도움	【救い】 すくい	스꾸이
□ 도움이 되다	【役立つ】 やくだつ	야꾸다쓰
□ 도입	【導入】 どうにゅう	도-뉴-
□ 도자기	【陶器】 とうき	토-끼
□ 도장	【判子】 はんこ	항꼬
□ 도장	【道場】 どうじょう	도-죠-
□ 도저히	【到底】 とうてい	토-떼-
□ 도전	【挑戦】 ちょうせん	쵸-셍

□ 도전하다	【挑む】 いどむ	이도무
□ 도주	【逃走】 とうそう	토-소-
□ 도중	【途中】 とちゅう	토쮸-
□ 도지다	こじれる	코지레루
□ 도착	【到着】 とうちゃく	토-쨔꾸
□ 도착하다	【着く】 つく	쓰꾸
□ 도처	いたるどころ	이따루도꼬로
□ 도청	【盗聴】 とうちょう	토-쬬-
□ 도출	【導出】 どうしゅつ	도-슈쯔
□ 도취	【陶酔】 とうすい	토-스이
□ 도태	【淘汰】 とうた	토-따
□ 도토리	【団栗】 どんぐり	동구리
□ 도피	【逃避】 とうひ	토-히
□ 도화지	【画用紙】 がようし	가요-시
□ 도회	【都会】 とかい	토까이
□ 독(선박)	ドック	독꾸
□ 독	【毒】 どく	도꾸
□ 독감	【毒感】 どくかん	도꾸깡

□ 독단	【独断】	どくだん	도꾸당
□ 독려	【督励】	とくれい	토꾸레-
□ 독립	【独立】	どくりつ	도꾸리쓰
□ 독방	【独房】	どくぼう	도꾸보-
□ 독백	【独白】	どくはく	도꾸하꾸
□ 독보적	【独歩的】	どっぽてき	돕뽀테끼
□ 독본	【読本】	どくほん	도꾸홍
□ 독사	【毒蛇】	どくじゃ	도꾸쟈
□ 독살	【毒殺】	どくさつ	도꾸사쓰
□ 독서	【読書】	どくしょ	도꾸쇼
□ 독선	【独り善がり】	ひとりよがり	히또리요가리
□ 독설	【毒舌】	どくぜつ	도꾸제쓰
□ 독소	【毒素】	どくそ	도꾸소
□ 독수리		わし	와시
□ 독신	【独身】	どくしん	도꾸싱
□ 독신생활	【独り暮らし】	ひとりぐらし	히또리구라시
□ 독신자	【独り者】	ひとりもの	히또리모노
□ 독약	【毒薬】	どくやく	도꾸야꾸

160

□ **독자**(책)	【読者】 **どくしゃ** 도꾸샤	가
□ **독자**(외아들)	【一人息子】 **ひとりむすこ** 히또리무스꼬	나
□ **독재**	【独裁】 **どくさい** 도꾸사이	다
□ **독점**	【独占】 **どくせん** 도꾸셍	
□ **독주**(달리기)	【独走】 **どくそう** 도꾸소-	라
□ **독주**(연주)	【独奏】 **どくそう** 도꾸소-	마
□ **독차지**	【独り占め】 **ひとりじめ** 히또리지메	바
□ **독창**	【独唱】 **どくしょう** 도꾸쇼-	사
□ **독창적**	【独創的】 **どくそうてき** 도꾸소-테끼	
□ **독촉**	【催促】 **さいそく** 사이소꾸	아
□ **독특**	【独特】 **どくとく** 도꾸또꾸	자
□ **독학**	【独学】 **どくがく** 도꾸가꾸	차
□ **독후감**	【読後感】 **どくごかん** 도꾸고깡	카
□ **돈**	【金】 **かね** 카네	
□ **돈가스**	**とんカツ** 통까쓰	타
□ **돈뭉치**	【札束】 **さつたば** 사쓰타바	파
□ **돈벌이**	【金儲け】 **かねもうけ** 카네모-께	하
□ **돈벌다**	【儲ける】 **もうける** 모-께루	

□ 돈줄	【金蔓】 かねづる	카네즈루
□ 돈지갑	【紙入れ】 かみいれ	카미이레
□ 돋구다	そそる	소소루
□ 돋보기	【老眼鏡】 ろうがんきょう	로-강꾜-
□ 돋보이다	【目立つ】 めだつ	메다쯔
□ 돋아나다	【生える】 はえる	하에루
□ 돋우다	【励ます】 はげます	하게마스
□ 돌	【石】 いし	이시
□ 돌격	【突撃】 とつげき	토쓰게끼
□ 돌고래	いるか	이루까
□ 돌기	【突起】 とっき	톡끼
□ 돌다	【回る】 まわる	마와루
□ 돌담	【石垣】 いしがき	이시가끼
□ 돌려주다	【返す】 かえす	카에스
□ 돌리다	【回す】 まわす	마와스
□ 돌멩이	【石ころ】 いしころ	이시코로
□ 돌발	【突発】 とっぱつ	톱빠쓰
□ 돌보다	【世話をする】 せわをする	세와오 스루

□ 돌부처	【石仏】 せきぶつ	세끼부쓰
□ 돌아가다	【帰る】 かえる	카에루
□ 돌아다니다	【歩き回る】 あるきまわる	아루끼마와루
□ 돌아보다	【振り返る】 ふりかえる	후리까에루
□ 돌아서다	【背を向ける】 せをむける	세오무께루
□ 돌연	【突然】 とつぜん	토쓰젱
□ 돌입	【突入】 とつにゅう	토쓰뉴-
□ 돌진	【突進】 とっしん	톳싱
□ 돌출	【突出】 とっしゅつ	톳슈쓰
□ 돌파	【突破】 とっぱ	톱빠
□ 돌팔매	つぶて	쓰부떼
□ 돌팔이의사	【やぶ医者】 やぶいしゃ	야부이샤
□ 돌풍	【突風】 とっぷう	톱뿌-
□ 돔	いしだい	이시다이
□ 돗자리	むしろ	무시로
□ 돕다	【助ける】 たすける	타스께루
□ 동거	【同居】 どうきょ	도-꾜
□ 동결	【凍結】 とうけつ	토-께쓰

□ 동경	【憧れ】 **あこがれ** 아꼬가레	
□ 동경하다	【憧れる】 **あこがれる** 아꼬가레루	
□ 동공	【瞳孔】 **どうこう** 도-꼬-	
□ 동굴	【洞窟】 **どうくつ** 도-꾸쓰	
□ 동그라미	【丸】 **まる** 마루	
□ 동급생	【同級生】 **どうきゅうせい** 도-뀨-세-	
□ 동기	【動機】 **どうき** 도-끼	
□ 동나다	【品切れになる】 **しなぎれになる** 시나기레니나루	
□ 동떨어지다	【掛け離れる】 **かけはなれる** 카께하나레루	
□ 동란	【動乱】 **どうらん** 도-랑	
□ 동력	【動力】 **どうりょく** 도-료꾸	
□ 동료	【同僚】 **どうりょう** 도-료-	
□ 동맥	【動脈】 **どうみゃく** 도-먀꾸	
□ 동맹	【同盟】 **どうめい** 도-메-	
□ 동면	【冬籠り】 **ふゆごもり** 후유고모리	
□ 동물	【動物】 **どうぶつ** 도-부쓰	
□ 동반	【同伴】 **どうはん** 도-항	
□ 동백꽃	**つばき** 쓰바끼	

164

□ 동사	【動詞】 どうし	도-시
□ 동산	【動産】 どうさん	도-상
□ 동상(부상)	【霜焼け】 しもやけ	시모야께
□ 동상(조각상)	【銅像】 どうぞう	도-조-
□ 동서	【東西】 とうざい	토-자이
□ 동시(시간)	【同時】 どうじ	도-지
□ 동시(문학)	【童詩】 どうし	도-시
□ 동심	【童心】 どうしん	도-싱
□ 동안	【童顔】 どうがん	도-강
□ 동양	【東洋】 とうよう	토-요-
□ 동여매다	【縛り付ける】 しばりつける	시바리쓰께루
□ 동요(노래)	【童謡】 どうよう	도-요-
□ 동요(흔들림)	【動揺】 どうよう	도-요-
□ 동원	【動員】 どういん	도-잉
□ 동의	【同意】 どうい	도-이
□ 동일	【同一】 どういつ	도-이쓰
□ 동자	【童子】 わらべ	와라베
□ 동작	【動作】 どうさ	도-사

□ 동전	【銅貨】どうか 도-까
□ 동정	【童貞】どうてい 도-떼-
□ 동정심	【同情心】どうじょうしん 도-죠-싱
□ 동조	【同調】どうちょう 도-쬬-
□ 동족	【同族】どうぞく 도-조꾸
□ 동지	【同志】どうし 도-시
□ 동창	【同窓】どうそう 도-소-
□ 동태	【動態】どうたい 도-따이
□ 동태(생선)	【面太】めんたい 멘따이
□ 동포	【同胞】どうほう 도-호-
□ 동행	【同行】どうこう 도-꼬-
□ 동향	【動向】どうこう 도-꼬-
□ 동호회	【同好会】どうこうかい 도-꼬-까이
□ 동화	【童話】どうわ 도-와
□ 돛	【帆】ほ 호
□ 되	【升】ます 마스
□ 되다	【成る】なる 나루
□ 되돌아가다	【引き返す】ひきかえす 히끼카에스

□ 되돌아서다	【立ち止まる】 **たちどまる**	타찌도마루
□ 되돌리다	【返す】 **かえす**	카에스
□ 되돌아오다	【戻る】 **もどる**	모도루
□ 되묻다	【聞き返す】 **ききかえす**	키끼카에스
□ 되찾다	【取り戻す】 **とりもどす**	토리모도스
□ 되풀이하다	【繰り返す】 **くりかえす**	쿠리까에스
□ 된장	【味噌】 **みそ**	미소
□ 됨됨이	【人となり】 **ひととなり**	히또토나리
□ 두개골	【頭蓋骨】 **ずがいこつ**	즈가이꼬쓰
□ 두건	【頭巾】 **ずきん**	즈낑
□ 두견새	**ほととぎす**	호또토기스
□ 두근거리다	**どきどきする**	도끼도끼스루
□ 두꺼비	**ひきがえる**	히끼가에루
□ 두꺼비	**がま**	가마
□ 두껍다	【厚い】 **あつい**	아쓰이
□ 두께	【厚さ】 **あつさ**	아쓰사
□ 두뇌	【頭脳】 **ずのう**	즈노-
□ 두다	【置く】 **おく**	오꾸

□ 두더지	もぐら 모구라
□ 두드러기	じんましん 진마싱
□ 두드러지게	めっきり 멕끼리
□ 두드리다	たたく 타따꾸
□ 두레박	つるべ 쓰루베
□ 두려움	【恐れ】おそれ 오소레
□ 두려워하다	【恐れる】おそれる 오소레루
□ 두렵다	【恐い】こわい 코와이
□ 두루두루	あまねく 아마네꾸
□ 두루미	たんちょう 탄쬬-
□ 두메	【片田舎】かたいなか 카따이나까
□ 두목	【親分】おやぶん 오야붕
□ 두부	【豆腐】とうふ 토-후
□ 두절	【杜絶】とぜつ 토제쓰
□ 두통	【頭痛】ずつう 즈쓰-
□ 둑	【土手】どて 도떼
□ 둔기	【鈍器】どんき 동끼
□ 둔하다	【鈍い】にぶい 니부이

□ 둘러메다	かつぐ 카쓰구
□ 둘러보다	【見渡す】 みわたす 미와따스
□ 둘러싸이다	【取り囲まれる】 とりかこまれる 토리카꼬마레루
□ 둘러싸다	【取り巻く】 とりまく 토리마꾸
□ 둘레	【周り】 まわり 마와리
□ 둥글다	【丸い】 まるい 마루이
□ 둥실	ふわりと 후와리또
□ 둥지	ねぐら 네구라
□ 뒤	【後】 あと 아또
□ 뒤돌아보다	【振り向く】 ふりむく 후리무꾸
□ 뒤떨어지다	【劣る】 おとる 오또루
□ 뒤뚱거리다	よろめく 요로메꾸
□ 뒤뜰	【裏庭】 うらにわ 우라니와
□ 뒤로 미룸	【後回し】 あとまわし 아또마와시
□ 뒤범벅	ごちゃごちゃ 고쨔고쨔
□ 뒤섞다	【かき交ぜる】 かきまぜる 카끼마제루
□ 뒤숭숭하다	あわただしい 아와타다시-
□ 뒤얽히다	こんがらかる 콩가라까루

□ 뒤죽박죽	めちゃめちゃ	메챠메쨔
□ 뒤지다	【探る】さぐる	사구루
□ 뒤집히다	【引っくり返る】ひっくりかえる	힉꾸리까에루
□ 뒤쪽	【裏側】うらがわ	우라가와
□ 뒤치다꺼리	【後始末】あとしまつ	아또시마쓰
□ 뒤틀리다	よじれる	요지레루
□ 뒤흔들다	ゆすぶる	유스부루
□ 뒷걸음질	【後退り】あとずさり	아또즈사리
□ 뒷골목	【裏通り】うらどおり	우라도-리
□ 뒷구멍	【裏口】うらぐち	우라구찌
□ 뒷동산	【裏山】うらやま	우라야마
□ 뒷모습	【後ろ姿】うしろすがた	우시로스가따
□ 뒷바라지	【世話】せわ	세와
□ 뒷받침	【後ろ楯】うしろだて	우시로다떼
□ 뒷짐	【後ろ手】うしろで	우시로데
□ 뒹굴다	ごろつく	고로쓰꾸
□ 듀엣	デュエット	듀엣또
□ 드나들다	【出入りする】でいりする	데이리스루

□ 드디어	とうとう	토-또-
□ 드라마	ドラマ	도라마
□ 드라이브	ドライブ	도라이부
□ 드러내다	【さらけ出す】 さらけだす	사라께다스
□ 드럼	ドラム	도라무
□ 드레스	ドレス	도레스
□ 드르륵	からりと	카라리또
□ 드리다	【差し上げる】 さしあげる	사시아게루
□ 드리우다	【垂らす】 たらす	타라스
□ 드링크	ドリンク	도링꾸
□ 드문드문	ぽつりぽつり	뽀쓰리뽀쓰리
□ 드물다	【稀れだ】 まれだ	마레다
□ 득도	【得道】 とくどう	토꾸도-
□ 득실	【得失】 とくしつ	토꾸시쓰
□ 득의	【得意】 とくい	토꾸이
□ 득점	【得点】 とくてん	토꾸뗑
□ 득표	【得票】 とくひょう	토꾸효-
□ 듣다(소리)	【聞く】 きく	키꾸

□ 듣다(효과)　　　【利く】きく 키꾸

□ 듣는 사람　　　【聞き手】ききて 키끼떼

□ 들　　　　　　　【野原】のはら 노하라

□ 들개　　　　　　【野良犬】のらいぬ 노라이누

□ 들것　　　　　　【担架】たんか 탕까

□ 들국화　　　　　【野菊】のぎく 노기꾸

□ 들길　　　　　　【野路】のじ 노지

□ 들끓다　　　　　【沸き返える】わきかえる 와끼카에루

□ 들다　　　　　　【持つ】もつ 모쓰

□ 들려주다　　　　【聞かせる】きかせる 키까세루

□ 들르다　　　　　【立ち寄る】たちよる 타찌요루

□ 들리다　　　　　【聞える】きこえる 키꼬에루

□ 들어가다　　　　【入る】はいる 하이루

□ 들어박히다　　　【立て籠る】たてこもる 타떼코모루

□ 들여다보다　　　のぞく 노조꾸

□ 들이마시다　　　【吸い込む】すいこむ 스이꼬무

□ 들이받다　　　　ぶっつける 붓쓰께루

□ 들장미(찔레꽃)　　のばら 노바라

□ 들추다	あばく	아바꾸
□ 들키다	ばれる	바레루
□ 들판	【野辺】のべ	노베
□ 듬뿍	たっぷり	탑뿌리
□ 듬성듬성	まばら	마바라
□ 등	【背中】せなか	세나까
□ 등골	【背筋】せすじ	세스지
□ 등급	【等級】とうきゅう	토-뀨-
□ 등기	【登記】とうき	토-끼
□ 등기우편	【書留】かきとめ	카끼또메
□ 등대	【灯台】とうだい	토-다이
□ 등록	【登録】とうろく	토-로꾸
□ 등불	【灯火】ともしび	토모시비
□ 등산	【登山】とざん	토장
□ 등신	【阿呆】あほう	아호-
□ 등용	【登用】とうよう	토-요-
□ 등용문	【登竜門】とうりゅうもん	토-류-몽
□ 등장	【登場】とうじょう	토-죠-

□ 등지다	【背く】 そむく	소무꾸
□ 등한	【等閑】 なおざり	나오자리
□ 등한	【疎か】 おろそか	오로소까
□ 디스카운트	ディスカウント	디스카운또
□ 디자인	デザイン	데자잉
□ 디자이너	デザイナー	데자이나
□ 디저트	デザート	데자-또
□ 디지털	デジタル	데지타루
□ 딜레마	ジレンマ	지렘마
□ 따끔거리다	ひりひりする	히리히리스루
□ 따다(꽃)	【摘む】 つむ	쓰무
□ 따다(떼다)	【取る】 とる	토루
□ 따뜻하다	【暖かい】 あたたかい	아따타까이
□ 따라붙다	【追い付く】 おいつく	오이쓰꾸
□ 따라서	【従って】 したがって	시따갓떼
□ 따로	【別に】 べつに	베쓰니
□ 따로따로	【別々】 べつべつ	베쓰베쓰
□ 따르다(추종)	【従う】 したがう	시따가우

□ 따르다(동물)	【懐く】 なつく	나쓰꾸
□ 따르다(물)	【注ぐ】 つぐ	쓰구
□ 따분하다	【味気ない】 あじけない	아지께나이
□ 따위	【等】 など	나도
□ 따지다	【問いつめる】 といつめる	토이쓰메루
□ 딱따구리	きつつき	키쓰쓰끼
□ 딱딱하다	【固い·堅い】 かたい	카따이
□ 딱맞다	ぴったりだ	핏따리다
□ 딱정벌레	かぶとむし	가부또무시
□ 딱하다	かわいそうだ	카와이소-다
□ 딸	【娘】 むすめ	무스메
□ 딸기	いちご	이찌고
□ 딸꾹질	しゃっくり	샥꾸리
□ 땀	【汗】 あせ	아세
□ 땀띠	【汗疹】 あせも	아세모
□ 땅	【土地】 とち	토찌
□ 땅거미	【夕闇】 ゆうやみ	유-야미
□ 땅바닥	【地べた】 じべた	지베따

□ 땅콩	らっかせい	락까세-
□ 땋다	【結う】 ゆう	유우
□ 때	【時】 とき	토끼
□ 때	【垢】 あか	아까
□ 때까치	【百舌】 もず	모즈
□ 때때로	【時々】 ときどき	토끼도끼
□ 때려부수다	【ぶち壊す】 ぶちこわす	부찌코와스
□ 때를 놓침	【手遅れ】 ておくれ	테오꾸레
□ 때리다	【殴る】 なぐる	나구루
□ 때마침	【折しも】 おりしも	오리시모
□ 땔감	【燃料】 ねんりょう	넨료-
□ 떠나다(출발)	【発つ】 たつ	타쓰
□ 떠나다(지나다)	【去る】 さる	사루
□ 떠돌다	【さ迷う】 さまよう	사마요우
□ 떠돌이	【流れ者】 ながれもの	나가레모노
□ 떠들다	【騒ぐ】 さわぐ	사와구
□ 떠들어대다	【騒ぎ立てる】 さわぎたてる	사와기다떼루
□ 떠들썩하다	【騒々しい】 そうぞうしい	소-조-시-

176

□ 떠맡다	【引き受ける】 **ひきうける** 히끼우께루	
□ 떠받치다	【支える】 **ささえる** 사사에루	
□ 떠버리	【ほら吹き】 **ほらふき** 호라후끼	
□ 떠오르다	【浮び上がる】 **うかびあがる** 우까비아가루	
□ 떡	【餅】 **もち** 모찌	
□ 떡갈나무	**かし** 카시	
□ 떨다	【震える】 **ふるえる** 후루에루	
□ 떨떠름하다	【渋い】 **しぶい** 시부이	
□ 떨어뜨리다	【落す】 **おとす** 오또스	
□ 떨어지다	【落ちる】 **おちる** 오찌루	
□ 떨치다	【鳴り響く】 **なりひびく** 나리히비꾸	
□ 떫다	【渋い】 **しぶい** 시부이	
□ 떼	【群れ】 **むれ** 무레	
□ 떼다	【離す】 **はなす** 하나스	
□ 떼쓰다	【強請る】 **ねだる** 네다루	
□ 떼어놓다	【引き離す】 **ひきはなす** 히끼하나스	
□ 떼지어 모이다	【群がる】 **むらがる** 무라가루	
□ 또	**また** 마따	

부엌 台所

① 流し
나가시

② フライパン
후라이팡

③ やかん
야깡

④ オーブン
오-붕

⑤ ふきん
후낑

---

① 싱크대　② 프라이팬　③ 주전자　④ 오븐　⑤ 냅킨

⑥ 冷蔵庫(れいぞうこ)
레-조-꼬

⑦ 食器棚(しょっきだな)
쇽끼다나

⑧ グラス
구라스

⑨ 皿(さら)
사라

⑩ テーブル
테-부루

⑥ 냉장고　⑦ 찬장　⑧ 유리잔　⑨ 접시　⑩ 탁자

□ 또다시	【再び】 ふたたび	후따타비
□ 또래	やから	야까라
□ 또렷하다	【鮮やかだ】 あざやかだ	아자야까다
□ 똑같다	【同じだ】 おなじだ	오나지다
□ 똑똑함	【利口】 りこう	리꼬-
□ 똑똑히	はっきり	학끼리
□ 똑바로	まっすぐ	맛스구
□ 똘마니	【子分】 こぶん	코붕
□ 똥	【糞】 くそ	쿠소
□ 똥배짱	【糞度胸】 くそどきょう	쿠소도꾜-
□ 뚜껑	ふた	후따
□ 뚜렷함	【明らか】 あきらか	아끼라까
□ 뚜벅뚜벅	つかつか	쓰까쓰까
□ 뚝	ぷっつり	풋쓰리
□ 뚝뚝 떨어지다	【滴る】 したたる	시따타루
□ 뚝뚝함	【無愛想】 ぶあいそう	부아이소-
□ 뚝심	【馬鹿力】 ばかぢから	바까지까라
□ 뚫다	【空ける】 あける	아께루

180

□ 뚱딴지	【突拍子】とっぴょうし	톱뾰-시
□ 뚱뚱보	でぶ	데부
□ 뛰다(튀다)	【跳ねる】はねる	하네루
□ 뛰다(달리다)	【駆ける】かける	카께루
□ 뛰어나다	【優れる】すぐれる	스구레루
□ 뛰어내리다	【飛び降りる】とびおりる	토비오리루
□ 뛰어들다	【飛び込む】とびこむ	토비꼬무
□ 뛰어오르다	【飛び上がる】とびあがる	토비아가루
□ 뜀박질	【駆けっこ】かけっこ	카켁꼬
□ 뜨개질	【編み物】あみもの	아미모노
□ 뜨겁다	【熱い】あつい	아쓰이
□ 뜨다(공중)	【浮ぶ】うかぶ	우까부
□ 뜨다(물)	【浮く】うく	우꾸
□ 뜬구름	【浮き雲】うきぐも	우끼구모
□ 뜬소문	【噂】うわさ	우와사
□ 뜯다	むしる	무시루
□ 뜰	【庭】にわ	니와
□ 뜸	【灸】きゅう	큐-

가
나
다
라
마
바
사
아
자
차
카
타
파
하

181

□ 뜸부기	ひくいな 히꾸이나
□ 뜻(의미)	【意味】いみ 이미
□ 뜻(의지)	【志】こころざし 코꼬로자시
□ 뜻밖	【意外】いがい 이가이
□ 뜻하다	【志す】こころざす 코꼬로자스
□ 뜻하지 않은	とんだ 톤다
□ 띄엄띄엄	とぎれとぎれ 토기레토기레
□ 띄우다	【浮べる】うかべる 우까베루
□ 띠	【帯】おび 오비
□ 띠다	【帯びる】おびる 오비루

□ **라디오** **ラジオ** 라지오

□ **라면** **ラーメン** 라-멩

□ **라벨** **ラベル** 라베루

□ **라스트** **ラスト** 라스또

□ **라운드** **ラウンド** 라운도

□ **라운지** **ラウンジ** 라운지

□ **라이벌** **ライバル** 라이바루

□ **라이온** **ライオン** 라이옹

□ **라이트** **ライト** 라이또

□ **라인** **ライン** 라잉

□ **라일락** **ライラック** 라이락꾸

□ **라켓** **ラケット** 라켓또

□ **라틴어** **ラテンご** 라텡고

□ **랑데부** **ランデブー** 랑데부-

□ **램프** **ランプ** 람뿌

□ 랭킹	**ランキング** 랑킹구	
□ 러닝	**ランニング** 란닝구	
□ 러브	**ラブ** 라부	
□ 러브레터	**ラブレター** 라부레따-	
□ 러시아워	**ラッシュアワー** 랏슈아와-	
□ 럭키	**ラッキー** 락끼-	
□ 럭비	**ラグビー** 라구비-	
□ 런던	**ロンドン** 론동	
□ 런치	**ランチ** 란치	
□ 레몬	**レモン** 레몽	
□ 레벨	**レベル** 레베루	
□ 레스토랑	**レストラン** 레스토랑	
□ 레슨	**レッスン** 렛승	
□ 레슬링	**レスリング** 레스링구	
□ 레이더	**レーダー** 레-다-	
□ 레이디	**レディー** 레디-	
□ 레이스	**レース** 레-스	
□ 레이저	**レーザー** 레-자-	

□ 레이아웃	レイアウト	레이아우또
□ 레일	レール	레-루
□ 레저	レジャー	레자-
□ 레코드	レコード	레코-도
□ 레크리에이션	レクリエーション	레쿠리에-숑
□ 레터	レター	레타-
□ 레테르	レッテル	렛테루
□ 레퍼리	レフェリー	레훼리-
□ 레퍼토리	レパートリー	레-파또리-
□ 렌즈	レンズ	렌즈
□ 렌터카	レンタカー	렌타까-
□ 로마자	ローマじ	로-마지
□ 로맨스	ロマンス	로만스
□ 로봇	ロボット	로봇또
□ 로비	ロビー	로비-
□ 로비스트	ロビイスト	로비-스또
□ 로션	ローション	로-숑
□ 로열티	ロイヤルティー	로이야루티-

가
나
다
라
마
바
사
아
자
차
카
타
파
하

185

□ 로커	**ロッカー** 록까	
□ 로케이션	**ロケーション** 로케-숑	
□ 로켓	**ロケット** 로켓또	
□ 로터리	**ロータリー** 로-타리-	
□ 로테이션	**ローテーション** 로-테-숑	
□ 로프	**ロープ** 로-뿌	
□ 롤러	**ローラー** 로-라-	
□ 루비	**ルビー** 루비-	
□ 루즈	**ルージュ** 루-쥬	
□ 루트	**ルート** 루-또	
□ 루프	**ループ** 루-뿌	
□ 룰	**ルール** 루-루	
□ 룸펜	**ルンペン** 룸펭	
□ 륙색	**リックサック** 릭꾸삭꾸	
□ 르네상스	**ルネサンス** 루네산스	
□ 리더	**リーダー** 리-다-	
□ 리더십	**リーダーシップ** 리-다-십뿌	
□ 리드	**リード** 리-도	

□ 리듬	リズム 리즈무	
□ 리모컨	リモコン 리모꼰	
□ 리바이벌	リバイバル 리바이바루	
□ 리베이트	リベート 리베-또	
□ 리본	リボン 리봉	
□ 리사이틀	リサイタル 리사이따루	
□ 리셉션	リセプション 리세푸숑	
□ 리스크	リスク 리스꾸	
□ 리스트	リスト 리스또	
□ 리어카	リヤカー 리야까-	
□ 리얼하다	リアルだ 리아루다	
□ 리코더	レコーダー 레코-다-	
□ 리코딩	レコーディング 레-코딩구	
□ 리터	リットル 릿또루	
□ 리트머스종이	【リトマス紙】 リトマスし 리토마스시	
□ 리포터	レポーター 레포-타-	
□ 리포트	レポート 레포-또	
□ 리프트	リフト 리후또	

187

□ 리퀘스트	リクエスト 리쿠에스또
□ 리허설	リハーサル 리하-사루
□ 린스	リンス 린스
□ 릴레이	リレー 리레-
□ 릴랙스	リラックス 리락꾸스
□ 링	リング 링구
□ 링거	リンゲルえき 링게루에끼

음악감상　音楽を聞く

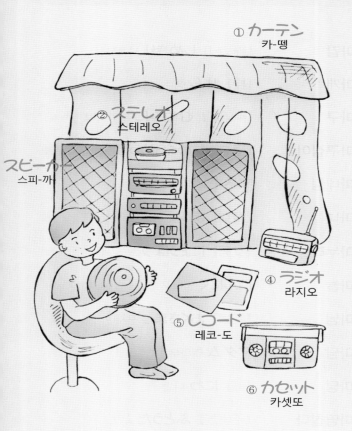

① カーテン
카-뗑

② ステレオ
스테레오

スピーカー
스피-까

④ ラジオ
라지오

⑤ レコード
레코-도

⑥ カセット
카셋또

① 커튼　② 스테레오　③ 스피커　④ 라디오　⑤ 레코드
⑥ 카세트

□ **마감**　　　　　　【締切り】 **しめきり** 시메끼리

□ **마개**　　　　　　【栓】 **せん** 셍

□ **마구**　　　　　　【無暗に】 **むやみに** 무야미니

□ **마구잡이**　　　　【盲滅法】 **めくらめっぽう** 메꾸라멥뽀-

□ **마네킹**　　　　　 **マネキン** 마네낑

□ **마녀**　　　　　　【魔女】 **まじょ** 마죠

□ **마누라**　　　　　【女房】 **にょうぼう** 뇨-보-

□ **마늘**　　　　　　 **にんにく** 닌니꾸

□ **마님**　　　　　　【奥様】 **おくさま** 오꾸사마

□ **마담**　　　　　　 **マダム** 마다무

□ **마당**　　　　　　【庭】 **にわ** 니와

□ **마땅찮다**　　　　【不当だ】 **ふとうだ** 후또-다

□ **마땅하다**　　　　【適当だ】 **てきとうだ** 테끼또-다

□ **마디**　　　　　　【節】 **ふし** 후시

□ **마라톤**　　　　　 **マラソン** 마라송

□ **마련하다**	【設ける】 **もうける** 모-께루	
□ **마루**	【床】 **ゆか** 유까	
□ **마르다**(건조)	【乾く】 **かわく** 카와꾸	
□ **마르다**(야위다)	【痩せる】 **やせる** 야세루	
□ **마무리**	【仕上げ】 **しあげ** 시아게	
□ **마무리하다**	【仕上げる】 **しあげる** 시아게루	마
□ **마법**	【魔法】 **まほう** 마호-	
□ **마부**	【馬子】 **まご** 마고	
□ **마비**	【麻痺】 **まひ** 마히	
□ **마사지**	**マッサージ** 맛사-지	
□ **마술**	【魔術】 **まじゅつ** 마쥬쓰	
□ **마술사**	【手品師】 **てじなし** 테지나시	
□ **마스카라**	**マスカラ** 마스카라	
□ **마스코트**	**マスコット** 마스콧또	
□ **마스크**	**マスク** 마스꾸	
□ **마스트**	**マスト** 마스또	
□ **마시다**	【飲む】 **のむ** 노무	
□ **마실 것**	【飲み物】 **のみもの** 노미모노	

□ 마요네즈	マヨネーズ	마요네-즈
□ 마을	【村】 むら	무라
□ 마음	【心】 こころ	코꼬로
□ 마음가짐	【心構え】 こころがまえ	코꼬로가마에
□ 마음껏	【思い切り】 おもいきり	오모이끼리
□ 마음 든든하다	【心強い】 こころづよい	코꼬로즈요이
□ 마음씨	【気立て】 きだて	키다떼
□ 마음 약하다	【心弱い】 こころよわい	코꼬로요와이
□ 마음에 들다	【気に入る】 きにいる	키니 이루
□ 마음이 내킴	【気乗り】 きのり	키노리
□ 마이너스	マイナス	마이나스
□ 마이크	マイク	마이꾸
□ 마일	マイル	마이루
□ 마주보다	【向い合う】 むかいあう	무까이아우
□ 마중	【出迎い】 でむかい	데무까이
□ 마지막	【最後】 さいご	사이고
□ 마지못해	【渋々】 しぶしぶ	시부시부
□ 마진	マージン	마아징

□ **마찬가지**	【同様】 **どうよう** 도-요-	
□ **마찰**	【摩擦】 **まさつ** 마사쓰	
□ **마취**	【麻酔】 **ますい** 마스이	
□ **마치**	**まるで** 마루데	
□ **마치다**	【終える】 **おえる** 오에루	
□ **마침**	**ちょうど** 쵸-도	
□ **마침내**	【遂に】 **ついに** 쓰이니	
□ **마케팅**	**マーケッティング** 마-켓팅구	
□ **마크**	**マーク** 마-꾸	
□ **막**	【幕】 **まく** 마꾸	
□ **막내**	【末っ子】 **すえっこ** 스엑꼬	
□ **막다**(방어)	【防ぐ】 **ふせぐ** 후세구	
□ **막다**(경계)	【仕切る】 **しきる** 시끼루	
□ **막다른 골목**	【袋小路】 **ふくろこうじ** 후꾸로코-지	
□ **막다른 곳**	【突当り】 **つきあたり** 쓰끼아따리	
□ **막대기**	【棒切れ】 **ぼうぎれ** 보-기레	
□ **막무가내로**	【頑として】 **がんとして** 간또시떼	
□ **막상**	【実際に】 **じっさいに** 짓사이니	

□ **막상막하**	【互角】 ごかく	고카꾸
□ **막연히**	【漠然と】 ばくぜんと	바꾸젠또
□ **막히다**(꼼짝)	【詰まる】 つまる	쓰마루
□ **막히다**(방해)	【塞がる】 ふさがる	후사가루
□ **막힘없이**	すらすら	스라스라
□ **만개**	【満開】 まんかい	망까이
□ **만기**	【満期】 まんき	망끼
□ **만끽**	【満喫】 まんきつ	망끼쓰
□ **만나다**	【会う】 あう	아우
□ **만년필**	【万年筆】 まんねんひつ	만넹히쓰
□ **만능**	【万能】 ばんのう	반노-
□ **만두**	【饅頭】 まんじゅう	만쥬-
□ **만들다**(제작)	【作る】 つくる	쓰꾸루
□ **만들다**(준비)	【拵える】 こしらえる	고시라에루
□ **만들어내다**	【作り上げる】 つくりあげる	쓰꾸리아게루
□ **만류하다**	【引き止める】 ひきとめる	히끼토메루
□ **만만치 않다**	【手強い】 てごわい	테고와이
□ **만사**	【万事】 ばんじ	반지

□ 만성	【慢性】 まんせい	만세-
□ 만세	【万才】 ばんざい	반자이
□ 만약	もしも	모시모
□ 만연하다	【蔓延る】 はびこる	하비꼬루
□ 만원	【満員】 まんいん	망잉
□ 만월	【満月】 まんげつ	망게쓰
□ 만일	【万一】 まんいち	망이찌
□ 만전	【万全】 ばんぜん	반젱
□ 만점	【満点】 まんてん	만뗑
□ 만조	【満潮】 まんちょう	만쬬-
□ 만족	【満足】 まんぞく	만조꾸
□ 만지다	【触る】 さわる	사와루
□ 만찬회	【晩餐会】 ばんさんかい	반상까이
□ 만취	【泥酔】 でいすい	데-스이
□ 만혼	【晩婚】 ばんこん	방꽁
□ 만화	【漫画】 まんが	망가
□ 만회	【挽回】 ばんかい	방까이
□ 많다	【多い】 おおい	오-이

195

□ 말(언어)	【言葉】 ことば	고또바
□ 말(동물)	【馬】 うま	우마
□ 말괄량이	おてんば	오뗌바
□ 말굽	ひずめ	히즈메
□ 말기	【末期】 まっき	막끼
□ 말다	【巻く】 まく	마꾸
□ 말다툼	【言い争い】 いいあらそい	이-아라소이
□ 말단	【末端】 まったん	맛땅
□ 말대꾸	【口答え】 くちごたえ	쿠찌고따에
□ 말더듬이	【吃り】 どもり	도모리
□ 말뚝	【杭】 くい	쿠이
□ 말라깽이	やせっぽち	야셉뽀찌
□ 말라리아	マラリア	마라리아
□ 말려들어가다	【巻き込まれる】 まきこまれる	마끼코마레루
□ 말로	【末路】 まつろ	마쓰로
□ 말리다(건조)	【乾かす】 かわかす	카와까스
□ 말리다(멈춤)	【止める】 とめる	토메루
□ 말미잘	いそぎんちゃく	이소긴짜꾸

196

□ **말버릇**	【口癖】 **くちぐせ** 쿠찌구세	가
□ **말살**	【抹殺】 **まっさつ** 맛사쯔	나
□ **말세**	【末世】 **まっせ** 맛세	다
□ **말썽**	【悶着】 **もんちゃく** 몬쨔꾸	
□ **말썽꾸러기**	【困り者】 **こまりもの** 코마리모노	라
□ **말씀하시다**	**おっしゃる** 옷샤루	마
□ **말안장**	**くら** 쿠라	바
□ **말이 적음**	【無口】 **むくち** 무쿠찌	
□ **말주변이 없다**	【口下手だ】 **くちべただ** 쿠찌베따다	사
□ **말참견**	【口入れ】 **くちいれ** 쿠찌이레	아
□ **말초신경**	【末梢神経】 **まっしょうしんけい** 맛쇼-싱께이	자
□ **말투**	【言葉付き】 **ことばつき** 코또바쓰끼	차
□ **말하다**(말)	【言う】 **いう** 이우	카
□ **말하다**(이야기)	【語る】 **かたる** 카따루	타
□ **말하다**(화제)	【話す】 **はなす** 하나스	
□ **말하자면**	【言わば】 **いわば** 이와바	파
□ **맑다**	【清い】 **きよい** 키요이	하
□ **맑다**(날씨)	【晴れる】 **はれる** 하레루	

□ 맑다(물, 마음)	【澄む】 **すむ** 스무	
□ 맑게 갠 날씨	【上天気】 **じょうてんき** 죠-뎅끼	
□ 맑은 물	【清水】 **しみず** 시미즈	
□ 맙소사	**やれやれ** 야레야레	
□ 맛	【味】 **あじ** 아지	
□ 맛보다	【味わう】 **あじわう** 아지와우	
□ 맛이 없다	【不味い】 **まずい** 마즈이	
□ 맛있다	【美味しい】 **おいしい** 오이시-	
□ 망	【見張り】 **みはり** 미하리	
□ 망가뜨리다	【壊す】 **こわす** 코와스	
□ 망가지다	【壊れる】 **こわれる** 코와레루	
□ 망각	【忘却】 **ぼうきゃく** 보-캬꾸	
□ 망나니	【暴れん坊】 **あばれんぼう** 아바렘보-	
□ 망년회	【忘年会】 **ぼうねんかい** 보-넹까이	
□ 망령	**もうろく** 모-로꾸	
□ 망막	【網膜】 **もうまく** 모-마꾸	
□ 망명	【亡命】 **ぼうめい** 보-메-	
□ 망보다	【見張る】 **みはる** 미하루	

□ 망상	【妄想】もうそう 모-소-
□ 망설이다	ためらう 타메라우
□ 망설임	ためらい 타메라이
□ 망신	【面汚し】つらよごし 쓰라요고시
□ 망아지	【子馬】こうま 코-마
□ 망언	【妄言】もうげん 모-겡
□ 망연히	【茫然と】ぼうぜんと 보-젠또
□ 망원경	【望遠鏡】ぼうえんきょう 보-엥꾜-
□ 망은	【忘恩】ぼうおん 보-옹
□ 망쳐버림	【台無し】だいなし 다이나시
□ 망치다	しくじる 시꾸지루
□ 망태기	かご 카고
□ 망토	マント 만또
□ 망하다	【滅びる】ほろびる 호로비루
□ 망향	【望郷】ぼうきょう 보-꾜-
□ 맞다	【合う】あう 아우
□ 맞다	【正しい】ただしい 타다시-
□ 맞벌이	【共稼ぎ】ともかせぎ 토모가세기

□ 맞붙다	【取り組む】 とりくむ	토리꾸무
□ 맞서다	【歯向かう】 はむかう	하무까우
□ 맞선	【見合い】 みあい	미아이
□ 맞이하다	【迎える】 むかえる	무까에루
□ 맞은편	【向う側】 むこうがわ	무꼬-가와
□ 맞장구	【相槌】 あいづち	아이즈찌
□ 맞추다(조합)	【合わせる】 あわせる	아와세루
□ 맞추다(주문)	【誂える】 あつらえる	아쓰라에루
□ 맞히다	【当てる】 あてる	아떼루
□ 맡기다	【預ける】 あずける	아즈께루
□ 맡기다	【任す】 まかす	마까스
□ 맡다	【預かる】 あずかる	아즈까루
□ 매	たか	타까
□ 매각	【売却】 ばいきゃく	바이캬꾸
□ 매개	【媒介】 ばいかい	바이까이
□ 매거진	マガジン	마가징
□ 매끄럽다	【滑らかだ】 なめらかだ	나메라까다
□ 매끈매끈	すべすべ	스베스베

□ **매너**	マナー 마나-	
□ **매너리즘**	マンネリズム 만네리즈무	
□ **매년**	【毎年】まいねん 마이넹	
□ **매니저**	マネージャー 마네-쟈-	
□ **매니큐어**	マニキュア 마니큐아	
□ **매다**(묶다)	【結ぶ】むすぶ 무스부	
□ **매다**(연결하다)	つなぐ 쓰나구	
□ **매다**(조르다)	しめる 시메루	
□ **매달**	【毎月】まいげつ 마이게쓰	
□ **매달다**	【吊す】つるす 쓰루스	
□ **매달리다**	【取り縋る】とりすがる 토리스가루	
□ **매도하다**	ののしる 노노시루	
□ **매듭**	【結び目】むすびめ 무스비메	
□ **매력**	【魅力】みりょく 미료꾸	
□ **매매**	【売買】ばいばい 바이바이	
□ **매몰**	【埋没】まいぼつ 마이보쓰	
□ **매미**	せみ 세미	
□ **매번**	【毎度】まいど 마이도	

가 나 다 라 **마** 바 사 아 자 차 카 타 파 하

201

□ 매상	【売上】 うりあげ	우리아게
□ 매수	【買収】 ばいしゅう	바이슈-
□ 매스컴	マスコミ	마스꼬미
□ 매우	【大変】 たいへん	타이헹
□ 매일	【毎日】 まいにち	마이니찌
□ 매일아침	【毎朝】 まいあさ	마이아사
□ 매일밤	【毎晩】 まいばん	마이방
□ 매장(팖)	【売り場】 うりば	우리바
□ 매장(묻음)	【埋蔵】 まいぞう	마이조-
□ 매점	【売店】 ばいてん	바이뗑
□ 매정하다	すげない	스게나이
□ 매직	マジック	마직꾸
□ 매진	【売切れ】 うりきれ	우리키레
□ 매춘	【売春】 ばいしゅん	바이슝
□ 매출	【売出し】 うりだし	우리다시
□ 매트리스	マットレス	맛토레스
□ 매형	【義兄】 ぎけい	기께-
□ 매화	【梅】 うめ	우메

202

□ **매혹**	【魅惑】 **みわく** 미와꾸	
□ **맥박**	【脈搏】 **みゃくはく** 먀꾸하꾸	
□ **맥 빠지다**	【呆気ない】 **あっけない** 악께나이	
□ **맥없이**	**しおしお** 시오시오	
□ **맥주**	**ビール** 비-루	
□ **맨발**	【素足】 **すあし** 스아시	
□ **맨살**	【素肌】 **すはだ** 스하다	
□ **맨션**	**マンション** 만숑	
□ **맨손**	【素手】 **すで** 스데	
□ **맨홀**	**マンホール** 망호-루	
□ **맵다**(맛)	【辛い】 **からい** 카라이	
□ **맵다**(연기)	【煙たい】 **けむたい** 케무따이	
□ **맹견**	【猛犬】 **もうけん** 모-껭	
□ **맹꽁이**	【頓馬】 **とんま** 톰마	
□ **맹렬**	【猛烈】 **もうれつ** 모-레쓰	
□ **맹목적**	【盲目的】 **もうもくてき** 모-모꾸테끼	
□ **맹세**	【誓い】 **ちかい** 치까이	
□ **맹세하다**	【誓う】 **ちかう** 치까우	

□ 맹수	【猛獣】 もうじゅう 모-쥬-
□ 맹인	【盲】 めくら 메꾸라
□ 맹추	【間抜け】 まぬけ 마누께
□ 맹호	【猛虎】 もうこ 모-꼬
□ 맺다	【結ぶ】 むすぶ 무스부
□ 머니	マネー 마네-
□ 머리	【頭】 あたま 아따마
□ 머리띠	【鉢巻き】 はちまき 하찌마끼
□ 머리말	【前書き】 まえがき 마에가끼
□ 머리맡	【枕元】 まくらもと 마꾸라모또
□ 머리카락	【髪の毛】 かみのけ 카미노께
□ 머물다	【止まる】 とどまる 토도마루
□ 머뭇거리다	ためらう 타메라우
□ 머슴	【下男】 げなん 게낭
□ 머지않아	【間もなく】 まもなく 마모나꾸
□ 머플러	マフラー 마후라-
□ 먹	【墨】 すみ 스미
□ 먹다	【食べる】 たべる 타베루

□ **먹어치우다**	【平らげる】 **たいらげる** 타이라게루	
□ **먹을거리**	【食べ物】 **たべもの** 타베모노	
□ **먹이**	【餌】 **えさ** 에사	
□ **먼동**	**あけぼの** 아께보노	
□ **먼바다**	【沖】 **おき** 오끼	
□ **먼발치**	【遠目】 **とおめ** 토-메	
□ **먼저**	**まず** 마즈	
□ **먼지**	**ほこり** 호꼬리	
□ **먼지**(쓰레기)	**ごみ** 고미	
□ **먼지**(티끌)	**ちり** 치리	
□ **멀거니**	**ぼんやりと** 봉야리또	
□ **멀다**(거리)	【遠い】 **とおい** 토-이	
□ **멀다**(눈)	【瞑れる】 **つぶれる** 쓰부레루	
□ **멀어지다**	【遠去かる】 **とおざかる** 토-자까루	
□ **멀쩡한 정신**	【正気】 **しょうき** 쇼-끼	
□ **멈추다**	【止まる】 **とどまる** 토도마루	
□ **멈추어서다**	【立ち止まる】 **たちどまる** 타찌도마루	
□ **멋**	**しゃれ** 샤레	

□ 멋대로	【勝手に】 かってに	캇떼니
□ 멋쩍다	【照れ臭い】 てれくさい	테레쿠사이
□ 멋지다	【素晴らしい】 すばらしい	스바라시이
□ 멍	あざ	아자
□ 멍청이	【木偶の坊】 でくのぼう	데꾸노보-
□ 멍하니	【茫然と】 ぼうぜんと	보-젠또
□ 메기	なまず	나마즈
□ 메뉴	メニュー	메뉴-
□ 메다(걸치다)	【担う】 になう	니나우
□ 메다	【担ぐ】 かつぐ	카쓰구
□ 메달	メダル	메다루
□ 메뚜기	いなご	이나고
□ 메모	メモ	메모
□ 메모	【覚え書き】 おぼえがき	오보에가끼
□ 메밀국수	そば	소바
□ 메스	メス	메스
□ 메스껍다	むかつく	무까쓰꾸
□ 메시아	メシア	메시아

206

□ 메시지	メッセージ 멧세-지
□ 메우다(매장)	【埋める】うめる 우메루
□ 메우다(보충)	【補う】おぎなう 오기나우
□ 메아리	こだま 코다마
□ 메이드	メード 메-도
□ 메이커	メーカー 메-까
□ 메이크업	メーキャップ 메-캅뿌
□ 메추리	うずら 우즈라
□ 메카	メッカ 멕까
□ 메커니즘	メカニズム 메카니즈무
□ 멜로디	メロディー 메로디-
□ 멜론	メロン 메롱
□ 멤버	メンバー 멤바-
□ 멧돼지	いのしし 이노시시
□ 며느리	【嫁】よめ 요메
□ 멱살	むなぐら 무나구라
□ 면담	【面談】めんだん 멘당
□ 면도칼	かみそり 카미소리

□ 면목	【面目】 めんぼく	멤보꾸
□ 면밀	【綿密】 めんみつ	멤미쓰
□ 면세점	【免税店】 めんぜいてん	멘제-뗑
□ 면역	【免疫】 めんえき	멩에끼
□ 면적	【面積】 めんせき	멘세끼
□ 면접	【面接】 めんせつ	멘세쓰
□ 면제	【免除】 めんじょ	멘죠
□ 면하다	【免れる】 まぬかれる	마누까레루
□ 면허장	【免状】 めんじょう	멘죠-
□ 면회	【面会】 めんかい	멩까이
□ 멸망	【滅亡】 めつぼう	메쓰보-
□ 멸시하다	【見下げる】 みさげる	미사게루
□ 멸실	【滅失】 めっしつ	멧시쓰
□ 명곡	【名曲】 めいきょく	메-꾜꾸
□ 명란젓	【明太粉】 めんたいこ	멘따이꼬
□ 명랑	【明朗】 めいろう	메-로-
□ 명랑함	【陽気】 ようき	요-끼
□ 명령	【命令】 めいれい	메-레-

208

□ **명맥**	【命脈】	めいみゃく	메-먀꾸
□ **명멸**	【明滅】	めいめつ	메-메쓰
□ **명목**	【名目】	めいもく	메-모꾸
□ **명문**	【名門】	めいもん	메-몽
□ **명물**	【名物】	めいぶつ	메-부쓰
□ **명백함**	【明らか】	**あきらか**	아끼라까
□ **명복**	【冥福】	めいふく	메-후꾸
□ **명분**	【名分】	めいぶん	메-붕
□ **명사**(유명)	【名士】	めいし	메-시
□ **명사**(품사)	【名詞】	めいし	메-시
□ **명상**	【瞑想】	めいそう	메-소-
□ **명색뿐인**		**ほんの**	혼노
□ **명성**	【名声】	みょうせい	묘-세-
□ **명세서**	【明細書】	めいさいしょ	메-사이쇼
□ **명소**	【名所】	めいしょ	메-쇼
□ **명심**	【銘心】	めいしん	메-싱
□ **명암**	【明暗】	めいあん	메-앙
□ **명언**	【名言】	めいげん	메-겡

□ 명예	【名誉】 めいよ	메-요
□ 명인	【名人】 めいじん	메-징
□ 명작	【名作】 めいさく	메-사꾸
□ 명장	【名将】 めいしょう	메-쇼-
□ 명제	【命題】 めいだい	메-다이
□ 명중	【命中】 めいちゅう	메-쮸-
□ 명찰	【名札】 なふだ	나후다
□ 명치	みぞおち	미조오찌
□ 명태	【明太】 めんたい	멘따이
□ 명품	【名品】 めいひん	메이힝
□ 명하다	【命ずる】 めいずる	메-즈루
□ 명함	【名刺】 めいし	메-시
□ 명화	【名画】 めいが	메-가
□ 명확함	【明確】 めいかく	메-카꾸
□ 몇 개	いくつ	이꾸쓰
□ 몇 명	【何人】 なんにん	난닝
□ 몇 번	【何度】 なんど	난도
□ 몇 시	【何時】 なんじ	난지

□ **모가지**	【首】 **くび** 쿠비	
□ **모교**	【母校】 **ぼこう** 보꼬-	
□ **모국**	【母国】 **ぼこく** 보코꾸	
□ **모기**	【蚊】 **か** 카	
□ **모나다**	【角立つ】 **かどだつ** 카도다쓰	
□ **모내기**	【田植え】 **たうえ** 타우에	
□ **모놀로그**	**モノローグ** 모노로-구	
□ **모니터**	**モニター** 모니따	
□ **모닝**	**モーニング** 모-닝구	
□ **모닥불**	【焚き火】 **たきび** 타끼비	
□ **모던**	**モダン** 모당	
□ **모델**	**モデル** 모데루	
□ **모두**	【皆】 **みな・みんな** 미나・민나	
□ **모든**	**すべての** 스베떼노	
□ **모란**	【牡丹】 **ぼたん** 보땅	
□ **모래**	【砂】 **すな** 스나	
□ **모럴**	**モラル** 모라루	
□ **모레**	【明後日】 **あさって** 아삿떼	

211

□ 모르다(지식)	【知らない】 しらない	시라나이
□ 모르다(이해)	【分からない】 わからない	와까라나이
□ 모름지기	すべからく	스베카라꾸
□ 모면하다	【逃れる】 のがれる	노가레루
□ 모반	【謀叛】 むほん	무홍
□ 모발	【毛髪】 もうはつ	모-하쓰
□ 모방	【模倣】 もほう	모호-
□ 모범	【模範】 もはん	모항
□ 모색	【模索】 もさく	모사꾸
□ 모서리	【角】 かど	가도
□ 모성	【母性】 ぼせい	보세-
□ 모순	【矛盾】 むじゅん	무즁
□ 모습	【面影】 おもかげ	오모카게
□ 모시다	【仕える】 つかえる	쓰까에루
□ 모심기	【田植え】 たうえ	타우에
□ 모양	【様子】 ようす	요-스
□ 모욕	【侮辱】 ぶじょく	부죠꾸
□ 모유	【母乳】 ぼにゅう	보뉴-

212

□ **모으다**	【集める】 **あつめる** 아쓰메루	
□ **모이다**	【集まる】 **あつまる** 아쓰마루	
□ **모자**	【帽子】 **ぼうし** 보-시	
□ **모자**	【母子】 **ぼし** 보시	
□ **모자라다**	【足りない】 **たりない** 타리나이	
□ **모조리**	**すっかり** 슥까리	
□ **모조품**	【紛い物】 **まがいもの** 마가이모노	
□ **모질다**	**むごい** 무고이	
□ **모집**	【募集】 **ぼしゅう** 보슈-	
□ **모처럼**	**せっかく** 섹카꾸	
□ **모친**	【母親】 **ははおや** 하하오야	
□ **모터**	**モーター** 모-타-	
□ **모토**	**モットー** 못토-	
□ **모퉁이**	【角】 **かど** 카도	
□ **모피**	【毛皮】 **もうひ** 모-히	
□ **모험**	【冒険】 **ぼうけん** 보-껭	
□ **모형**	【模型】 **もけい** 모께-	
□ **목**	【首】 **くび** 쿠비	

□ 목격자	【目撃者】 もくげきしゃ	모꾸게끼샤
□ 목구멍	【咽喉】 のど	노도
□ 목덜미	【首筋】 くびすじ	쿠비스지
□ 목덜미	【襟首】 えりくび	에리꾸비
□ 목도리	【襟巻き】 えりまき	에리마끼
□ 목동	【牧童】 ぼくどう	보꾸도-
□ 목련	【木蓮】 もくれん	모꾸렝
□ 목례	【目礼】 もくれい	모꾸레-
□ 목록	【目録】 もくろく	모꾸로꾸
□ 목마르다	【渇く】 かわく	카와꾸
□ 목말	【肩車】 かたぐるま	카따구루마
□ 목사	【牧師】 ぼくし	보꾸시
□ 목소리	【声】 こえ	코에
□ 목수	【大工】 だいく	다이꾸
□ 목숨	【命】 いのち	이노찌
□ 목요일	【木曜日】 もくようび	모꾸요-비
□ 목욕	【風呂】 ふろ	후로
□ 목욕	【入浴】 にゅうよく	뉴-요꾸

□ **목욕탕**　　　【風呂場】ふろば　후로바

□ **목장**　　　　【牧場】ぼくじょう　보꾸죠-

□ **목재**　　　　【木材】もくざい　모꾸자이

□ **목적**　　　　【目的】もくてき　모꾸테끼

□ **목적지**　　　【目的地】もくてきち　모꾸테끼찌

□ **목전**　　　　【目先】めさき　메사끼

□ **목제**　　　　【木製】もくせい　모꾸세-

□ **목조**　　　　【木造】もくぞう　모꾸조-

□ **목차**　　　　【目次】もくじ　모꾸지

□ **목축**　　　　【牧畜】ぼくちく　보꾸치꾸

□ **목탁**　　　　【木魚】もくぎょ　모꾸교

□ **목표**　　　　【目標】もくひょう　모꾸효-

□ **몰골**　　　　【恰好】かっこう　칵꼬-

□ **몰두**　　　　【没頭】ぼっとう　봇또-

□ **몰락**　　　　【没落】ぼつらく　보쓰라꾸

□ **몰래**　　　　こっそり　콧소리

□ **몰래 엿들음**　【盗み聞き】ぬすみぎき　누스미기끼

□ **몰려들다**　　【押し寄せる】おしよせる　오시요세루

□ 몰수	【没収】	ぼっしゅう	봇슈-
□ 몰아내다	【追い出す】	おいだす	오이다스
□ 몰아넣다	【追い込む】	おいこむ	오이꼬무
□ 몸	【体】	からだ	카라다
□ 몸매	【体付き】	からだつき	카라다쓰끼
□ 몸부림	【身悶え】	みもだえ	미모다에
□ 몸소	【自ら】	みずから	미즈까라
□ 몸종	【小間使い】	こまづかい	코마즈까이
□ 몹시	【大変】	たいへん	타이헹
□ 몹시 싫어함	【大嫌い】	だいきらい	다이끼라이
□ 몹시 좋아함	【大好き】	だいすき	다이스끼
□ 못(도구)	【釘】	くぎ	쿠기
□ 못(연못)	【池】	いけ	이께
□ 못난이	【出来損い】	できそこない	데끼소꼬나이
□ 못마땅하다	【気にくわない】	きにくわない	키니쿠와나이
□ 못생기다	【不器量だ】	ぶきりょうだ	부끼료-다
□ 못지않다	【劣らない】	おとらない	오또라나이
□ 못하다	【出来ない】	できない	데끼나이

216

□ 몽둥이	【棍棒】こんぼう 콤보-	
□ 몽땅	ぐるみ 구루미	
□ 몽상	【夢想】むそう 무소-	
□ 몽타주	モンタージュ 몬타-쥬	
□ 묘	【墓】はか 하까	
□ 묘기	【妙技】みょうぎ 묘-기	
□ 묘령	【妙齢】みょうれい 묘-레-	
□ 묘목	【苗木】なえぎ 나에기	
□ 묘미	【妙味】みょうみ 묘-미	
□ 묘사	【描写】びょうしゃ 뵤-샤	
□ 묘안	【妙案】みょうあん 묘-앙	
□ 묘연함	【杳然】ようぜん 요-젱	
□ 묘지	【墓地】ぼち 보찌	
□ 묘지참배	【墓参り】はかまいり 하까마이리	
□ 묘책	【妙策】みょうさく 묘-사꾸	
□ 묘하게	【妙に】みょうに 묘-니	
□ 무	【大根】だいこん 다이꽁	
□ 무감각	【無感覚】むかんかく 무깡카꾸	

가
나
다
라
마
바
사
아
자
차
카
타
파
하

217

□ 무겁다	【重い】 おもい	오모이
□ 무게 (중량)	【重さ】 おもさ	오모사
□ 무게 (눈금)	【目方】 めかた	메카따
□ 무관심	【無関心】 むかんしん	무깐싱
□ 무궁화	【木槿】 むくげ	무꾸게
□ 무기	【武器】 ぶき	부끼
□ 무난함	【無難】 ぶなん	부낭
□ 무남독녀	【一人娘】 ひとりむすめ	히또리무스메
□ 무너뜨리다	【崩す】 くずす	쿠즈스
□ 무너지다	【崩れる】 くずれる	쿠즈레루
□ 무능	【無能】 むのう	무노-
□ 무능한 인간	【能無し】 のうなし	노-나시
□ 무늬	【模様】 もよう	모요-
□ 무늬	【柄】 がら	가라
□ 무당	【巫女】 みこ	미꼬
□ 무대	【舞台】 ぶたい	부따이
□ 무덤	【墓】 はか	하까
□ 무덥다	【蒸し暑い】 むしあつい	무시아쓰이

218

□ 무도장	【踊り場】 **おどりば** 오도리바	
□ 무도회	【舞踏会】 **ぶとうかい** 부또-까이	
□ 무드	**ムード** 무-도	
□ 무디다	【鈍い】 **にぶい** 니부이	
□ 무뚝뚝하다	【無愛想だ】 **ぶあいそうだ** 부아이소-다	
□ 무뚝뚝한 얼굴	【仏頂面】 **ぶっちょうづら** 붓쬬-즈라	
□ 무럭무럭	**すくすく** 스꾸스꾸	
□ 무력	【武力】 **ぶりょく** 부료꾸	
□ 무렵	【頃】 **ころ** 코로	
□ 무례	【無礼】 **ぶれい** 부레-	
□ 무료	【無料】 **むりょう** 무료-	
□ 무료함	【退屈】 **たいくつ** 타이꾸쓰	
□ 무르익다	【熟れる】 **うれる** 우레루	
□ 무릇	**そもそも** 소모소모	
□ 무릎	【膝】 **ひざ** 히자	
□ 무릎꿇다	**ひざまずく** 히자마즈꾸	
□ 무리	【無理】 **むり** 무리	
□ 무리	【群れ】 **むれ** 무레	

219

□ 무리지다	【群がる】 むらがる	무라가루
□ 무명	【無名】 むめい	무메-
□ 무모함	【無鉄砲】 むてっぽう	무텝뽀-
□ 무법	【無法】 むほう	무호-
□ 무사(일)	【無事】 ぶじ	부지
□ 무사(사람)	【武士】 ぶし	부시
□ 무사태평	【呑気】 のんき	농끼
□ 무상	【無償】 むしょう	무쇼-
□ 무색해짐	【顔負け】 かおまけ	카오마께
□ 무서워하다	【恐れる】 おそれる	오소레루
□ 무선	【無線】 むせん	무셍
□ 무섭다	【恐ろしい】 おそろしい	오소로시-
□ 무성하다	【生い茂る】 おいしげる	오이시게루
□ 무소속	【無所属】 むしょぞく	무쇼조꾸
□ 무쇠	【鉄】 てつ	테쓰
□ 무술	【武術】 ぶじゅつ	부쥬쓰
□ 무승부	【引分け】 ひきわけ	히끼와께
□ 무시	【無視】 むし	무시

220

□ 무시험	【無試験】 **むしけん** 무시껭	
□ 무식	【無識】 **むしき** 무시끼	
□ 무심코	【何気なく】 **なにげなく** 나니게나꾸	
□ 무언	【無言】 **むごん** 무공	
□ 무언가	【何か】 **なにか** 나니까	
□ 무엇	【何】 **なに** 나니	
□ 무엇이든	【何でも】 **なんでも** 난데모	
□ 무엇하면	【何なら】 **なんなら** 난나라	
□ 무역	【貿易】 **ぼうえき** 보-에끼	
□ 무예	【武芸】 **ぶげい** 부게-	
□ 무용(춤)	【舞踊】 **ぶよう** 부요-	
□ 무용(용도)	【無用】 **むよう** 무요-	
□ 무위도식하다	【食い潰す】 **くいつぶす** 쿠이쓰부스	
□ 무의미	【無意味】 **むいみ** 무이미	
□ 무의식	【無意識】 **むいしき** 무이시끼	
□ 무의식중에	【思わず】 **おもわず** 오모와즈	
□ 무인도	【無人島】 **むじんとう** 무진또-	
□ 무일푼	【無一文】 **むいちもん** 무이찌몽	

221

무임승차	【只乗り】 ただのり 타다노리
무자격	【無資格】 むしかく 무시카꾸
무자비	【無慈悲】 むじひ 무지히
무장	【武装】 ぶそう 부소-
무적	【無敵】 むてき 무테끼
무전	【無電】 むでん 무뎅
무정	【無情】 むじょう 무죠-
무정하다	つれない 쓰레나이
무제한	【無際限】 むさいげん 무사이겡
무조건	【無条件】 むじょうけん 무죠-껭
무좀	【水虫】 みずむし 미즈무시
무죄	【無罪】 むざい 무자이
무지	【無知】 むち 무찌
무지개	【虹】 にじ 니지
무차별	【無差別】 むさべつ 무사베쓰
무참함	【無惨】 むざん 무장
무책임	【無責任】 むせきにん 무세끼닝
무척	とても 토떼모

□ 무턱대고	やたらに 야따라니
□ 무턱대고 찾음	【盲探し】めくらさがし 메꾸라사가시
□ 무한	【無限】むげん 무겡
□ 무해	【無害】むがい 무가이
□ 묵다	【泊る】とまる 도마루
□ 묵묵히	【黙々】もくもく 모꾸모꾸
□ 묵살	【黙殺】もくさつ 모꾸사쓰
□ 묵인	【黙認】もくにん 모꾸닝
□ 묵직하다	【重たい】おもたい 오모따이
□ 묵화	【墨画】すみえ 스미에
□ 묶다	しばる 시바루
□ 묶음	【束】たば 타바
□ 문간	【門口】かどぐち 카도구찌
□ 문고	【文庫】ぶんこ 붕꼬
□ 문단	【文壇】ぶんだん 분당
□ 문답	【問答】もんどう 몬도-
□ 문드러지다	ただれる 타다레루
□ 문득	ふと 후또

가
나
다
라
마
바
사
아
자
차
카
타
파
하

□ 문맹	【文盲】	もんもう	몸모-
□ 문맹	【明盲】	あきめくら	아끼메꾸라
□ 문명	【文明】	ぶんめい	붐메-
□ 문방구점	【文房具屋】	ぶんぼうぐや	붐보-구야
□ 문법	【文法】	ぶんぽう	분뽀-
□ 문병	【病気見舞い】	びょうきみまい	뵤-끼미마이
□ 문서	【文書】	ぶんしょ	분쇼
□ 문신	【入れ墨】	いれずみ	이레즈미
□ 문안	【見舞い】	みまい	미마이
□ 문어		たこ	타꼬
□ 문예	【文芸】	ぶんげい	붕게-
□ 문의하다	【問い合わせる】	といあわせる	토이아와세루
□ 문자	【文字】	もじ・もんじ	모지・몬지
□ 문장	【文章】	ぶんしょう	분쇼-
□ 문제	【問題】	もんだい	몬다이
□ 문제없다	【訳無い】	わけない	와께나이
□ 문제없음	【大丈夫】	だいじょうぶ	다이죠-부
□ 문지기	【門番】	もんばん	몸방

□ 문지르다	【擦る】 こする	코스루
□ 문턱	【敷居】 しきい	시끼이
□ 문패	【門札】 もんさつ	몬사쓰
□ 문학	【文学】 ぶんがく	붕가꾸
□ 문호	【文豪】 ぶんごう	붕고-
□ 문화	【文化】 ぶんか	붕까
□ 묻다(질문)	【問う】 とう	토우
□ 묻다(문의)	【尋ねる】 たずねる	타즈네루
□ 묻다(매장)	【埋める】 うめる	우메루
□ 물	【水】 みず	미즈
□ 물가	【水際】 みずぎわ	미즈기와
□ 물가	【物価】 ぶっか	북까
□ 물갈퀴	【水かき】 みずかき	미즈가끼
□ 물개	おっとせい	옷또세-
□ 물거품	【水の泡】 みずのあわ	미즈노아와
□ 물건(것)	【物】 もの	모노
□ 물건(물품)	【品物】 しなもの	시나모노
□ 물결	【波】 なみ	나미

225

□ 물고기	【魚】	さかな	사까나
□ 물구나무서기	【逆立ち】	さかだち	사까다찌
□ 물다		かむ	카무
□ 물들다	【染まる】	そまる	소마루
□ 물들이다	【染める】	そめる	소메루
□ 물떼새	【千鳥】	ちどり	치도리
□ 물량	【物量】	ぶつりょう	부쓰료-
□ 물러갈 때	【引け際】	ひけぎわ	히께기와
□ 물러서다(퇴각)	【退く】	しりぞく	시리조꾸
□ 물러서다	【引き下がる】	ひきさがる	히끼사가루
□ 물레방아	【水車】	みずぐるま	미즈구루마
□ 물론	【勿論】	もちろん	모찌롱
□ 물리	【物理】	ぶつり	부쓰리
□ 물리치다	【退ける】	しりぞける	시리조께루
□ 물망초	【勿忘草】	わすれなぐさ	와스레나구사
□ 물방울	【水玉】	みずたま	미즈타마
□ 물보라		しぶき	시부끼
□ 물뿌리개		じょうろ	죠-로

□ 물수건	**しぼり** 시보리	
□ 물수리	**みさご** 미사고	
□ 물심	【物心】 **ぶっしん** 붓싱	
□ 물욕	【物欲】 **ぶつよく** 부쓰요꾸	
□ 물웅덩이	【水溜り】 **みずたまり** 미즈타마리	
□ 물음	【問い】 **とい** 토이	
□ 물자	【物資】 **ぶっし** 붓시	
□ 물장사	【水商売】 **みずしょうばい** 미즈쇼-바이	
□ 물주전자	【水差し】 **みずさし** 미즈사시	
□ 물증	【物証】 **ぶっしょう** 붓쇼-	
□ 물질	【物質】 **ぶっしつ** 붓시쓰	
□ 물체	【物体】 **ぶったい** 붓따이	
□ 물품	【物品】 **ぶっぴん** 붑삥	
□ 뭇매	【袋叩き】 **ふくろだたき** 후꾸로다타끼	
□ 뭉개다	**つぶす** 쓰부스	
□ 뭉개지다	**つぶれる** 쓰부레루	
□ 뭉뚱그리다	**くるめる** 쿠루메루	
□ 뭉치	【束】 **たば** 타바	

□ 뭍	【陸】 **りく** 리꾸
□ 뮤직	**ミュージック** 뮤-직꾸
□ 미각	【味覚】 **みかく** 미카꾸
□ 미개	【未開】 **みかい** 미까이
□ 미거함	【不束】 **ふつつか** 후쓰쓰까
□ 미결	【未決】 **みけつ** 미께쓰
□ 미곡	【米穀】 **べいこく** 베-코꾸
□ 미공개	【未公開】 **みこうかい** 미꼬-까이
□ 미관	【美観】 **びかん** 비깡
□ 미국	【米国】 **べいこく** 베-코꾸
□ 미궁	【迷宮】 **めいきゅう** 메-뀨-
□ 미꾸라지	**どじょう** 도죠-
□ 미끄러지다	【滑る】 **すべる** 스베루
□ 미끈거리다	**ぬらぬらする** 누라누라스루
□ 미끼(모이)	【餌】 **えさ** 에
□ 미끼(동물)	**おとり** 오또리
□ 미나리	**せり** 세리
□ 미남	【美男】 **びなん** 비낭

228

□ 미녀	【美女】 びじょ	비죠
□ 미니스커트	ミニスカート	미니스까-또
□ 미닫이문	【障子】 しょうじ	쇼-지
□ 미담	【美談】 びだん	비당
□ 미덕	【美徳】 びとく	비또꾸
□ 미디어	メディア	메디아
□ 미라	ミーラ	미-라
□ 미래	【未来】 みらい	미라이
□ 미련	【未練】 みれん	미렝
□ 미련없이	【潔く】 いさぎよく	이사기요꾸
□ 미로	【迷路】 めいろ	메-로
□ 미루다	【延ばす】 のばす	노바스
□ 미리	【予め】 あらかじめ	아라까지메
□ 미만	【未満】 みまん	미망
□ 미망인	【未亡人】 みぼうじん	미보-징
□ 미명	【未明】 みめい	미메-
□ 미모	【美貌】 びぼう	비보-
□ 미묘함	【微妙】 びみょう	비묘-

□ 미문	【未聞】 みもん	미몽
□ 미사일	ミサイル	미사이루
□ 미생물	【微生物】 びせいぶつ	비세-부쓰
□ 미성년	【未成年】 みせいねん	미세-넹
□ 미션	ミッション	밋숑
□ 미소	【微笑】 びしょう	비쇼-
□ 미소짓다	【微笑む】 ほほえむ	호호에무
□ 미수(수납)	【未収】 みしゅう	미슈-
□ 미수(실패)	【未遂】 みすい	미스이
□ 미숙	【未熟】 みじゅく	미쥬꾸
□ 미술	【美術】 びじゅつ	비쥬쓰
□ 미스	ミス	미스
□ 미스터	ミスター	미스따
□ 미스터리	ミステリー	미스떼리-
□ 미신	【迷信】 めいしん	메-싱
□ 미아	【迷子】 まいご	마이고
□ 미안하다	すまない	스마나이
□ 미역	【若布】 わかめ	와까메

□ **미완성**	【未完成】 **みかんせい**	미깐세-
□ **미용**	【美容】 **びよう**	비요-
□ **미워하다**	【憎む】 **にくむ**	니꾸무
□ **미인**	【美人】 **びじん**	비징
□ **미장원**	【美容院】 **びよういん**	비요-잉
□ **미장이**	【左官】 **さかん**	사깡
□ **미적**	【美的】 **びてき**	비테끼
□ **미정**	【未定】 **みてい**	미떼-
□ **미주알고주알**	**ねほりはほり**	네호리하호리
□ **미증유**	【未曾有】 **みぞう**	미조-
□ **미지**	【未知】 **みち**	미찌
□ **미지근하다**	【生温い】 **なまぬるい**	나마누루이
□ **미치광이**	【気違い】 **きちがい**	키찌가이
□ **미치다**	【狂う】 **くるう**	쿠루우
□ **미터**	**メートル**	메-또루
□ **미행**	【尾行】 **びこう**	비꼬-
□ **미혼**	【未婚】 **みこん**	미꽁
□ **미화**	【美化】 **びか**	비까

231

건물 建物

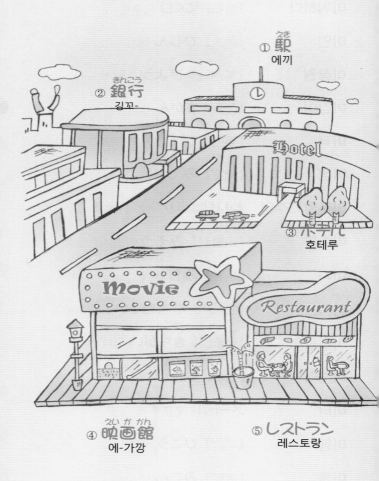

① 駅
에끼

② 銀行
깅꼬-

③ ホテル
호테루

④ 映画館
에-가깡

⑤ レストラン
레스토랑

① 역 ② 은행 ③ 호텔 ④ 영화관 ⑤ 음식점

⑥ 学校（がっこう）각꼬-

⑦ 図書館（としょかん）토쇼깡

⑧ 公園（こうえん）코-엥

⑨ ブランコ 부랑꼬

⑩ 滑り台（すべりだい）스베리다이

⑪ 噴水（ふんすい）훈스이

⑥ 학교　⑦ 도서관　⑧ 공원　⑨ 그네　⑩ 미끄럼틀　⑪ 분수

□ 믹스	ミックス	믹꾸스
□ 민간	【民間】 みんかん	밍깡
□ 민들레	たんぽぽ	탐뽀뽀
□ 민박	【民泊】 みんぱく	밈빠꾸
□ 민법	【民法】 みんぽう	밈뽀-
□ 민사	【民事】 みんじ	민지
□ 민속	【民俗】 みんぞく	민조꾸
□ 민완(민첩)	【敏腕】 びんわん	빙왕
□ 민완(기량)	【手利き】 てきき	테키끼
□ 민요	【民謡】 みんよう	밍요-
□ 민족	【民族】 みんぞく	민조꾸
□ 민주주의	【民主主義】 みんしゅしゅぎ	민슈슈기
□ 믿다	【信じる】 しんじる	신지루
□ 믿음직스럽다	【頼もしい】 たのもしい	타노모시-
□ 밀가루	【メリケン粉】 メリケンこ	메리켕꼬
□ 밀감	【蜜柑】 みかん	미깡
□ 밀고	【密告】 みっこく	믹코꾸
□ 밀다	【押す】 おす	오스

□ 밀려오다	【押し寄せる】 おしよせる	오시요세루
□ 밀리	ミリ	미리
□ 밀림	【密林】 みつりん	미쓰링
□ 밀매	【密売】 みつばい	미쓰바이
□ 밀물	【満ち潮】 みちしお	미찌시오
□ 밀수	【密輸】 みつゆ	미쓰유
□ 밀실	【密室】 みっしつ	밋시쓰
□ 밀착	【密着】 みっちゃく	밋쨔꾸
□ 밀치다	【押し除ける】 おしのける	오시노께루
□ 밀크	ミルク	미루꾸
□ 밀폐	【密閉】 みっぺい	밉빼-
□ 밀항	【密航】 みっこう	믹꼬-
□ 밀회	【密会】 みっかい	믹까이
□ 밉다	【憎い】 にくい	니꾸이
□ 밉살스럽다	【憎らしい】 にくらしい	니꾸라시-
□ 밍크	ミンク	밍꾸
□ 및	【及び】 および	오요비
□ 밑	【下】 した	시따

□ **밑돌다**　　　　【下回る】 **したまわる** 시따마와루

□ **밑바닥**　　　　【底】 **そこ** 소꼬

□ **밑바탕**　　　　【下地】 **したじ** 시따지

□ **밑지다**　　　　【損する】 **そんする** 손스루

□ **밑천**　　　　　【元手】 **もとで** 모또데

□ **바겐세일**　　バーゲンセール 바-겐세-루

□ **바구니**　　かご 카고

□ **바깥**　　【外】そと 소또

□ **바꾸다**　　【変える】かえる 카에루

□ **바뀌다**　　【変わる】かわる 카와루

□ **바나나**　　バナナ 바나나

□ **바느질**　　【針仕事】はりしごと 하리시고또

□ **바늘**　　【針】はり 하리

□ **바다**　　【海】うみ 우미

□ **바다표범**　　【海豹】あざらし 아자라시

□ **바닷가**　　【海辺】うみべ 우미베

□ **바둑**　　【碁】ご 고

□ **바라건대**　　のぞむらくは 노조무라꾸와

□ **바라다**(희망)　　【望む】のぞむ 노조무

□ **바라다**(원함)　　【願う】ねがう 네가우

237

□ 바라다(욕구)	【欲する】 ほっする	홋스루
□ 바라보다	【眺める】 ながめる	나가메루
□ 바람	【風】 かぜ	카제
□ 바람둥이	【浮気者】 うわきもの	우와끼모노
□ 바람직하다	【望ましい】 のぞましい	노조마시-
□ 바램	【望み】 のぞみ	노조미
□ 바로	すぐ	스구
□ 바로건너	【真向い】 まむかい	마무까이
□ 바로 밑	【真下】 ました	마시따
□ 바로 위	【真上】 まうえ	마우에
□ 바로잡다	【正す】 ただす	타다스
□ 바르다	【正しい】 ただしい	타다시-
□ 바르다	【塗る】 ぬる	누루
□ 바바리	バーバリー	바-바리-
□ 바보	ばか	바까
□ 바쁘다	【忙しい】 いそがしい	이소가시-
□ 바야흐로	いまや	이마야
□ 바위	【岩】 いわ	이와

바이러스	ウイルス 우이루스
바이블	バイブル 바이부루
바이어	バイヤー 바이야-
바이올린	バイオリン 바이오링
바자	バザー 바자-
바지	ズボン 즈봉
바지락	しじみ 시지미
바치다	ささげる 사사게루
바캉스	バカンス 바캉스
바퀴벌레	ごきぶり 고끼부리
바텐더	バーテンダー 바-텐다-
바통	バトン 바통
박두하다	【差し迫る】さしせまる 사시세마루
박람회	【博覧会】はくらんかい 하꾸랑까이
박력	【迫力】はくりょく 하꾸료꾸
박멸	【撲滅】ぼくめつ 보꾸메쓰
박물관	【博物館】はくぶつかん 하꾸부쓰깡
박사	【博士】はかせ・はくし 하까세・하꾸시

□ 박수	【拍手】はくしゅ	하꾸슈
□ 박식한 사람	【物知り】ものしり	모노시리
□ 박애	【博愛】はくあい	하꾸아이
□ 박자	【拍子】ひょうし	효-시
□ 박정함	【薄情】はくじょう	하꾸죠-
□ 박정하다	つれない	쓰레나이
□ 박쥐	こうもり	고-모리
□ 박차	【拍車】はくしゃ	하꾸샤
□ 박탈	【剥奪】はくだつ	하꾸다쓰
□ 박테리아	バクテリア	바꾸떼리아
□ 박해	【迫害】はくがい	하꾸가이
□ 반감	【反感】はんかん	항깡
□ 반격	【反撃】はんげき	항게끼
□ 반경	【半徑】はんけい	항께-
□ 반달	【半月】はんげつ	항게쓰
□ 반대	【反対】はんたい	한따이
□ 반도	【半島】はんとう	한또-
□ 반도체	【半導体】はんどうたい	한도-따이

□ 반드시	【必ず】 **かならず** 카나라즈	
□ 반들반들	**つやつや** 쓰야쓰야	
□ 반라	【半裸】 **はんら** 한라	
□ 반란	【反乱】 **はんらん** 한랑	
□ 반려	【伴侶】 **はんりょ** 한료	
□ 반면	【反面】 **はんめん** 함멩	
□ 반복	【反復】 **はんぷく** 함뿌꾸	
□ 반복하다	【繰り返す】 **くりかえす** 쿠리까에스	
□ 반비례	【反比例】 **はんぴれい** 함삐레-	
□ 반사	【反射】 **はんしゃ** 한샤	
□ 반성	【反省】 **はんせい** 한세-	
□ 반소매	【半袖】 **はんそで** 한소데	
□ 반숙	【半熟】 **はんじゅく** 한쥬꾸	
□ 반액	【半額】 **はんがく** 항가꾸	
□ 반역	【反逆】 **はんぎゃく** 항갸꾸	
□ 반응	【反応】 **はんのう** 한노-	
□ 반주(연주)	【伴奏】 **ばんそう** 반소-	
□ 반주(술)	【晩酌】 **ばんしゃく** 반샤꾸	

□ 반지	【指輪】 ゆびわ 유비와
□ 반짝이다(별)	【光る】 ひかる 히까루
□ 반짝이다	【輝く】 かがやく 카가야꾸
□ 반찬	おかず 오까즈
□ 반창고	【絆創膏】 ばんそうこう 반소-꼬-
□ 반추	【半芻】 はんすう 한스-
□ 반칙	【反則】 はんそく 한소꾸
□ 반품	【返品】 へんぴん 헴삥
□ 반하다	ほれる 호레루
□ 반항	【反抗】 はんこう 항꼬-
□ 반항하다	【逆らう】 さからう 사까라우
□ 받다	もらう 모라우
□ 받다(얻다)	【受ける】 うける 우께루
□ 받아들이다	【受け入れる】 うけいれる 우께이레루
□ 받치다	【支える】 ささえる 사사에루
□ 받침	【下敷】 したじき 시따지끼
□ 발(다리)	【足·脚】 あし 아시
□ 발(칸막이)	すだれ 스다레

□ **발가락**	【足指】 **あしゆび** 아시유비	
□ **발각**	【発覚】 **はっかく** 학카꾸	
□ **발간**	【発刊】 **はっかん** 학깡	
□ **발견**	【発見】 **はっけん** 학껭	
□ **발굴**	【発掘】 **はっくつ** 학꾸쓰	
□ **발굽**	**ひずめ** 히즈메	
□ **발급**	【発給】 **はっきゅう** 학뀨-	
□ **발기**	【発起】 **ほっき** 혹끼	
□ **발단**	【発端】 **ほったん** 홋땅	
□ **발돋움**	【背伸び】 **せのび** 세노비	
□ **발뒤꿈치**	**かかと** 카까또	
□ **발등**	【足の甲】 **あしのこう** 아시노꼬-	
□ **발랄**	【溌剌】 **はつらつ** 하쓰라쓰	
□ **발레리나**	**バレリーナ** 바레리-나	
□ **발령**	【発令】 **はつれい** 하쓰레-	
□ **발매**	【発売】 **はつばい** 하쓰바이	
□ **발명**	【発明】 **はつめい** 하쓰메-	
□ **발바닥**	【足の裏】 **あしのうら** 아시노우라	

□ 발버둥치다	ばたつく 바따쓰꾸	
□ 발사	【発射】はっしゃ 핫샤	
□ 발산	【発散】はっさん 핫상	
□ 발상	【発想】はっそう 핫소-	
□ 발생	【発生】はっせい 핫세-	
□ 발설	【口外】こうがい 코-가이	
□ 발송	【発送】はっそう 핫소-	
□ 발신인	【発信人】はっしんにん 핫신닝	
□ 발언	【発言】はつげん 하쓰겡	
□ 발육	【発育】はついく 하쓰이꾸	
□ 발음	【発音】はつおん 하쓰옹	
□ 발작	【発作】ほっさ 홋사	
□ 발자국	【足跡】あしあと 아시아또	
□ 발전(진보)	【発展】はってん 핫뗑	
□ 발전(전기)	【発電】はつでん 하쓰뎅	
□ 발족	【発足】ほっそく 홋소꾸	
□ 발진	【発疹】はっしん 핫싱	
□ 발차	【発車】はっしゃ 핫샤	

□ **발췌**	【抜萃】**ばっすい** 밧스이	
□ **발칙함**	**ふらち** 후라찌	
□ **발코니**	**バルコニー** 바루코니-	
□ **발탁**	【抜擢】**ばってき** 밧테끼	
□ **발톱**	【足の爪】**あしのつめ** 아시노쓰메	
□ **발판**	【足場】**あしば** 아시바	
□ **발표**	【発表】**はっぴょう** 합뾰-	
□ **발행**	【発行】**はっこう** 학꼬-	
□ **발휘**	【発揮】**はっき** 학끼	
□ **밝다**	【明るい】**あかるい** 아까루이	
□ **밝혀내다**	【突きとめる】**つきとめる** 쓰끼또메루	
□ **밝히다**	【明す】**あかす** 아까스	
□ **밟다**	【踏む】**ふむ** 후무	
□ **밤**(과일)	【栗】**くり** 쿠리	
□ **밤**(어둠)	【夜】**よる** 요루	
□ **밤마다**	【夜毎】**よごと** 요고또	
□ **밤새도록**	【終夜】**よもすがら** 요모스가라	
□ **밤중**	【夜中】**よなか** 요나까	

□ 밥	【飯】**めし** 메시	
□ 밥공기	【茶碗】**ちゃわん** 챠왕	
□ 밥상	【お膳】**おぜん** 오젱	
□ 밥알	【飯粒】**めしつぶ** 메시쓰부	
□ 밧줄	【綱】**つな** 쓰나	
□ 방	【部屋】**へや** 헤야	
□ 방갈로	**バンガロー** 방가로-	
□ 방관	【傍観】**ぼうかん** 보-깡	
□ 방귀	**へ** 헤	
□ 방금	**ただいま** 타다이마	
□ 방긋	**にっこり** 닛꼬리	
□ 방대함	【厖大】**ぼうだい** 보-다이	
□ 방도	【仕方】**しかた** 시카따	
□ 방랑	【放浪】**ほうろう** 호-로-	
□ 방망이	【棒】**ぼう** 보-	
□ 방면	【方面】**ほうめん** 호-멩	
□ 방목	【放し飼い】**はなしがい** 하나시가이	
□ 방문	【訪問】**ほうもん** 호-몽	

246

□ 방문하다	【訪れる】おとずれる 오또즈레루
□ 방법	【方法】ほうほう 호-호-
□ 방부제	【防腐剤】ぼうふざい 보-후자이
□ 방사선	【放射線】ほうしゃせん 호-샤셍
□ 방석	【座布団】ざぶとん 자부똥
□ 방송	【放送】ほうそう 호-소-
□ 방식	【方式】ほうしき 호-시끼
□ 방심	【油断】ゆだん 유당
□ 방아쇠	【引き金】ひきがね 히끼가네
□ 방안	【方案】ほうあん 호-앙
□ 방어	【防禦】ぼうぎょ 보-교
□ 방언	【方言】ほうげん 호-겡
□ 방역	【防疫】ぼうえき 보-에끼
□ 방영	【放映】ほうえい 호-에-
□ 방울	【鈴】すず 스즈
□ 방음	【防音】ぼうおん 보-옹
□ 방자함	【横柄】おうへい 오-헤-
□ 방정식	【方程式】ほうていしき 호-떼-시끼

□ 방지	【防止】ぼうし 보-시
□ 방첩	【防諜】ぼうちょう 보-쬬-
□ 방청객	【傍聴客】ぼうちょうきゃく 보-쬬-캬꾸
□ 방출	【放出】ほうしゅつ 호-슈쓰
□ 방치	【放置】ほうち 호-찌
□ 방침	【方針】ほうしん 호-싱
□ 방한	【防寒】ぼうかん 보-깡
□ 방해	【邪魔】じゃま 쟈마
□ 방향	【方向】ほうこう 호-꼬-
□ 방황	【彷徨】ほうこう 호-꼬-
□ 밭	【畑】はたけ 하따께
□ 배(신체)	【腹】はら 하라
□ 배(선박)	【船】ふね 후네
□ 배(과일)	【梨】なし 나시
□ 배경	【背景】はいけい 하이께-
□ 배구	バレーボール 바레-보-루
□ 배급	【配給】はいきゅう 하이뀨-
□ 배꼽	へそ 헤소

248

□ 배다	しみる	시미루
□ 배다른	【腹違いの】 はらちがいの	하라찌가이노
□ 배달	【配達】 はいたつ	하이따쓰
□ 배당	【配当】 はいとう	하이또-
□ 배드민턴	バドミントン	바도민똥
□ 배럴	バーレル	바레루
□ 배려	【配慮】 はいりょ	하이료
□ 배반	【裏切り】 うらぎり	우라기리
□ 배반하다	【裏切る】 うらぎる	우라기루
□ 배부	【配布】 はいふ	하이후
□ 배불리(속어)	たらふく	타라후꾸
□ 배상	【賠償】 ばいしょう	바이쇼-
□ 배설	【排泄】 はいせつ	하이세쓰
□ 배수	【排水】 はいすい	하이스이
□ 배신	【背信】 はいしん	하이싱
□ 배심원	【陪審員】 ばいしんいん	바이싱잉
□ 배양	【培養】 ばいよう	바이요-
□ 배역	【配役】 はいやく	하이야꾸

□ 배우	【俳優】 はいゆう	하이유-
□ 배우다	【学ぶ】 まなぶ	마나부
□ 배우다(익히다)	【習う】 ならう	나라우
□ 배우자	【配偶者】 はいぐうしゃ	하이구-샤
□ 배정	【配定】 はいてい	하이떼-
□ 배제	【排除】 はいじょ	하이죠
□ 배짱	【度胸】 どきょう	도꾜-
□ 배짱이	きりぎりす	키리기리스
□ 배차	【配車】 はいしゃ	하이샤
□ 배척	【排斥】 はいせき	하이세끼
□ 배추	【白菜】 はくさい	하꾸사이
□ 배출	【輩出】 はいしゅつ	하이슈쓰
□ 배치	【配置】 はいち	하이찌
□ 배타적	【排他的】 はいたてき	하이따테끼
□ 배터리	バッテリー	밧테리-
□ 배편	【船便】 ふなびん	후나빙
□ 배포	【配布】 はいふ	하이후
□ 배회	【徘徊】 はいかい	하이까이

□ 배후	【背後】 はいご	하이고
□ 백	【百】 ひゃく	햐꾸
□ 백기	【白旗】 しろはた	시로하따
□ 백로	さぎ	사기
□ 백마	【白馬】 はくば	하꾸바
□ 백모	【伯母】 おば	오바
□ 백미	【白米】 はくまい	하꾸마이
□ 백발	【白髪】 しらが	시라가
□ 백성	【百姓】 ひゃくせい	햐꾸세-
□ 백일홍	【百日紅】 さるすべり	사루스베리
□ 백조	【白鳥】 はくちょう	하꾸쬬-
□ 백주	【白昼】 はくちゅう	하꾸쮸-
□ 백지	【白紙】 はくし	하꾸시
□ 백치	【白痴】 はくち	하꾸찌
□ 백합	【百合】 ゆり	유리
□ 백화점	デパート	데파-또
□ 밴드	バンド	반도
□ 밸런스	バランス	바란스

□ 뱀	【蛇】 へび	헤비
□ 뱀장어	うなぎ	우나기
□ 뱃고동	どら	도라
□ 뱃머리	【舳先】 へさき	헤사끼
□ 뱃멀미	【船酔い】 ふなよい	후나요이
□ 뱃사공	【船頭】 せんどう	센도-
□ 버둥대다	ばたつく	바따쓰꾸
□ 버드나무	【柳】 やなぎ	야나기
□ 버릇	【癖】 くせ	쿠세
□ 버리다	【捨てる】 すてる	스떼루
□ 버선	【足袋】 たび	타비
□ 버섯	きのこ	키노꼬
□ 버스	バス	바스
□ 버터	バター	바따-
□ 버튼	ボタン	보땅
□ 버티다	【頑張る】 がんばる	감바루
□ 버팀목	つっぱり	쓷빠리
□ 벅차다	てごわい	테고와이

252

□ 번갈아	かわるがわる	카와루가와루
□ 번개	いなずま	이나즈마
□ 번거롭다	わずらわしい	와즈라와시-
□ 번데기	さなぎ	사나기
□ 번뜩이다	ひらめく	히라메꾸
□ 번번이	そのつど	소노쓰도
□ 번식	【繁殖】はんしょく	한쇼꾸
□ 번안	【翻案】ほんあん	홍앙
□ 번역	【翻訳】ほんやく	홍야꾸
□ 번역하다	【訳する】やくする	야꾸스루
□ 번영	【繁栄】はんえい	항에-
□ 번영하다	【栄える】さかえる	사까에루
□ 번지	【番地】ばんち	반찌
□ 번지다	にじむ	니지무
□ 번쩍번쩍	ぴかぴか	피까삐까
□ 번쩍이다	きらめく	키라메꾸
□ 번창	【繁昌】はんじょう	한죠-
□ 번호	【番号】ばんごう	방고-

253

□ 번화가	【繁華街】	はんかがい	항까가이
□ 벌(죄)	【罰】	ばつ	바쓰
□ 벌(곤충)	【蜂】	はち	하찌
□ 벌다(일하여)	【稼ぐ】	かせぐ	카세구
□ 벌다(득을 보다)	【儲ける】	もうける	모-께루
□ 벌떡		がばっと	가밧또
□ 벌레	【虫】	むし	무시
□ 벌레 먹다	【蝕む】	むしばむ	무시바무
□ 벌벌		びくびく	비꾸비꾸
□ 벌벌떨다	【脅える】	おびえる	오비에루
□ 벌써		もう	모-
□ 벌집	【蜂の巣】	はちのす	하찌노스
□ 벌칙	【罰則】	ばっそく	밧소꾸
□ 범람	【氾濫】	はんらん	한랑
□ 범위	【範囲】	はんい	항이
□ 범인	【犯人】	はんにん	한닝
□ 범죄	【犯罪】	はんざい	한자이
□ 범하다	【犯す】	おかす	오까스

□ 범행	【犯行】 はんこう 항꼬-
□ 법	【法】 ほう 호-
□ 법관	【法官】 ほうかん 호-깡
□ 법규	【法規】 ほうき 호-끼
□ 법률	【法律】 ほうりつ 호-리쓰
□ 법안	【法案】 ほうあん 호-앙
□ 법인	【法人】 ほうじん 호-징
□ 법적	【法的】 ほうてき 호-테끼
□ 법정	【法廷】 ほうてい 호-떼-
□ 법칙	【法則】 ほうそく 호-소꾸
□ 법학	【法学】 ほうがく 호-가꾸
□ 벗	【友】 とも 토모
□ 벗기다	むく 무꾸
□ 벗다	【脱ぐ】 ぬぐ 누구
□ 벗어나다	【外れる】 はずれる 하즈레루
□ 벙어리	おし 오시
□ 벚꽃	【桜】 さくら 사꾸라
□ 베개	【枕】 まくら 마꾸라

□ 베끼다	【写す】 うつす	우쯔스
□ 베다	【切る】 きる	키루
□ 베다	【刈る】 かる	카루
□ 베드	ベッド	벳도
□ 베란다	ベランダ	베란다
□ 베스트셀러	ベストセラー	베스또세라-
□ 베이비	ベビー	베비-
□ 베이컨	ベーコン	베-콩
□ 베테랑	ベテラン	베테랑
□ 베풀다	【施す】 ほどこす	호도꼬스
□ 벤치	ベンチ	벤치
□ 벨트	ベルト	베루또
□ 벼	【稲】 いね	이네
□ 벼락	【雷】 かみなり	카미나리
□ 벼락부자	【成金】 なりきん	나리낑
□ 벼랑	【崖】 がけ	가께
□ 벼루	すずり	스즈리
□ 벼룩	のみ	노미

256

□ 벽	【壁】かべ	카베
□ 벽걸이	【軸物】じくもの	지꾸모노
□ 벽돌	れんが	렝가
□ 벽장	【押入れ】おしいれ	오시이레
□ 벽창호	【朴念仁】ぼくねんじん	보꾸넨징
□ 벽촌	【僻村】へきそん	헤끼송
□ 변경	【変更】へんこう	헹꼬-
□ 변기	【便器】べんき	벵끼
□ 변덕	【気紛れ】きまぐれ	키마구레
□ 변동	【変動】へんどう	헨도-
□ 변두리	【場末】ばすえ	바스에
□ 변명	【弁解】べんかい	벵까이
□ 변변치 않음	【粗末】そまつ	소마쯔
□ 변비	【便秘】べんぴ	벰삐
□ 변사	【変死】へんし	헨시
□ 변상	【弁償】べんしょう	벤쇼-
□ 변신	【変身】へんしん	헨싱
□ 변심	【心変り】こころがわり	코꼬로가와리

257

□ **변장**	【変装】 **へんそう** 헨소-	
□ **변질**	【変質】 **へんしつ** 헨시쓰	
□ **변천**	【変遷】 **へんせん** 헨셍	
□ **변칙**	【変則】 **へんそく** 헨소꾸	
□ **변태**	【変態】 **へんたい** 헨따이	
□ **변통**	【工面】 **くめん** 쿠멩	
□ **변하다**	【変わる】 **かわる** 카와루	
□ **변호사**	【弁護士】 **べんごし** 벵고시	
□ **변화**	【変化】 **へんか** 헹까	
□ **별**	【星】 **ほし** 호시	
□ **별거**	【別居】 **べっきょ** 벡꾜	
□ **별고**	【別状】 **べつじょう** 베쓰죠-	
□ **별도**	【別途】 **べっと** 벳또	
□ **별로**	【別に】 **べつに** 베쓰니	
□ **별명**	**あだな** 아다나	
□ **별빛**	【星明り】 **ほしあかり** 호시아까리	
□ **별안간**	【突如】 **とつじょ** 도쓰죠	
□ **별장**	【別荘】 **べっそう** 벳소-	

□ **별채**	【離れや屋】 **はなれや** 하나레야	
□ **병**(유리)	【瓶】 **びん** 빙	
□ **병**(질병)	【病気】 **びょうき** 뵤-끼	
□ **병구완**	【介抱】 **かいほう** 카이호-	
□ **병기**	【兵器】 **へいき** 헤-끼	
□ **병동**	【病棟】 **びょうとう** 뵤-또-	
□ **병력**	【兵力】 **へいりょく** 헤-료꾸	
□ **병마개**	【栓】 **せん** 셍	
□ **병문안**	【病気見舞い】 **びょうきみまい** 뵤-끼미마이	
□ **병사**	【兵士】 **へいし** 헤-시	
□ **병상**	【病床】 **びょうしょう** 뵤-쇼-	
□ **병신**	【病身】 **びょうしん** 뵤-싱	
□ **병실**	【病室】 **びょうしつ** 뵤-시쓰	
□ **병아리**	**ひよこ** 히요꼬	
□ **병역**	【兵役】 **へいえき** 헤-에끼	
□ **병원**	【病院】 **びょういん** 뵤-잉	
□ **병자**	【病人】 **びょうにん** 뵤-닝	
□ **병풍**	【屏風】 **びょうぶ** 뵤-부	

바

259

□ 병행	【並行】へいこう	헤-꼬-
□ 보건	【保健】ほけん	호껭
□ 보고	【報告】ほうこく	호-코꾸
□ 보관	【保管】ほかん	호깡
□ 보금자리	ねぐら	네구라
□ 보급	【普及】ふきゅう	후뀨-
□ 보기 드물다	【珍しい】めずらしい	메즈라시-
□ 보기 좋게	【見事に】みごとに	미고또니
□ 보기 흉하다	【醜い】みにくい	미니꾸이
□ 보나마나	【定めし】さだめし	사다메시
□ 보내다(발송)	【送る】おくる	오꾸루
□ 보내다(시간)	【過ごす】すごす	스고스
□ 보너스	ボーナス	보-나스
□ 보는 방법	【見方】みかた	미카따
□ 보다	【見る】みる	미루
□ 보다 더	【一層】いっそう	잇소-
□ 보답하다	【報いる】むくいる	무꾸이루
□ 보도	【報道】ほうどう	호-도-

□ 보따리	【包み】つつみ	쓰쓰미
□ 보라색	【紫色】むらさきいろ	무라사끼이로
□ 보람	【甲斐】かい	카이
□ 보류	【保留】ほりゅう	호류-
□ 보름달	【満月】まんげつ	망게쓰
□ 보리	【麦】むぎ	무기
□ 보물	【宝】たから	타까라
□ 보병	【歩兵】ほへい	호헤-
□ 보복	【仕返し】しかえし	시까에시
□ 보살	【菩薩】ぼさつ	보사쓰
□ 보살핌	【世話】せわ	세와
□ 보상	【補償】ほしょう	호쇼-
□ 보석	【宝石】ほうせき	호-세끼
□ 보수(지킴)	【保守】ほしゅ	호슈
□ 보수(대가)	【報酬】ほうしゅう	호-슈-
□ 보스	ボス	보스
□ 보유	【保有】ほゆう	호유-
□ 보이	ボーイ	보-이

□ 보이다	【見える】 みえる	미에루
□ 보일러	ボイラー	보이라
□ 보자기	【風呂敷】 ふろしき	후로시끼
□ 보잘것없다	つまらない	쓰마라나이
□ 보장	【保障】 ほしょう	호쇼-
□ 보조	【補助】 ほじょ	호죠
□ 보조개	えくぼ	에꾸보
□ 보존	【保存】 ほぞん	호종
□ 보증	【保証】 ほしょう	호쇼-
□ 보증금	【敷金】 しききん	시키낑
□ 보채다	むずかる	무즈까루
□ 보초	【歩哨】 ほしょう	호쇼-
□ 보충	【補充】 ほじゅう	호쥬-
□ 보충하다	【補う】 おぎなう	오기나우
□ 보태다	【加える】 くわえる	쿠와에루
□ 보탬	【足し】 たし	타시
□ 보통	【普通】 ふつう	후쓰-
□ 보트	ボート	보-또

262

□ 보행	【歩行】 ほこう	호꼬-
□ 보험	【保険】 ほけん	호껭
□ 보호	【保護】 ほご	호고
□ 복	【福】 ふく	후꾸
□ 복고	【復古】 ふっこ	훅꼬
□ 복귀	【復帰】 ふっき	훅끼
□ 복도	【廊下】 ろうか	로-까
□ 복무	【服務】 ふくむ	후꾸무
□ 복받치다	【込み上げる】 こみあげる	코미아게루
□ 복부	【腹部】 ふくぶ	후꾸부
□ 복사	【複写】 ふくしゃ	후꾸샤
□ 복사뼈	くるぶし	쿠루부시
□ 복선	【伏線】 ふくせん	후꾸셍
□ 복수(원수)	【復讐】 ふくしゅう	후꾸슈-
□ 복수(숫자)	【複数】 ふくすう	후꾸스-
□ 복수전	【弔合戦】 とむらいがっせん	토무라이갓셍
□ 복숭아	【桃】 もも	모모
□ 복습	【復習】 ふくしゅう	후꾸슈-

□ 복식	【服飾】 ふくしょく	후꾸쇼꾸
□ 복싱	ボクシング	보꾸싱구
□ 복안	【腹案】 ふくあん	후꾸앙
□ 복어	ふぐ	후구
□ 복용	【服用】 ふくよう	후꾸요-
□ 복음	【福音】 ふくいん	후꾸잉
□ 복잡	【複雑】 ふくざつ	후꾸자쓰
□ 복장	【服装】 ふくそう	후꾸소-
□ 복제	【複製】 ふくせい	후꾸세-
□ 복종	【服従】 ふくじゅう	후꾸쥬-
□ 복지	【福祉】 ふくし	후꾸시
□ 복직	【復職】 ふくしょく	후꾸쇼꾸
□ 복통	【腹痛】 ふくつう	후꾸쓰-
□ 복합	【複合】 ふくごう	후꾸고-
□ 볶다	【炒める】 いためる	이따메루
□ 본격적	【本腰】 ほんごし	홍고시
□ 본고장	【本場】 ほんば	홈바
□ 본국	【本国】 ほんごく	홍고꾸

264

□ 본능	【本能】 ほんのう	혼노-
□ 본때	【見せしめ】 みせしめ	미세시메
□ 본뜨다	【象る】 かたどる	카따도루
□ 본래	【本来】 ほんらい	혼라이
□ 본론	【本論】 ほんろん	혼롱
□ 본문	【本文】 ほんぶん	홈붕
□ 본보기	【手本】 てほん	테홍
□ 본부	【本部】 ほんぶ	홈부
□ 본사	【本社】 ほんしゃ	혼샤
□ 본시	【本来】 ほんらい	혼라이
□ 본심(속셈)	【下心】 したごころ	시따고꼬로
□ 본심(참마음)	【本音】 ほんね	혼네
□ 본인	【本人】 ほんにん	혼닝
□ 본적	【本籍】 ほんせき	혼세끼
□ 본전	【元手】 もとで	모또데
□ 본점	【本店】 ほんてん	혼뗑
□ 본질	【本質】 ほんしつ	혼시쓰
□ 본처	【本妻】 ほんさい	혼사이

가
나
다
라
마
바
사
아
자
차
카
타
파
하

□ 본토	【本土】 ほんど	혼도
□ 볼(공)	ボール	보-루
□ 볼(얼굴)	ほお	호-
□ 볼륨	ボリューム	보류-무
□ 볼링	ボーリング	보-링구
□ 볼일	【用事】 ようじ	요-지
□ 볼펜	ボールペン	보-루펭
□ 볼품	【見映え】 みばえ	미바에
□ 볼퉁이	ほっぺた	홉뻬따
□ 봄	【春】 はる	하루
□ 봄비	【春雨】 はるさめ	하루사메
□ 봉건	【封建】 ほうけん	호-껭
□ 봉당	【土間】 どま	도마
□ 봉사	【奉仕】 ほうし	호-시
□ 봉오리	つぼみ	쓰보미
□ 봉우리	【峰】 みね	미네
□ 봉투	【封筒】 ふうとう	후-또-
□ 부과	【賦課】 ふか	후까

266

□ 부귀	【富貴】 ふうき	후-끼
□ 부근	【付近】 ふきん	후낑
□ 부끄럽다	【恥ずかしい】 はずかしい	하즈까시-
□ 부담	【負担】 ふたん	후땅
□ 부당	【不当】 ふとう	후또-
□ 부대	【部隊】 ぶたい	부따이
□ 부도	【不渡り】 ふわたり	후와따리
□ 부동산	【不動産】 ふどうさん	후도-상
□ 부둣가	【波止場】 はとば	하또바
□ 부드럽다	【柔らかい】 やわらかい	야와라까이
□ 부득이	やむをえず	야무오에즈
□ 부디	どうぞ	도-조
□ 부딪히다	ぶつかる	부쓰까루
□ 부랴부랴	【早々】 そうそう	소-소-
□ 부러워하다	うらやむ	우라야무
□ 부러지다	【折れる】 おれる	오레루
□ 부럽다	うらやましい	우라야마시-
□ 부레	ふえ	후에

□ 부르다	【呼ぶ】 **よぶ** 요부	
□ 부르짖다	【叫ぶ】 **さけぶ** 사께부	
□ 부리	**くちばし** 쿠찌바시	
□ 부모	【父母】 **ふぼ** 후보	
□ 부문	【部門】 **ぶもん** 부몽	
□ 부부	【夫婦】 **ふうふ** 후-후	
□ 부분	【部分】 **ぶぶん** 부붕	
□ 부비다	**こする** 코스루	
□ 부산물	【副産物】 **ふくさんぶつ** 후꾸삼부쓰	
□ 부상	【負傷】 **ふしょう** 후쇼-	
□ 부서	【部署】 **ぶしょ** 부쇼	
□ 부서지다	【壊れる】 **こわれる** 코와레루	
□ 부속품	【附属品】 **ふぞくひん** 후조꾸힝	
□ 부수다	【壊す】 **こわす** 코와스	
□ 부스러기	**かけら** 카께라	
□ 부스럼	【お出来】 **おでき** 오데끼	
□ 부슬부슬	**しとしと** 시또시또	
□ 부업	【内職】 **ないしょく** 나이쇼꾸	

268

□ 부엉이	みみずく	미미즈꾸
□ 부엌	【台所】だいどころ	다이도꼬로
□ 부인(여사)	【夫人】ふじん	후징
□ 부인(아내)	【婦人】ふじん	후징
□ 부인(불인정)	【否認】ひにん	히닝
□ 부임	【赴任】ふにん	후닝
□ 부자	【父子】ふし	후시
□ 부자	【金持ち】かねもち	카네모찌
□ 부자연	【不自然】ふしぜん	후시젱
□ 부자유	【不自由】ふじゆう	후지유-
□ 부장	【部長】ぶちょう	부쬬-
□ 부재중	【留守】るす	루스
□ 부정	【否定】ひてい	히떼이
□ 부정하다	【打ち消す】うちけす	우찌케스
□ 부정(정조)	【不貞】ふてい	후떼-
□ 부정(올바름)	【不正】ふせい	후세-
□ 부정(일정함)	【不定】ふてい	후떼-
□ 부족	【不足】ふそく	후소꾸

□ 부족하다	【足りない】 たりない 타리나이
□ 부주의	【不注意】 ふちゅうい 후쮸-이
□ 부지	【敷地】 しきち 시끼찌
□ 부지런히	せっせと 셋세또
□ 부착	【付着】 ふちゃく 후쨔꾸
□ 부채(빚)	【負債】 ふさい 후사이
□ 부채(도구)	【扇】 おうぎ 오-기
□ 부처	【仏】 ほとけ 호토께
□ 부처	【夫妻】 ふさい 후사이
□ 부추	にら 니라
□ 부추기다	そそのかす 소소노까스
□ 부침	【浮沈】 ふしん 후싱
□ 부탁	【お願い】 ねがい 오네가이
□ 부탁하다	【頼む】 たのむ 타노무
□ 부패	【腐敗】 ふはい 후하이
□ 부품	【部品】 ぶひん 부힝
□ 부풀다	ふくらむ 후꾸라무
□ 부피	かさ 카사

270

□ 부하	【部下】 ぶか 부까
□ 부호(기호)	【符号】 ふごう 후고-
□ 부호(부자)	【富豪】 ふごう 후고-
□ 부활	【復活】 ふっかつ 훅까쓰
□ 부흥	【復興】 ふっこう 훅꼬-
□ 북	【太鼓】 たいこ 타이꼬
□ 북(책)	ブック 북꾸
□ 북구	【北欧】 ほくおう 호꾸오-
□ 북극	【北極】 ほっきょく 혹꾜꾸
□ 북돋다	【励ます】 はげます 하게마스
□ 북두칠성	【北斗七星】 ほくとしちせい 호꾸또시찌세-
□ 북새통	ごったかえし 곳따카에시
□ 북어	【明太】 めんたい 멘따이
□ 북쪽	【北】 きた 키따
□ 분	【白粉】 おしろい 오시로이
□ 분가	【分家】 ぶんけ 붕께
□ 분간	【見分け】 みわけ 미와께
□ 분기점	【分岐点】 ぶんきてん 붕끼뗑

□ 분노	【憤り】 **いきどおり** 이끼도-리	
□ 분담	【分担】 **ぶんたん** 분땅	
□ 분류	【分類】 **ぶんるい** 분루이	
□ 분리	【分離】 **ぶんり** 분리	
□ 분만	【分娩】 **ぶんべん** 분벵	
□ 분말	【粉末】 **ふんまつ** 훔마쓰	
□ 분명하다	【明らかだ】 **あきらかだ** 아끼라까다	
□ 분명히	**はっきり** 학끼리	
□ 분발	【奮発】 **ふんぱつ** 훔빠쓰	
□ 분배	【分配】 **ぶんぱい** 붐빠이	
□ 분별	【見分け】 **みわけ** 미와께	
□ 분별하다	【弁える】 **わきまえる** 와끼마에루	
□ 분부	【言い付け】 **いいつけ** 이-쓰께	
□ 분비	【分泌】 **ぶんぴつ** 붐삐쓰	
□ 분산	【分散】 **ぶんさん** 분상	
□ 분석	【分析】 **ぶんせき** 분세끼	
□ 분수(물)	【噴水】 **ふんすい** 훈스이	
□ 분수(신분)	【分際】 **ぶんざい** 분자이	

272

□ 분신	【分身】 ぶんしん	분싱
□ 분실	【紛失】 ふんしつ	훈시쓰
□ 분야	【分野】 ぶんや	붕야
□ 분열	【分裂】 ぶんれつ	분레쓰
□ 분위기	【雰囲気】 ふんいき	훙이끼
□ 분유	【粉ミルク】 こなミルク	코나미루꾸
□ 분장	【扮装】 ふんそう	훈소-
□ 분점	【分店】 ぶんてん	분뗑
□ 분지	【盆地】 ぼんち	본찌
□ 분포	【分布】 ぶんぷ	붐뿌
□ 분필	【白墨】 はくぼく	하꾸보꾸
□ 분하다	【悔しい】 くやしい	쿠야시-
□ 분할	【分割】 ぶんかつ	붕까쓰
□ 분해	【分解】 ぶんかい	붕까이
□ 불	【火】 ひ	히
□ 불(화재)	【火事】 かじ	카지
□ 불(등)	【灯】 あかり	아까리
□ 불가능	【不可能】 ふかのう	후까노-

273

불결	【不潔】 ふけつ 후께쓰
불경기	【不景気】 ふけいき 후께-끼
불교	【仏教】 ぶっきょう 북꾜-
불구자	【片輪】 かたわ 카따와
불구하고	【拘らず】 かかわらず 카까와라즈
불길(길흉)	【不吉】 ふきつ 후끼쓰
불길(불꽃)	【炎】 ほのお 호노-
불꽃	【花火】 はなび 하나비
불다	【吹く】 ふく 후꾸
불량배	【ならず者】 ならずもの 나라즈모노
불량품	【不良品】 ふりょうひん 후료-힝
불러일으키다	【呼び起こす】 よびおこす 요비오꼬스
불륜	【不倫】 ふりん 후링
불리	【不利】 ふり 후리
불만	【不満】 ふまん 후망
불면증	【不眠症】 ふみんしょう 후민쇼-
불멸	【不滅】 ふめつ 후메쓰
불명	【不明】 ふめい 후메-

□ 불명예	【名折れ】 なおれ	나오레
□ 불모지	【不毛地】 ふもうち	후모-찌
□ 불발	【不発】 ふはつ	후하쓰
□ 불법	【不法】 ふほう	후호-
□ 불변	【不変】 ふへん	후헹
□ 불사신	【不死身】 ふじみ	후지미
□ 불사조	【不死鳥】 ふしちょう	후시쬬-
□ 불상	【仏像】 ぶつぞう	부쓰조-
□ 불성실	【不真面目】 ふまじめ	후마지메
□ 불순	【不純】 ふじゅん	후즁
□ 불시에	【不意に】 ふいに	후이니
□ 불신	【不信】 ふしん	후싱
□ 불쌍하다	かわいそうだ	카와이소-다
□ 불쑥	【出し抜け】 だしぬけ	다시누께
□ 불안	【不安】 ふあん	후앙
□ 불안하다	【心細い】 こころぼそい	코꼬로보소이
□ 불알	【金玉】 きんたま	킨따마
□ 불완전	【不完全】 ふかんぜん	후깐젱

□ 불운	【不運】 ふうん	후웅
□ 불의	【不意】 ふい	후이
□ 불찰	【手落ち】 ておち	테오찌
□ 불충분	【不充分】 ふじゅうぶん	후쥬-붕
□ 불치	【不治】 ふじ	후지
□ 불쾌	【不快】 ふかい	후까이
□ 불태우다	【燃やす】 もやす	모야스
□ 불통	【不通】 ふつう	후쓰-
□ 불편	【不便】 ふべん	후벵
□ 불평	【不平】 ふへい	후헤-
□ 불평(불만)	【文句】 もんく	몽꾸
□ 불합격	【不合格】 ふごうかく	후고-카꾸
□ 불행	【不幸】 ふこう	후꼬-
□ 불화	【不和】 ふわ	후와
□ 불황	【不況】 ふきょう	후꾜-
□ 불효	【不孝】 ふこう	후꼬-
□ 불후	【不朽】 ふきゅう	후뀨-
□ 붉다	【赤い】 あかい	아까이

□ **붉어지다**	【赤らむ】 **あからむ** 아까라무	
□ **붉히다**	【赤らめる】 **あからめる** 아까라메루	
□ **붐**	**ブーム** 부-무	
□ **붐비다**	【混む】 **こむ** 코무	
□ **붓**	【筆】 **ふで** 후데	
□ **붓꽃**	**あやめ** 아야메	
□ **붓다(따르다)**	【注ぐ】 **そそぐ** 소소구	
□ **붓다(살갗)**	**はれる** 하레루	
□ **붕괴**	【崩壊】 **ほうかい** 호-까이	
□ **붕대**	【繃帯】 **ほうたい** 호-따이	
□ **붕어**	**ふな** 후나	
□ **붙다**	**くっつく** 쿳쓰꾸	
□ **붙박이**	【据付け】 **すえつけ** 스에쓰께	
□ **붙어다니다**	【付きまとう】 **つきまとう** 쓰끼마또우	
□ **붙이다**	【くっ付ける】 **くっつける** 쿳쓰께루	
□ **붙이다(바르다)**	【貼る】 **はる** 하루	
□ **붙임성**	【愛想】 **あいそ** 아이소	
□ **붙잡다(쥐다)**	**つかむ** 쓰까무	

□ 붙잡다(범인)	【捕える】 **とらえる** 토라에루	
□ 붙잡히다	【捕まる】 **つかまる** 쓰까마루	
□ 뷔페	**ビュッフェ** 븃훼	
□ 브라보	**ブラボー** 부라보-	
□ 브래지어	**ブラジャー** 부라쟈-	
□ 브랜디	**ブランデー** 부란데-	
□ 브러시	**ブラシ** 부라시	
□ 브레이크	**ブレーキ** 부레-끼	
□ 브로커	**ブローカー** 부로-까-	
□ 블라우스	**ブラウス** 부라우스	
□ 블라인드	**ブラインド** 부라인도	
□ 블랙	**ブラック** 부락꾸	
□ 블록	**ブロック** 부록꾸	
□ 블루	**ブルー** 부루-	
□ 블루스	**ブルース** 부루-스	
□ 비	【雨】 **あめ** 아메	
□ 비겁	【卑怯】 **ひきょう** 히꾜-	
□ 비공개	【非公開】 **ひこうかい** 히꼬-까이	

278

□ 비공식	【非公式】 ひこうしき	히꼬-시끼
□ 비과세	【非課税】 ひかぜい	히까제-
□ 비관	【悲観】 ひかん	히깡
□ 비교	【比較】 ひかく	히카꾸
□ 비교하다	【比べる】 くらべる	쿠라베루
□ 비극	【悲劇】 ひげき	히게끼
□ 비김	【引分け】 ひきわけ	히끼와께
□ 비꼬다	【当て擦る】 あてこする	아떼코스루
□ 비꼬임	【皮肉】 ひにく	히니꾸
□ 비난	【非難】 ひなん	히낭
□ 비난하다	とがめる	토가메루
□ 비너스	ビーナス	비-나스
□ 비누	【石けん】 せっけん	섹껭
□ 비늘	うろこ	우로꼬
□ 비닐	ビニール	비니-루
□ 비다	【空く】 あく	아꾸
□ 비단	【絹】 きぬ	키누
□ 비단구렁이	【錦蛇】 にしきへび	니시끼헤비

□ 비둘기	はと	하또
□ 비듬	ふけ	후께
□ 비디오	ビデオ	비데오
□ 비뚤어지다(모양)	ゆがむ	유가무
□ 비뚤어지다(성격)	ひがむ	히가무
□ 비례	【比例】ひれい	히레-
□ 비로소	【初めて】はじめて	하지메떼
□ 비록	【例え】たとえ	타또에
□ 비료	【肥料】ひりょう	히료-
□ 비리다	【生臭い】なまぐさい	나마구사이
□ 비만	【肥満】ひまん	히망
□ 비명	【悲鳴】ひめい	히메-
□ 비몽사몽	【夢現】ゆめうつつ	유메우쓰쓰
□ 비밀	【秘密】ひみつ	히미쓰
□ 비밀(내밀)	【内緒】ないしょ	나이쇼
□ 비방하다	そしる	소시루
□ 비범함	【非凡】ひぼん	히봉
□ 비비다	もむ	모무

비상구	【非常口】 ひじょうぐち 히죠-구찌
비석	【碑】 ひ 히
비수	【匕首】 あいくち 아이쿠찌
비스킷	ビスケット 비스켓또
비슷하다	【似通う】 にかよう 니카요우
비싸다	【高い】 たかい 타까이
비애	【悲哀】 ひあい 히아이
비약	【飛躍】 ひやく 히야꾸
비어홀	ビヤホール 비야호-루
비열	【卑劣】 ひれつ 히레쓰
비용	【費用】 ひよう 히요-
비우다	【空ける】 あける 아께루
비위	【機嫌】 きげん 키겡
비유	【比喩】 ひゆ 히유
비율	【比率】 ひりつ 히리쓰
비자	ビザ 비자
비전	ビジョン 비죵
비좁다	せまくるしい 세마쿠루시-

□ 비중	【比重】 ひじゅう	히쥬-
□ 비즈니스	ビジネス	비지네스
□ 비집고 들어가다	【割り込む】 わりこむ	와리코무
□ 비참한	【悲惨な】 ひさんな	히산나
□ 비추다	【照らす】 てらす	테라스
□ 비치다	【照る】 てる	테루
□ 비키다(물러나다)	【退く】 のく	노꾸
□ 비키다(피하다)	【避ける】 よける	요께루
□ 비타민	ビタミン	비타밍
□ 비탈	【勾配】 こうばい	코-바이
□ 비탈길	【坂道】 さかみち	사까미찌
□ 비틀다(손끝)	ひねる	히네루
□ 비틀다(돌리다)	ねじる	네지루
□ 비판	【批判】 ひはん	히항
□ 비평	【批評】 ひひょう	히효-
□ 비행	【飛行】 ひこう	히꼬-
□ 비화	【悲話】 ひわ	히와
□ 빈곤	【貧困】 ひんこん	힝꽁

□ 빈대	【南京虫】なんきんむし	낭낑무시
□ 빈둥빈둥	のらりくらり	노라리쿠라리
□ 빈번히	【頻繁に】ひんぱんに	힘빤니
□ 빈사	【瀕死】ひんし	힌시
□ 빈손	【手ぶら】てぶら	테부라
□ 빈약	【貧弱】ひんじゃく	힌쟈꾸
□ 빈집	【空き家】あきや	아끼야
□ 빈털터리	【素寒貧】すかんぴん	스깜삥
□ 빈틈	【抜け目】ぬけめ	누께메
□ 빈혈	【貧血】ひんけつ	힝께쓰
□ 빌다	【祈る】いのる	이노루
□ 빌딩	ビルディング	비루딩구
□ 빌려주다	【貸す】かす	카스
□ 빌리다	【借りる】かりる	카리루
□ 빗	くし	쿠시
□ 빗다	すく	스꾸
□ 빗대다	【当て擦る】あてこする	아떼코스루
□ 빗물	【雨水】あまみず	아마미즈

□ 빗자루	ほうき	호-끼
□ 빗장	かんぬき	칸누끼
□ 빙글빙글	ぐるぐる	구루구루
□ 빙산	【氷山】ひょうざん	효-장
□ 빙점	【氷点】ひょうてん	효-뗑
□ 빙하	【氷河】ひょうが	효-가
□ 빚	【借金】しゃっきん	샥낑
□ 빛	【光】ひかり	히까리
□ 빛깔	【色】いろ	이로
□ 빛나다	【光る】ひかる	히까루
□ 빠듯하다	ぎりぎりだ	기리기리다
□ 빠뜨리다	【陥れる】おとしいれる	오또시이레루
□ 빠르다	【速い・早い】はやい	하야이
□ 빠지다(물)	おぼれる	오보레루
□ 빠지다(털)	【抜ける】ぬける	누께루
□ 빠짐없이	もれなく	모레나꾸
□ 빨강	【赤】あか	아까
□ 빨갛다	【赤い】あかい	아까이

284

□ 빨다(흡입)	【吸う】 すう 스-
□ 빨다(세탁)	【洗う】 あらう 아라우
□ 빨대	ストロー 스또로-
□ 빨래	【洗濯】 せんたく 센따꾸
□ 빨리	【早く】 はやく 하야꾸
□ 빨아들이다	【吸い込む】 すいこむ 스이꼬무
□ 빵	パン 빵
□ 빼다	【抜く】 ぬく 누꾸
□ 빼먹다	【抜かす】 ぬかす 누까스
□ 빼앗기다	【奪われる】 うばわれる 우바와레루
□ 빼앗다	【奪う】 うばう 우바우
□ 빼앗다(잡아당겨)	ひったくる 힛따쿠루
□ 빼어나다	【秀でる】 ひいでる 히이데루
□ 빽빽하다	ぎっしりだ 깃시리다
□ 뺑소니	【轢き逃げ】 ひきにげ 히끼니게
□ 뺨	ほお 호-
□ 뻐근하다	けだるい 케다루이
□ 뻐기다	いばる 이바루

□ 뻐꾸기	かっこう	칵꼬-
□ 뻐드렁니	そっぱ	솝빠
□ 뻔뻔하다	ずうずうしい	즈-즈-시-
□ 뻔질나게	しげしげ	시게시게
□ 뻔한	【見え透いた】みえすいた	미에스이따
□ 뻔히	みすみす	미스미스
□ 뻗다	【伸ばす】のばす	노바스
□ 뼈	【骨】ほね	호네
□ 뼈대	【骨組み】ほねぐみ	호네구미
□ 뼈아프게	【身にしみて】みにしみて	미니시미떼
□ 뽐내다	【威張る】いばる	이바루
□ 뽑다(발취)	【抜く】ぬく	누꾸
□ 뽑다(선택)	【選ぶ】えらぶ	에라부
□ 뽕	【桑】くわ	쿠와
□ 뾰족하다	とがる	토가루
□ 뿌리	【根】ね	네
□ 뿌리다	まく	마꾸
□ 뿌리째	【根刮ぎ】ねこそぎ	네꼬소기

286

□ **뿌리치다**	【払いのける】 **はらいのける** 하라이노께루
□ **뿐만 아니라**	**のみならず** 노미나라즈
□ **뿔**	【角】 **つの** 쓰노
□ **뿔뿔이**	**ばらばら** 바라바라
□ **삐걱거리다**	**きしむ** 키시무
□ **삐다**	**くじく** 쿠지꾸

동물원　動物園

① さる
사루

② ぞう
조-

③ パンダ
판다

④ しか
시까

⑤ へび
헤비

① 원숭이　② 코끼리　③ 판다　④ 사슴　⑤ 뱀

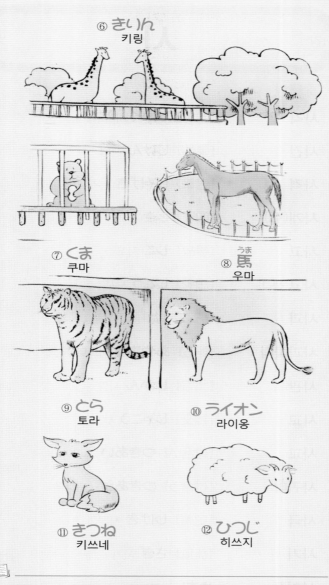

⑥ きりん
키링

⑦ くま
쿠마

⑧ 馬
うま
우마

⑨ とら
토라

⑩ ライオン
라이옹

⑪ きつね
키쓰네

⑫ ひつじ
히쓰지

⑥ 기린 ⑦ 곰 ⑧ 말 ⑨ 호랑이 ⑩ 사자 ⑪ 여우 ⑫ 양

사

□ **사각** 【四角】 **しかく** 시카꾸

□ **사건** 【事件】 **じけん** 지껭

□ **사격** 【射撃】 **しゃげき** 샤게끼

□ **사계**(절) 【四季】 **しき** 시끼

□ **사고** 【事故】 **じこ** 지꼬

□ **사고**(생각) 【思考】 **しこう** 시꼬-

□ **사과** **りんご** 링고

□ **사과하다** 【謝る】 **あやまる** 아야마루

□ **사관** 【士官】 **しかん** 시깡

□ **사교** 【社交】 **しゃこう** 샤꼬-

□ **사교** 【付合い】 **つきあい** 쓰끼아이

□ **사귀다** 【付合う】 **つきあう** 쓰끼아우

□ **사극** 【史劇】 **しげき** 시게끼

□ **사기** 【詐欺】 **さぎ** 사기

□ **사기꾼** **やまし** 야마시

□ **사나이**	【男】 **おとこ** 오토꼬	
□ **사나이답다**	【男らしい】 **おとこらしい** 오토꼬라시-	
□ **사냥**	【狩り】 **かり** 카리	
□ **사냥꾼**	【狩人】 **かりゅうど** 카류-도	
□ **사는 사람**	【買い手】 **かいて** 카이떼	
□ **사다**	【買う】 **かう** 카우	
□ **사다리**	**はしご** 하시고	
□ **사라지다**	【去る】 **さる** 사루	
□ **사람**	【人】 **ひと** 히또	
□ **사랑**	【愛】 **あい** 아이	
□ **사랑하다**	【愛する】 **あいする** 아이스루	
□ **사려**	【思慮】 **しりょ** 시료	
□ **사례**	【謝礼】 **しゃれい** 샤레-	
□ **사로잡다**	【生け捕る】 **いけどる** 이께도루	
□ **사료**	【飼料】 **しりょう** 시료-	
□ **사립**	【私立】 **しりつ** 시리쓰	
□ **사마귀**	**いぼ** 이보	
□ **사막**	【砂漠】 **さばく** 사바꾸	

□ **사망**	【死亡】 **しぼう** 시보-
□ **사면**	【斜面】 **しゃめん** 샤멩
□ **사명**	【使命】 **しめい** 시메-
□ **사무실**	【事務所】 **じむしょ** 지무쇼
□ **사무치다**	【身にしみる】 **みにしみる** 미니시미루
□ **사방**	【四方】 **しほう** 시호-
□ **사범**	【師範】 **しはん** 시항
□ **사법**	【司法】 **しほう** 시호-
□ **사별**	【死別】 **しべつ** 시베쓰
□ **선인장**	**サボテン** 사보뗑
□ **사상**	【思想】 **しそう** 시소-
□ **사색**	【思索】 **しさく** 시사꾸
□ **사생아**	【私生児】 **しせいじ** 시세-지
□ **사생화**	【写生画】 **しゃせいが** 샤세-가
□ **사설**	【社説】 **しゃせつ** 샤세쓰
□ **사설**	【私設】 **しせつ** 시세쓰
□ **사수**	【死守】 **ししゅ** 시슈
□ **사슬**	**くさり** 쿠사리

□ **사슴**	【鹿】 しか	시까
□ **사실**	【事実】 じじつ	지지쓰
□ **사양**	【遠慮】 えんりょ	엔료
□ **사업**	【事業】 じぎょう	지교-
□ **사옥**	【社屋】 しゃおく	샤오꾸
□ **사용**	【使用】 しよう	시요-
□ **사용법**	【使い方】 つかいかた	쓰까이카따
□ **사용하다**	【使う】 つかう	쓰까우
□ **사우나**	サウナ	사우나
□ **사원**(회사)	【社員】 しゃいん	샤잉
□ **사원**(종교)	【寺院】 じいん	지잉
□ **사위**	むこ	무꼬
□ **사육**	【飼育】 しいく	시이꾸
□ **사이**	【間柄】 あいだがら	아이다가라
□ **사이다**	サイダー	사이다-
□ **사이렌**	サイレン	사이렝
□ **사이즈**	サイズ	사이즈
□ **사인**	サイン	사잉

가
나
다
라
마
바
사
아
자
차
카
타
파
하

□ **사자**	**ライオン** 라이옹	
□ **사장**	【社長】 **しゃちょう** 샤쬬-	
□ **사적**	【私的】 **してき** 시테끼	
□ **사전**	【辞典】 **じてん** 지뗑	
□ **사전에**	**まえもって** 마에못떼	
□ **사전준비**	**したごしらえ** 시따고시라에	
□ **사절**	【謝絶】 **しゃぜつ** 샤제쓰	
□ **사절**	【使節】 **しせつ** 시세쓰	
□ **사정**	【事情】 **じじょう** 지죠-	
□ **사제**	【司祭】 **しさい** 시사이	
□ **사족**	【蛇足】 **だそく** 다소꾸	
□ **사증**	【査証】 **さしょう** 사쇼-	
□ **사직**	【辞職】 **じしょく** 지쇼꾸	
□ **사진**	【写真】 **しゃしん** 샤싱	
□ **사촌형제**	【従兄弟】 **いとこ** 이토꼬	
□ **사춘기**	【思春期】 **ししゅんき** 시슝끼	
□ **사치**	**ぜいたく** 제-따꾸	
□ **사태**	【事態】 **じたい** 지따이	

□ **사퇴**	【辞退】 **じたい** 지따이	
□ **사투리**	【方言】 **ほうげん** 호-겡	
□ **사파이어**	**サファイア** 사화이아	
□ **사표**	【辞表】 **じひょう** 지효-	
□ **사형**	【死刑】 **しけい** 시께-	
□ **사회**	【社会】 **しゃかい** 샤까이	
□ **사회**(진행)	【司会】 **しかい** 시까이	
□ **사흘**	【三日】 **みっか** 믹까	
□ **삭제**	【削除】 **さくじょ** 사꾸죠	
□ **삯**	【手間賃】 **てまちん** 테마찡	
□ **산**	【山】 **やま** 야마	
□ **산골짜기**	【谷間】 **たにま** 타니마	
□ **산기슭**	【山麓】 **さんろく** 산로꾸	
□ **산돼지**	**いのしし** 이노시시	
□ **산들바람**	**そよかぜ** 소요카제	
□ **산등성이**	**おね** 오네	
□ **산마루**	【山頂】 **さんちょう** 산쬬-	
□ **산맥**	【山脈】 **さんみゃく** 삼먀꾸	

사

□ 산모	【産母】 さんぼ 삼보
□ 산물	【産物】 さんぶつ 삼부쓰
□ 산부인과	【産婦人科】 さんふじんか 상후징까
□ 산산조각	ばらばら 바라바라
□ 산소	【酸素】 さんそ 산소
□ 산송장	【生ける屍】 いけるしかばね 이께루시까바네
□ 산술	【算術】 さんじゅつ 산쥬쓰
□ 산실	【産室】 さんしつ 산시쓰
□ 산악	【山岳】 さんがく 상가꾸
□ 산업	【産業】 さんぎょう 상교-
□ 산울림	【山彦】 やまびこ 야마비꼬
□ 산장	【山荘】 さんそう 산소-
□ 산전수전	【海千山千】 うみせんやません 우미셍야마셍
□ 산지	【産地】 さんち 산찌
□ 산책	【散歩】 さんぽ 삼뽀
□ 산출	【算出】 さんしゅつ 산슈쓰
□ 산타클로스	サンタクロース 산타쿠로-스
□ 산하	【山河】 さんが 상가

□ 살	【肉】にく 니꾸	
□ 살갗	【肌】はだ 하다	
□ 살구	【杏】あんず 안즈	
□ 살그머니	こっそり 콧소리	
□ 살금살금	こそこそ 코소꼬소	
□ 살다	【生きる】いきる 이끼루	
□ 살다(생활하다)	【暮らす】くらす 쿠라스	
□ 살다(주거하다)	【住む】すむ 스무	
□ 살롱	サロン 사롱	
□ 살리다	【生かす】いかす 이까스	
□ 살리다(구조)	【助ける】たすける 타스께루	
□ 살림	【暮らし向き】くらしむき 쿠라시무끼	
□ 살며시	こっそり 콧소리	
□ 살색	【肌色】はだいろ 하다이로	
□ 살생	【殺生】せっしょう 셋쇼-	
□ 살아나다	【助かる】たすかる 타스까루	
□ 살아남다	【生き残る】いきのこる 이끼노꼬루	
□ 살에 닿는 느낌	【肌触り】はだざわり 하다자와리	

가
나
다
라
마
바
사
아
자
차
카
타
파
하

297

□ 살인	【殺人】 さつじん	사쓰징
□ 살짝	そっと	솟또
□ 살찌다	【太る】 ふとる	후또루
□ 살찌다(윤택)	【肥える】 こえる	코에루
□ 살피다	【伺う】 うかがう	우까가우
□ 삶다	にる	니루
□ 삶다(데치다)	ゆでる	유데루
□ 삼가다	【慎む】 つつしむ	쓰쓰시무
□ 삼각	【三角】 さんかく	상카꾸
□ 삼림	【森林】 しんりん	신링
□ 삼키다	【飲み込む】 のみこむ	노미꼬무
□ 삽	シャベル	샤베루
□ 삿갓	【笠】 かさ	카사
□ 상	【賞】 しょう	쇼-
□ 상가	【商店街】 しょうてんがい	쇼-뗑가이
□ 상경	【上京】 じょうきょう	죠-꾜-
□ 상관	【上官】 じょうかん	죠-깡
□ 상금	【賞金】 しょうきん	쇼-낑

298

□ **상급생**	【上級生】 じょうきゅうせい	죠-뀨-세-
□ **상냥하다**	【優しい】 やさしい	야사시-
□ **상담**(의논)	【相談】 そうだん	소-당
□ **상담**(비즈니스)	【商談】 しょうだん	쇼-당
□ **상당히**	【相当】 そうとう	소-또-
□ **상대**	【相手】 あいて	아이떼
□ **상류**	【上流】 じょうりゅう	죠-류-
□ **상륙**	【上陸】 じょうりく	죠-리꾸
□ **상사**(상하)	【上司】 じょうし	죠-시
□ **상사**(회사)	【商社】 しょうしゃ	쇼-샤
□ **상상**	【想像】 そうぞう	소-조-
□ **상속**	【相続】 そうぞく	소-조꾸
□ **상수리나무**	くぬぎ	쿠누기
□ **상순**	【上旬】 じょうじゅん	죠-즁
□ **상술**	【商術】 しょうじゅつ	쇼-쥬쓰
□ **상습**	【常習】 じょうしゅう	죠-슈-
□ **상승**	【上昇】 じょうしょう	죠-쇼-
□ **상식**	【常識】 じょうしき	죠-시끼

가 나 다 라 마 바 **사** 아 자 차 카 타 파 하

□ 상실	【喪失】そうしつ	소-시쯔
□ 상어	さめ	사메
□ 상업	【商業】しょうぎょう	쇼-교-
□ 상여금	ボーナス	보-나스
□ 상연	【上演】じょうえん	죠-엥
□ 상영	【上映】じょうえい	죠-에-
□ 상용	【商用】しょうよう	쇼-요-
□ 상인	【商人】しょうにん	쇼-닝
□ 상자	【箱】はこ	하꼬
□ 상점	【商店】しょうてん	쇼-뗑
□ 상징	【象徴】しょうちょう	쇼-쬬-
□ 상처	【傷】きず	키즈
□ 상쾌하다	【清々しい】すがすがしい	스가스가시-
□ 상쾌함	【爽やか】さわやか	사와야까
□ 상태	【状態】じょうたい	죠-따이
□ 상투	まげ	마게
□ 상투어	【決まり文句】きまりもんく	키마리몽꾸
□ 상표	【商標】しょうひょう	쇼-효-

300

□ 상품	【商品】 しょうひん	쇼-힝
□ 상하	【上下】 じょうげ	죠-게
□ 상행	【上り】 のぼり	노보리
□ 상호	【商号】 しょうごう	쇼-고-
□ 상호(서로)	【相互】 そうご	소-고
□ 상황	【状況】 じょうきょう	죠-꾜-
□ 샅샅이	くまなく	쿠마나꾸
□ 새	【鳥】 とり	토리
□ 새근새근	すやすや	스야스야
□ 새기다	【刻む】 きざむ	키자무
□ 새까맣다	【真っ黒い】 まっくろい	막꾸로이
□ 새끼	なわ	나와
□ 새끼손가락	【小指】 こゆび	코유비
□ 새다	【漏れる】 もれる	모레루
□ 새댁	【新妻】 にいづま	니-즈마
□ 새롭다	【新しい】 あたらしい	아따라시-
□ 새벽	【暁】 あかつき	아까쓰끼
□ 새벽녘	【明け方】 あけがた	아께가따

□ 새삼스럽게	【今更】 いまさら 이마사라
□ 새색시	【花嫁】 はなよめ 하나요메
□ 새시	サッシュ 삿슈
□ 생쥐	はつかねずみ 하쓰까네즈미
□ 새우	えび 에비
□ 새우등	ねこぜ 네꼬제
□ 새장	【鳥籠】 とりかご 토리가고
□ 새치기	【横取り】 よこどり 요꼬도리
□ 새하얗다	【真っ白だ】 まっしろだ 맛시로다
□ 색	【色】 いろ 이로
□ 색맹	【色盲】 しきもう 시끼모-
□ 색상	【色合い】 いろあい 이로아이
□ 색안경	【色眼鏡】 いろめがね 이로메가네
□ 색종이	【色紙】 いろがみ 이로가미
□ 색채	【色彩】 しきさい 시끼사이
□ 샌드위치	サンドイッチ 산도잇찌
□ 샌들	サンダル 산다루
□ 샐러드	サラダ 사라다

□ 샐러리맨	サラリーマン	사라리-망
□ 샘	【泉】いずみ	이즈미
□ 샘내다	うらやむ	우라야무
□ 샘솟다	ほとばしる	호또바시루
□ 샘플	サンプル	삼뿌루
□ 생각하다	【考える】かんがえる	캉가에루
□ 생각해내다	【思い出す】おもいだす	오모이다스
□ 생계	【生計】せいけい	세-께-
□ 생긋	にっこり	닉꼬리
□ 생기다	【生じる】しょうじる	쇼-지루
□ 생기다(일어나다)	【起る】おこる	오꼬루
□ 생도	【生徒】せいと	세-또
□ 생략	【省略】しょうりゃく	쇼-랴꾸
□ 생략하다	【省く】はぶく	하부꾸
□ 생리	【生理】せいり	세-리
□ 생명	【生命】せいめい	세-메-
□ 생물	【生物】せいぶつ	세-부쓰
□ 생사	【生死】せいし	세-시

303

□ 생산	【生産】 せいさん	세-상
□ 생선	【魚】 さかな	사까나
□ 생선묵	かまぼこ	카마보꼬
□ 생선회	【刺身】 さしみ	사시미
□ 생소함	【不慣れ】 ふなれ	후나레
□ 생식	【生殖】 せいしょく	세-쇼꾸
□ 생애	【生涯】 しょうがい	쇼-가이
□ 생존	【生存】 せいぞん	세-종
□ 생태	【生態】 せいたい	세-따이
□ 생트집	【言い掛かり】 いいがかり	이-가까리
□ 생활	【生活】 せいかつ	세-까쓰
□ 샴페인	シャンペン	샴펭
□ 샹들리에	シャンデリア	샹데리아
□ 서가	【書架】 しょか	쇼까
□ 서광	【曙光】 しょこう	쇼꼬-
□ 서기(연대)	【西紀】 せいき	세-끼
□ 서기(기록)	【書記】 しょき	쇼끼
□ 서글프다	【物悲しい】 ものがなしい	모노가나시-

304

□ 서다	【立つ】	たつ	타쓰
□ 서둘다	【急ぐ】	いそぐ	이소구
□ 서랍	【引出し】	ひきだし	히끼다시
□ 서로	【互いに】	たがいに	타가이니
□ 서류	【書類】	しょるい	쇼루이
□ 서리	【霜】	しも	시모
□ 서먹서먹하다	【気まずい】	きまずい	키마즈이
□ 서명	【署名】	しょめい	쇼메-
□ 서문	【序文】	じょぶん	죠붕
□ 서부	【西部】	せいぶ	세-부
□ 서비스		サービス	사-비스
□ 서서히		おもむろに	오모무로니
□ 서신	【書信】	しょしん	쇼싱
□ 서양	【西洋】	せいよう	세-요-
□ 서예	【書道】	しょどう	쇼도-
□ 서운하다		なごりおしい	나고리오시-
□ 서재	【書斎】	しょさい	쇼사이
□ 서적	【書籍】	しょせき	쇼세끼

□ 서점	【書店】しょてん	쇼뗑
□ 서쪽	【西】にし	니시
□ 서툴다	【下手だ】へただ	헤따다
□ 서커스	サーカス	사-까스
□ 서클	サークル	사-꾸루
□ 석간	【夕刊】ゆうかん	유-깡
□ 석류	ざくろ	자꾸로
□ 석탄	【石炭】せきたん	세끼땅
□ 섞다	【交ぜる】まぜる	마제루
□ 섞이다	【交じる】まじる	마지루
□ 선거	【選挙】せんきょ	셍꾜
□ 선고	【宣告】せんこく	셍코꾸
□ 선구자	【先駆者】せんくしゃ	셍꾸샤
□ 선글라스	サングラス	상구라스
□ 선금	【前金】まえきん	마에낑
□ 선녀	【仙女】せんにょ	센뇨
□ 선두	【先頭】せんとう	센또-
□ 선로	【線路】せんろ	센로

306

□ 선물	【土産】 みやげ 미야게
□ 선물	プレゼント 뿌레젠또
□ 선반	たな 타나
□ 선발	【選抜】 せんばつ 셈바쓰
□ 선배	【先輩】 せんぱい 셈빠이
□ 선불	【前払い】 まえばらい 마에바라이
□ 선생(님)	【先生】 せんせい 센세-
□ 선선하다	【涼しい】 すずしい 스즈시-
□ 선수	【選手】 せんしゅ 센슈
□ 선술집	【居酒屋】 いざかや 이자까야
□ 선악	【善悪】 ぜんあく 젱아꾸
□ 선언	【宣言】 せんげん 셍겡
□ 선원	【船員】 せんいん 셍잉
□ 선율	【旋律】 せんりつ 센리쓰
□ 선장	【船長】 せんちょう 센쬬-
□ 선전	【宣伝】 せんでん 센뎅
□ 선정	【選定】 せんてい 센떼-
□ 선조	【先祖】 せんぞ 센조

□ 선진국	【先進国】 せんしんこく	센싱코꾸
□ 선창	【波止場】 はとば	하또바
□ 선천적	【先天的】 せんてんてき	센뗀테끼
□ 선출	【選出】 せんしゅつ	센슈쓰
□ 선택	【選択】 せんたく	센따꾸
□ 선편	【船便】 ふなびん	후나빙
□ 선포	【宣布】 せんぷ	셈뿌
□ 선풍기	【扇風機】 せんぷうき	셈뿌-끼
□ 섣불리	なまじい	나마지-
□ 설계	【設計】 せっけい	섹께-
□ 설교	【説教】 せっきょう	섹꾜-
□ 설득	【説得】 せっとく	셋또꾸
□ 설득하다	【口説く】 くどく	쿠도꾸
□ 설령	たとえ	타또에
□ 설립	【設立】 せつりつ	세쓰리쓰
□ 설마	まさか	마사까
□ 설명	【説明】 せつめい	세쓰메-
□ 설사	【下痢】 げり	게리

308

□ 설정	【設定】 せってい	셋떼-
□ 설치	【設置】 せっち	셋찌
□ 설탕	【砂糖】 さとう	사또-
□ 섬	【島】 しま	시마
□ 섬기다	【仕える】 つかえる	쓰까에루
□ 섭섭하다	なごりおしい	나고리오시-
□ 섭취	【摂取】 せっしゅ	셋슈
□ 성	【城】 しろ	시로
□ 성가시다	【迷惑だ】 めいわくだ	메-와꾸다
□ 성격	【性格】 せいかく	세-카꾸
□ 성공	【成功】 せいこう	세-꼬-
□ 성과	【成果】 せいか	세-까
□ 성교	【性交】 せいこう	세-꼬-
□ 성급함	せっかち	섹까치
□ 성기	【性器】 せいき	세-끼
□ 성냥	マッチ	맛치
□ 성년	【成年】 せいねん	세-넹
□ 성능	【性能】 せいのう	세-노-

309

□ 성대함	【盛大】	せいだい	세-다이
□ 성립	【成立】	せいりつ	세-리쓰
□ 성명	【姓名】	せいめい	세-메-
□ 성명서	【声明書】	せいめいしょ	세-메-쇼
□ 성묘	【墓参り】	はかまいり	하까마이리
□ 성별	【性別】	せいべつ	세-베쓰
□ 성병	【性病】	せいびょう	세-뵤-
□ 성불	【成仏】	じょうぶつ	죠-부쓰
□ 성서	【聖書】	せいしょ	세-쇼
□ 성수기	【盛需期】	せいじゅき	세-쥬끼
□ 성숙	【成熟】	せいじゅく	세-쥬꾸
□ 성악	【声楽】	せいがく	세-가꾸
□ 성역	【聖域】	せいいき	세-이끼
□ 성욕	【性欲】	せいよく	세-요꾸
□ 성우	【声優】	せいゆう	세-유-
□ 성인	【成人】	せいじん	세-징
□ 성장	【成長】	せいちょう	세-쬬-
□ 성적	【成績】	せいせき	세-세끼

□ 성질	【性質】 **せいしつ** 세-시쓰	
□ 성취	【成就】 **じょうじゅ** 죠-쥬	
□ 성패	【成敗】 **せいはい** 세-하이	
□ 성황	【盛況】 **せいきょう** 세-꾜-	
□ 세계	【世界】 **せかい** 세까이	
□ 세관	【税関】 **ぜいかん** 제-깡	
□ 세균	【細菌】 **さいきん** 사이낑	
□ 세금	【税金】 **ぜいきん** 제-낑	
□ 세뇌	【洗脳】 **せんのう** 센노-	
□ 세다	【強い】 **つよい** 쓰요이	
□ 세대	【世代】 **せだい** 세다이	
□ 세례	【洗礼】 **せんれい** 센레-	
□ 세력	【勢力】 **せいりょく** 세-료꾸	
□ 세련	【洗練】 **せんれん** 센렝	
□ 세로	【縦】 **たて** 타떼	
□ 세면	【洗面】 **せんめん** 셈멩	
□ 세모	【三角】 **さんかく** 상카꾸	
□ 세무서	【税務署】 **ぜいむしょ** 제-무쇼	

□ 세상	【世の中】よのなか	요노나까
□ 세수	【洗面】せんめん	센멩
□ 세우다	【立(建)てる】たてる	타떼루
□ 세월	【歳月】さいげつ	사이게쓰
□ 세율	【税率】ぜいりつ	제-리쓰
□ 세입자	【店子】たなこ	타나꼬
□ 세제	【洗剤】せんざい	센자이
□ 세차	【洗車】せんしゃ	센샤
□ 세탁	【洗濯】せんたく	센따꾸
□ 세태	【世態】せたい	세따이
□ 세트	セット	셋또
□ 세포	【細胞】さいぼう	사이보-
□ 섹시	セクシー	세쿠시-
□ 섹스	セックス	섹쿠스
□ 센터	センター	센타-
□ 센티	センチ	센치
□ 셀러리	セロリー	세로리-
□ 셀프	セルフ	세루후

□ 셋	【三】みっつ	밋쓰
□ 셋방살이	【間借り】まがり	마가리
□ 셋집	【借家】しゃくや	샤꾸야
□ 셔츠	シャツ	샤쓰
□ 셔터	シャッター	샷타-
□ 소	【牛】うし	우시
□ 소개	【紹介】しょうかい	쇼-까이
□ 소경	【盲】めくら	메꾸라
□ 소극적	【消極的】しょうきょくてき	쇼-쿄꾸테끼
□ 소금	【塩】しお	시오
□ 소금기	【塩気】しおけ	시오께
□ 소나기	【夕立ち】ゆうだち	유-다찌
□ 소나무	【松】まつ	마쓰
□ 소나타	ソナタ	소나따
□ 소녀	【少女】しょうじょ	쇼-죠
□ 소년	【少年】しょうねん	쇼-넹
□ 소독	【消毒】しょうどく	쇼-도꾸
□ 소독저	【割り箸】わりばし	와리바시

313

□ 소동	【騒動】そうどう 소-도-
□ 소득	【所得】しょとく 쇼또꾸
□ 소라	さざえ 사자에
□ 소름끼치다	とりはだがたつ 도리하다가 타쓰
□ 소리	【音】おと 오또
□ 소리치다	どなる 도나루
□ 소망	【望み】のぞみ 노조미
□ 소매	そで 소데
□ 소매치기	すり 스리
□ 소맷자락	たもと 타모또
□ 소모품	【消耗品】しょうもうひん 쇼-모-힝
□ 소문	うわさ 우와사
□ 소박함	【素朴】そぼく 소보꾸
□ 소방차	【消防車】しょうぼうしゃ 쇼-보-샤
□ 소변	【小便】しょうべん 쇼-벵
□ 소비하다	【費す】ついやす 쓰이야스
□ 소상하다	【詳しい】くわしい 쿠와시-
□ 소생하다	よみがえる 요미가에루

314

□ 소설　　　　【小説】しょうせつ 쇼-세쓰

□ 소속　　　　【所属】しょぞく 쇼조꾸

□ 소송　　　　【訴訟】そしょう 소쇼-

□ 소스　　　　ソース 소-스

□ 소시지　　　ソーセージ 소-세-지

□ 소식　　　　【便り】たより 타요리

□ 소신　　　　【所信】しょしん 쇼싱

□ 소아　　　　【小児】しょうに 쇼-니

□ 소용돌이　　【渦巻き】うずまき 우즈마끼

□ 소원　　　　【願い】ねがい 네가이

□ 소위　　　　【少尉】しょうい 쇼-이

□ 소유　　　　【所有】しょゆう 쇼유-

□ 소음　　　　【騒音】そうおん 소-옹

□ 소장　　　　【所長】しょちょう 쇼쪼-

□ 소재　　　　【所在】しょざい 쇼자이

□ 소중함　　　【大切】たいせつ 타이세쓰

□ 소지품　　　【所持品】しょじひん 쇼지힝

□ 소질　　　　【素質】そしつ 소시쓰

315

□ 소집	【召集】そうしゅう	소-슈-
□ 소총	【小銃】しょうじゅう	쇼-쥬-
□ 소켓	ソケット	소켓또
□ 소쿠리	ざる	자루
□ 소탈함	らいらく	라이라꾸
□ 소파	ソファー	소화-
□ 소포	【小包み】こづつみ	코즈쓰미
□ 소풍	【遠足】えんそく	엔소꾸
□ 소프라노	ソプラノ	소푸라노
□ 소행	【所業】しょぎょう	쇼교-
□ 소홀함	【疎か】おろそか	오로소까
□ 소화	【消化】しょうか	쇼-까
□ 속눈썹	まつげ	마쓰게
□ 속다	だまされる	다마사레루
□ 속단	【速断】そくだん	소꾸당
□ 속달	【速達】そくたつ	소꾸타쓰
□ 속담	ことわざ	고또와자
□ 속도	【速度】そくど	소꾸도

316

□ 속력	【速力】 そくりょく	소꾸료꾸
□ 속마음	【下心】 したごころ	시따고꼬로
□ 속물	【俗物】 ぞくぶつ	조꾸부쓰
□ 속박	【束縛】 そくばく	소꾸바꾸
□ 속삭이다	ささやく	사사야꾸
□ 속성	【速成】 そくせい	소꾸세-
□ 속세	【俗世】 ぞくせ	조꾸세
□ 속셈	【心算】 しんさん	신상
□ 속속	【続々】 ぞくぞく	조꾸조꾸
□ 속속들이	すみずみまで	스미즈미마데
□ 속수무책	【お手上げ】 おてあげ	오떼아게
□ 속어	【俗語】 ぞくご	조꾸고
□ 속옷	【下着】 したぎ	시따기
□ 속이다	だます	다마스
□ 속임수	ごまかし	고마까시
□ 속죄	【罪滅ぼし】 つみほろぼし	쓰미호로보시
□ 속출	【続出】 ぞくしゅつ	조꾸슈쓰
□ 속치마	【腰巻き】 こしまき	코시마끼

317

교실 教室

① 先生 (せんせい)
센세-

② 地球儀 (ち きゅう ぎ)
치큐-기

③ チョーク
쵸-꾸

④ 生徒 (せい と)
세-또

⑤ 鉛筆 (えんぴつ)
엠피쯔

⑥ 消ゴム (けし)
케시고무

⑦ 辞書 (じ しょ)
지쇼

① 교사 ② 지구본 ③ 분필 ④ 학생 ⑤ 연필 ⑥ 지우개 ⑦ 사전

⑧ 黒板 こくばん
코꾸방

⑨ 地図 ちず
치즈

⑪ 椅子 いす
이스

⑩ 机 つくえ
쓰꾸에

⑫ シャープナー
샤-푸나-

⑬ 筆箱 ふでばこ
후데바꼬

⑧ 칠판 ⑨ 지도 ⑩ 책상 ⑪ 의자 ⑫ 연필깎이 ⑬ 필통

□ 속하다	【属する】 **ぞくする** 조꾸스루	
□ 손	【手】 **て** 테	
□ 손가락	【指】 **ゆび** 유비	
□ 손님	【客】 **きゃく** 캬꾸	
□ 손대중	【手加減】 **てかげん** 테까겡	
□ 손등	【手の甲】 **てのこう** 테노꼬-	
□ 손목	【手首】 **てくび** 테꾸비	
□ 손바닥	【掌】 **てのひら** 테노히라	
□ 손버릇	【手癖】 **てくせ** 테꾸세	
□ 손색	【遜色】 **そんしょく** 손쇼꾸	
□ 손수	【自ら】 **みずから** 미즈까라	
□ 손수건	**ハンカチ** 항카치	
□ 손쉽다	**たやすい** 타야스이	
□ 손실	【損失】 **そんしつ** 손시쓰	
□ 손아래	【目下】 **めした** 메시따	
□ 손자	【孫】 **まご** 마고	
□ 손잡이	**とりて** 토리떼	
□ 손질	【手入れ】 **ていれ** 테이레	

□ 손짓	【手招き】 **てまねき** 테마네끼	
□ 손찌검	【手出し】 **てだし** 테다시	
□ 손톱	**つめ** 쓰메	
□ 손톱깎이	**つめきり** 쓰메끼리	
□ 손해	【損害】 **そんがい** 송가이	
□ 손해보다	【損する】 **そんする** 손스루	
□ 솔	**はけ** 하께	
□ 솔개	**とび** 토비	
□ 솔선	【率先】 **そっせん** 솟셍	
□ 솔직함	【率直】 **そっちょく** 솟쬬꾸	
□ 솜	【綿】 **わた** 와따	
□ 솜씨	【腕前】 **うでまえ** 우데마에	
□ 솟구치다	**ほとばしる** 호또바시루	
□ 솟다	**わく** 와꾸	
□ 송골매	**はやぶさ** 하야부사	
□ 송곳	**きり** 키리	
□ 송곳니	**いときりば** 이또키리바	
□ 송구함	【恐縮】 **きょうしゅく** 쿄-슈꾸	

□ 송금	【送金】 そうきん	소-낑
□ 송년	【送年】 そうねん	소-넹
□ 송별회	【送別会】 そうべつかい	소-베쓰까이
□ 송사리	【目高】 めだか	메다까
□ 송아지	【子牛】 こうし	코우시
□ 송충이	まつけむし	마쓰케무시
□ 솥	【釜】 かま	카마
□ 쇄도	【殺到】 さっとう	삿또-
□ 쇠	【鉄】 てつ	테쓰
□ 쇠고기	【牛肉】 ぎゅうにく	규-니꾸
□ 쇠망치	かなづち	카나즈찌
□ 쇠사슬	くさり	쿠사리
□ 쇠약	【衰弱】 すいじゃく	스이쟈꾸
□ 쇠약해지다	【衰える】 おとろえる	오또로에루
□ 쇼크	ショック	쇽꾸
□ 쇼핑	ショッピング	숍삥구
□ 수	【数】 かず	카즈
□ 수건	てぬぐい	테누구이

322

□ 수고	【骨折り】ほねおり	호네오리
□ 수고하다	【骨折る】ほねおる	호네오루
□ 수긍하다	うなずく	우나즈꾸
□ 수기	【手記】しゅき	슈끼
□ 수난	【受難】じゅなん	쥬낭
□ 수녀	【修女】しゅうじょ	슈-죠
□ 수뇌	【首脳】しゅのう	슈노-
□ 수다	むだぐち	무다구찌
□ 수다쟁이	おしゃべり	오샤베리
□ 수단	【手段】しゅだん	슈당
□ 수달	かわうそ	카와우소
□ 수당	【手当て】てあて	테아떼
□ 수도	【首都】しゅと	슈또
□ 수도	【水道】すいどう	스이도-
□ 수도꼭지	じゃぐち	쟈구찌
□ 수렁	ぬかるみ	누까루미
□ 수레바퀴	【車輪】しゃりん	샤링
□ 수렵	かり	카리

□ 수리	【修理】 しゅうり 슈-리
□ 수립	【樹立】 じゅりつ 쥬리쓰
□ 수면(잠)	【睡眠】 すいみん 스이밍
□ 수면(물)	【水面】 すいめん 스이멩
□ 수면부족	【寝不足】 ねぶそく 네부소꾸
□ 수면제	【眠り薬】 ねむりぐすり 네무리구스리
□ 수명	【寿命】 じゅみょう 쥬묘-
□ 수박	すいか 스이까
□ 수배	【手配】 てはい 테하이
□ 수배자	【お尋ね者】 おたずねもの 오따즈네모노
□ 수법	【手口】 てぐち 테구찌
□ 수비	【守備】 しゅび 슈비
□ 수사	【捜査】 そうさ 소-사
□ 수산물	【水産物】 すいさんぶつ 스이삼부쓰
□ 수상(총리)	【首相】 しゅしょう 슈쇼-
□ 수상(상장)	【受賞】 じゅしょう 쥬쇼-
□ 수상쩍다	あやしい 아야시-
□ 수석	【首席】 しゅせき 슈세끼

324

□ 수선	【水仙】すいせん	스이셍
□ 수세미	へちま	헤치마
□ 수속	【手続き】てつづき	테쓰즈끼
□ 수송	【輸送】ゆそう	유소-
□ 수수께끼	なぞ	나조
□ 수수료	【手数料】てすうりょう	테스-료-
□ 수수하다	【地味だ】じみだ	지미다
□ 수술	【手術】しゅじゅつ	슈쥬쓰
□ 수습되다	【収まる】おさまる	오사마루
□ 수신인	【受信人】じゅしんにん	쥬신닝
□ 수업	【授業】じゅぎょう	쥬교-
□ 수염	ひげ	히게
□ 수영	【水泳】すいえい	스이에-
□ 수영복	【水着】みずぎ	미즈기
□ 수완	【手腕】しゅわん	슈왕
□ 수완가	やりて	야리떼
□ 수요	【需要】じゅよう	쥬요-
□ 수요일	【水曜日】すいようび	스이요-비

가
나
다
라
마
바
사
아
자
차
카
타
파
하

□ 수월하다	たやすい	타야스이
□ 수위	【守衛】 しゅえい	슈에-
□ 수유	【授乳】 じゅにゅう	쥬뉴-
□ 수입	【輸入】 ゆにゅう	유뉴-
□ 수입	【収入】 しゅうにゅう	슈-뉴-
□ 수재	【秀才】 しゅうさい	슈-사이
□ 수저	さじ	사지
□ 수준	【水準】 すいじゅん	스이줜
□ 수줍어하다	はにかむ	하니까무
□ 수줍음	はじらい	하지라이
□ 수족관	【水族館】 すいぞくかん	스이조꾸깡
□ 수증기	【水蒸気】 すいじょうき	스이죠-끼
□ 수직	【垂直】 すいちょく	스이쬬꾸
□ 수차	【再三】 さいさん	사이상
□ 수채화	【水彩画】 すいさいが	스이사이가
□ 수척하다	やつれる	야쓰레루
□ 수첩	【手帳】 てちょう	테쬬-
□ 수출	【輸出】 ゆしゅつ	유슈쓰

□ 수취인	【受取人】 うけとりにん	우께토리닝
□ 수치	【恥】 はじ	하지
□ 수컷	【雄】 おす	오스
□ 수탉	【雄鳥】 おんどり	온도리
□ 수평선	【水平線】 すいへいせん	스이헤-셍
□ 수포	【水泡】 すいほう	스이호-
□ 수표	【小切手】 こぎって	코깃떼
□ 수프	スープ	스-푸
□ 수필	【随筆】 ずいひつ	즈이히쓰
□ 수학	【数学】 すうがく	스-가꾸
□ 수행	【修行】 しゅぎょう	슈교-
□ 수험	【受験】 じゅけん	쥬껭
□ 수혈	【輸血】 ゆけつ	유께쓰
□ 수호	【守護】 しゅご	슈고
□ 숙녀	【淑女】 しゅくじょ	슈꾸죠
□ 숙련	【熟練】 じゅくれん	쥬꾸렝
□ 숙명	【宿命】 しゅくめい	슈꾸메-
□ 숙모	【叔母】 おば	오바

□ 숙박	【宿泊】 しゅくはく 슈꾸하꾸
□ 숙박부	【宿帳】 やどちょう 야도쬬-
□ 숙부	【叔父】 おじ 오지
□ 숙어	【熟語】 じゅくご 쥬꾸고
□ 숙연함	しんみり 심미리
□ 숙이다	【俯く】 うつむく 우쓰무꾸
□ 숙제	【宿題】 しゅくだい 슈꾸다이
□ 숙직	【宿直】 しゅくちょく 슈꾸쵸꾸
□ 순간	【瞬間】 しゅんかん 슝깡
□ 순결	【純潔】 じゅんけつ 쥰께쓰
□ 순경	【巡査】 じゅんさ 쥰사
□ 순교자	【殉教者】 じゅんきょうしゃ 쥰꾜-샤
□ 순서	【順序】 じゅんじょ 쥰죠
□ 순수	【生一本】 きいっぽん 키입뽕
□ 순식간에	【瞬く間に】 またたくまに 마따타꾸마니
□ 순정	【純情】 じゅんじょう 쥰죠-
□ 순진무구함	【無邪気】 むじゃき 무쟈끼
□ 순찰	【巡察】 じゅんさつ 쥰사쓰

숟가락	さじ 사지
술	【酒】さけ 사께
술값	【酒代】さかだい 사까다이
술술	すらすら 스라스라
술잔	【杯】さかずき 사까즈끼
술주정꾼	【酔っぱらい】よっぱらい 욥빠라이
술집	【酒屋】さかや 사까야
숨기다	【隠す】かくす 카꾸스
숨막히다	【息詰まる】いきづまる 이끼즈마루
숨바꼭질	【隠れん坊】かくれんぼう 카꾸렘보-
숨통	【息の根】いきのね 이끼노네
숫자	【数字】すうじ 스-지
숫처녀	【未通女】おぼこ 오보꼬
숭고	【崇高】すうこう 스-꼬-
숭배	【崇拝】すうはい 스-하이
숭어	ぼら 보라
숯	【炭】すみ 스미
숲	【林】はやし 하야시

□ 쉬다	【休む】 やすむ	야스무
□ 쉬엄쉬엄	【休み休み】 やすみやすみ	야스미야스미
□ 쉽게	【楽々と】 らくらくと	라꾸라꾸또
□ 쉽다	【易い】 やすい	야스이
□ 슈퍼마켓	スーパーマーケット	수-파-마-켓또
□ 스냅	スナップ	스낫뿌
□ 스릴	スリル	스리루
□ 스며들다	【忍び寄る】 しのびよる	시노비요루
□ 스모그	スモッグ	스목구
□ 스무 살	【二十歳】 はたち	하타찌
□ 스스로	【自ら】 みずから	미즈까라
□ 스웨터	セーター	세-따-
□ 스위치	スイッチ	스잇찌
□ 스카우트	スカウト	스카우또
□ 스카프	スカーフ	스까-후
□ 스캔들	スキャンダル	스캰다루
□ 스커트	スカート	스카-또
□ 스케이트	スケート	스케-또

330

□ 스케줄	スケジュール	스케쥬-루
□ 스케치	スケッチ	스켓찌
□ 스코어	スコア	스코아
□ 스쿨	スクール	스쿠-루
□ 스크린	スクリーン	스쿠리-ㅇ
□ 스키	スキー	스키-
□ 스타	スター	스타-
□ 스타일	スタイル	스타이루
□ 스타킹	ストッキング	스톡킹구
□ 스타트	スタート	스타-또
□ 스탠드	スタンド	스탄도
□ 스탬프	スタンプ	스탐뿌
□ 스테이크	ステーキ	스테-끼
□ 스텝	ステップ	스텝뿌
□ 스트레스	ストレス	스토레스
□ 스토브	ストーブ	스토-부
□ 스톱	ストップ	스톱뿌
□ 스튜디오	スタジオ	스타지오

□ 스튜어디스	スチュワーデス	스츄와-데스
□ 스팀	スチーム	스치-무
□ 스파게티	スパゲッティ	스파겟띠
□ 스파이	スパイ	스파이
□ 스펠링	スペリング	스페링구
□ 스포츠	スポーツ	스포-쓰
□ 스폰서	スポンサー	스폰사-
□ 스푼	スプーン	스푸-ㄴ
□ 스프레이	スプレー	스푸레-
□ 스프링	スプリング	스푸링구
□ 스피드	スピード	스피-도
□ 슬그머니	こっそり	콧소리
□ 슬럼프	スランプ	스람뿌
□ 슬로건	スローガン	스로-강
□ 슬리퍼	スリッパ	스립빠
□ 슬슬	そろそろ	소로소로
□ 슬프다	【悲しい】 かなしい	카나시-
□ 슬픔	【悲しみ】 かなしみ	카나시미

332

□ 습관	【習慣】 しゅうかん	슈-깡
□ 습성	【習性】 しゅうせい	슈-세-
□ 승강기	【昇降機】 しょうこうき	쇼-코-끼
□ 승객	【乗客】 じょうきゃく	죠-캬꾸
□ 승격	【格上げ】 かくあげ	카꾸아게
□ 승낙	【承諾】 しょうだく	쇼-다꾸
□ 승려	【僧侶】 そうりょ	소-료
□ 승리	【勝利】 しょうり	쇼-리
□ 승마	【乗馬】 じょうば	죠-바
□ 승무원	【乗務員】 じょうむいん	죠-무잉
□ 승부	【勝負】 しょうぶ	쇼-부
□ 승산	【勝算】 しょうさん	쇼-상
□ 승용차	【乗用車】 じょうようしゃ	죠-요-샤
□ 승인	【承認】 しょうにん	쇼-닝
□ 승진	【昇進】 しょうしん	쇼-싱
□ 승차	【乗車】 じょうしゃ	죠-샤
□ 시	【詩】 し	시
□ 시가	【市街】 しがい	시가이

333

□ **시각**(시간)	【時刻】 **じこく** 지코꾸	
□ **시각**(감각)	【視覚】 **しかく** 시카꾸	
□ **시간**	【時間】 **じかん** 지깡	
□ **시계**	【時計】 **とけい** 도께-	
□ **시골**	【田舎】 **いなか** 이나까	
□ **시골뜨기**	【田舎っぺ】 **いなかっぺ** 이나캅뻬	
□ **시공**	【施行】 **しこう** 시꼬-	
□ **시국**	【時局】 **じきょく** 지쿄꾸	
□ **시금치**	【ほうれん草】 **ほうれんそう** 호-렌소-	
□ **시기**	【時期】 **じき** 지끼	
□ **시끄럽다**	**やかましい** 야까마시-	
□ **시나리오**	**シナリオ** 시나리오	
□ **시내**	【市内】 **しない** 시나이	
□ **시늉**	【真似】 **まね** 마네	
□ **시다**	**すっぱい** 습빠이	
□ **시대**	【時代】 **じだい** 지다이	
□ **시도하다**	【試みる】 **こころみる** 코꼬로미루	
□ **시들다**	【枯れる】 **かれる** 카레루	

334

□ 시럽	シロップ 시롭뿌	
□ 시력	【視力】 しりょく 시료꾸	
□ 시련	【試練】 しれん 시렝	
□ 시리즈	シリーズ 시리-즈	
□ 시립	【市立】 しりつ 시리쓰	
□ 시멘트	セメント 세멘또	
□ 시민	【市民】 しみん 시밍	
□ 시범	【示範】 しはん 시항	
□ 시선	【視線】 しせん 시셍	
□ 시설	【施設】 しせつ 시세쓰	
□ 시소	シーソー 시-소-	
□ 시속	【時速】 じそく 지소꾸	
□ 시스템	システム 시스떼무	
□ 시시하다	つまらない 쓰마라나이	
□ 시식	【試食】 ししょく 시쇼꾸	
□ 시아버지	しゅうと 슈-또	
□ 시야	【視野】 しや 시야	
□ 시어머니	【姑】 しゅうと 슈-또	

가
나
다
라
마
바
사
아
자
차
카
타
파
하

□ **시외**	【市外】 しがい	시가이
□ **시원하다**	【涼しい】 すずしい	스즈시-
□ **시인**	【詩人】 しじん	시징
□ **시작**	【始め】 はじめ	하지메
□ **시작되다**	【始まる】 はじまる	하지마루
□ **시작하다**	【始める】 はじめる	하지메루
□ **시장**	【市長】 しちょう	시쬬-
□ **시장**(마켓)	【市場】 いちば	이찌바
□ **시장**(경제)	【市場】 しじょう	시쬬-
□ **시장하다**	ひもじい	히모지-
□ **시절**	【時節】 じせつ	지세쓰
□ **시즌**	シーズン	시-증
□ **시집**	【詩集】 ししゅう	시슈-
□ **시집가다**	【嫁ぐ】 とつぐ	토쓰구
□ **시찰**	【視察】 しさつ	시사쓰
□ **시청**	【視聴】 しちょう	시쬬-
□ **시치미떼다**	しらばくれる	시라바쿠레루
□ **시트**	シート	시-또

336

□ **시판**	【市販】 しはん	시항
□ **시합**	【試合】 しあい	시아이
□ **시험**	【試験】 しけん	시껭
□ **식기**	【食器】 しょっき	쇽끼
□ **식다**	【冷める】 さめる	사메루
□ **식당**	【食堂】 しょくどう	쇼꾸도-
□ **식대**	【食代】 しょくだい	쇼꾸다이
□ **식량**	【食糧】 しょくりょう	쇼꾸료-
□ **식료품**	【食料品】 しょくりょうひん	쇼꾸료-힝
□ **식물**	【植物】 しょくぶつ	쇼꾸부쓰
□ **식사**	【食事】 しょくじ	쇼꾸지
□ **식욕**	【食欲】 しょくよく	쇼꾸요꾸
□ **식용**	【食用】 しょくよう	쇼꾸요-
□ **식은 땀**	【冷汗】 ひやあせ	히야아세
□ **식이요법**	【食餌療法】 しょくじりょうほう	쇼꾸지료-호-
□ **식장**	【式場】 しきじょう	시끼죠-
□ **식중독**	【食中り】 しょくあたり	쇼꾸아따리
□ **식초**	【酢】 す	스

□ 식칼	【庖丁】	ほうちょう	호-쬬-
□ 식탁	【食卓】	しょくたく	쇼꾸타꾸
□ 식품	【食品】	しょくひん	쇼꾸힝
□ 식히다	【冷やす】	ひやす	히야스
□ 신	【神】	かみ	카미
□ 신간	【新刊】	しんかん	싱깡
□ 신경	【神経】	しんけい	싱께-
□ 신규	【新規】	しんき	싱끼
□ 신기하다	【珍しい】	めずらしい	메즈라시-
□ 신다(신발)	【履く】	はく	하꾸
□ 신도	【信徒】	しんと	신또
□ 신랄	【辛辣】	しんらつ	신라쓰
□ 신랑	【花婿】	はなむこ	하나무꼬
□ 신뢰	【信頼】	しんらい	신라이
□ 신문	【新聞】	しんぶん	심붕
□ 신발	【履物】	はきもの	하끼모노
□ 신병	【身柄】	みがら	미가라
□ 신분	【身分】	みぶん	미붕

□ **신비**	【神秘】 しんぴ 심삐	가
□ **신사**	【紳士】 しんし 신시	나
□ **신상**	【身の上】 みのうえ 미노우에	다
□ **신생아**	【新生児】 しんせいじ 신세-지	
□ **신선**	【新鮮】 しんせん 신셍	라
□ **신설**	【新設】 しんせつ 신세쓰	마
□ **신성**	【神聖】 しんせい 신세-	바
□ **신용**	【信用】 しんよう 신요-	사
□ **신원**	【身元】 みもと 미모또	
□ **신음**	うめき 우메끼	아
□ **신인**	【新人】 しんじん 신징	자
□ **신임**	【信任】 しんにん 신닝	
□ **신자**	【信者】 しんじゃ 신쟈	차
□ **신장**	【身長】 しんちょう 신쬬-	카
□ **신전**	【神殿】 しんでん 신뎅	타
□ **신중**	【慎重】 しんちょう 신쬬-	
□ **신조**	【信条】 しんじょう 신죠-	파
□ **신참**	【新米】 しんまい 심마이	하

□ 신청	【申込み】 もうしこみ 모-시꼬미
□ 신체	【身体】 しんたい 신따이
□ 신축	【新築】 しんちく 신찌꾸
□ 신품	【新品】 しんぴん 심삥
□ 신하	【臣下】 しんか 싱까
□ 신형	【新型】 しんがた 싱가따
□ 신호	【信号】 しんごう 싱고-
□ 신혼	【新婚】 しんこん 싱꽁
□ 신화	【神話】 しんわ 싱와
□ 신흥	【新興】 しんこう 싱꼬-
□ 싣다	【載せる】 のせる 노세루
□ 실	【糸】 いと 이또
□ 실내	【室内】 しつない 시쓰나이
□ 실력	【実力】 じつりょく 지쓰료꾸
□ 실례	【失礼】 しつれい 시쓰레-
□ 실마리	【糸口】 いとぐち 이또구찌
□ 실망	【失望】 しつぼう 시쓰보-
□ 실명	【失明】 しつめい 시쓰메-

340

□ 실수	【手落ち】 **ておち** 테오찌	
□ 실습	【実習】 **じっしゅう** 짓슈-	
□ 실시	【実施】 **じっし** 짓시	
□ 실언	【失言】 **しつげん** 시쓰겡	
□ 실업	【実業】 **じつぎょう** 지쓰교-	
□ 실업(실직)	【失業】 **しつぎょう** 시쓰교-	
□ 실용	【実用】 **じつよう** 지쓰요-	
□ 실적	【実績】 **じっせき** 짓세끼	
□ 실제	【実際】 **じっさい** 짓사이	
□ 실종	【失踪】 **しっそう** 싯소-	
□ 실천	【実践】 **じっせん** 짓셍	
□ 실컷	【思う存分】 **おもうぞんぶん** 오모우좀붕	
□ 실태	【実態】 **じったい** 짓따이	
□ 실패	【失敗】 **しっぱい** 십빠이	
□ 실행	【実行】 **じっこう** 직꼬-	
□ 실험	【実験】 **じっけん** 직껭	
□ 실현	【実現】 **じつげん** 지쓰겡	
□ 싫다	【嫌いだ】 **きらいだ** 키라이다	

□ 싫어하다	【嫌う】 **きらう** 키라우	
□ 싫증나다	【飽きる】 **あきる** 아끼루	
□ 심각	【深刻】 **しんこく** 싱코꾸	
□ 심다	【植える】 **うえる** 우에루	
□ 심리	【心理】 **しんり** 신리	
□ 심문	【審問】 **しんもん** 심몽	
□ 심벌	**シンボル** 심보루	
□ 심부름	【手伝い】 **てつだい** 테쓰다이	
□ 심사	【審査】 **しんさ** 신사	
□ 심술꾸러기	【天の邪鬼】 **あまのじゃく** 아마노쟈꾸	
□ 심술쟁이	【意地悪】 **いじわる** 이지와루	
□ 심심풀이	【暇つぶし】 **ひまつぶし** 히마쓰부시	
□ 심장	【心臓】 **しんぞう** 신조-	
□ 심판	【審判】 **しんぱん** 심빵	
□ 심포니	**シンフォニー** 싱훠니-	
□ 심포지엄	**シンポジウム** 심뽀지우무	
□ 심하다	**ひどい** 히도이	
□ 심호흡	【深呼吸】 **しんこきゅう** 싱꼬뀨-	

□ **십대**	【十代】 **じゅうだい** 쥬-다이	
□ **십리**	【十里】 **じゅうり** 쥬-리	
□ **십상**	【好都合】 **こうつごう** 코-쓰고-	
□ **십자가**	【十字架】 **じゅうじか** 쥬-지까	
□ **십자매**	【十姉妹】 **じゅうしまつ** 쥬-시마쓰	
□ **싱글**	**シングル** 싱구루	
□ **싱글벙글**	**にこにこ** 니코니꼬	
□ **싸구려**	【二束三文】 **にそくさんもん** 니소꾸삼몽	
□ **싸늘함**	【冷ややか】 **ひややか** 히야야까	
□ **싸다(값)**	【安い】 **やすい** 야스이	
□ **싸다(포장)**	【包む】 **つつむ** 쓰쓰무	
□ **싸우다**	【争う】 **あらそう** 아라소우	
□ **싸움**	**けんか** 켕까	
□ **싹**	【芽】 **め** 메	
□ **쌀**	【米】 **こめ** 코메	
□ **쌀쌀맞다**	**よそよそしい** 요소요소시-	
□ **쌍꺼풀**	【二重瞼】 **ふたえまぶた** 후따에마부따	
□ **쌍둥이**	【双子】 **ふたご** 후따고	

가
나
다
라
마
바
사
아
자
차
카
타
파
하

343

□ 쌓다	【積む】 つむ 쓰무	
□ 쌓이다	【積る】 つもる 쓰모루	
□ 썩다	【腐る】 くさる 쿠사루	
□ 썰물	【引き潮】 ひきしお 히끼시오	
□ 쏘다	【射る】 いる 이루	
□ 쏜살같이	まっしぐらに 맛시구라니	
□ 쏟다	こぼす 코보스	
□ 쏟아지다	【降り注ぐ】 ふりそそぐ 후리소소구	
□ 쑥	よもぎ 요모기	
□ 쑥스럽다	【照れ臭い】 てれくさい 테레쿠사이	
□ 쓰다(글)	【書く】 かく 카꾸	
□ 쓰다(맛)	【苦い】 にがい 니가이	
□ 쓰다(사용)	【使う】 つかう 쓰까우	
□ 쓰다(모자)	【被る】 かぶる 카부루	
□ 쓰러뜨리다	【倒す】 たおす 타오스	
□ 쓰러지다	【倒れる】 たおれる 타오레루	
□ 쓰레기	ごみ 고미	
□ 쓰레받기	ちりとり 치리또리	

344

□ 쓴웃음	【苦笑い】にがわらい	니가와라이
□ 쓸다	はく	하꾸
□ 쓸모	とりえ	토리에
□ 쓸쓸하다	さびしい	사비시-
□ 쓸쓸히	しょんぼり	숌보리
□ 씌우다	【被せる】かぶせる	카부세루
□ 씨름	【相撲】すもう	스모-
□ 씨앗	【種】たね	타네
□ 씩씩하다	りりしい	리리시-
□ 씹다	かむ	카무
□ 씻다	【洗う】あらう	아라우

과일과 야채 果物と野菜

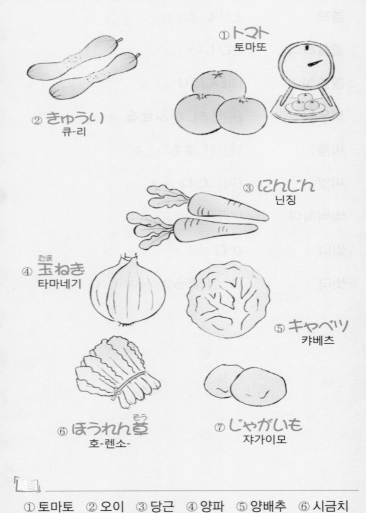

① トマト
토마또

② きゅうり
큐-리

③ にんじん
닌징

④ 玉ねぎ
타마네기

⑤ キャベツ
캬베츠

⑥ ほうれん草
호-렌소-

⑦ じゃがいも
쟈가이모

① 토마토　② 오이　③ 당근　④ 양파　⑤ 양배추　⑥ 시금치
⑦ 감자

⑧ レモン
레몽

⑨ さくらんぼう
사꾸람보-

⑩ すいか
스이까

⑪ バナナ
바나나

⑫ いちご
이찌고

⑬ ぶどう
부도-

⑭ もも
모모

⑮ くり
쿠리

⑯ りんご
링고

⑰ オレンジ
오렌지

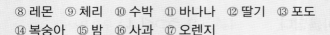

⑧ 레몬　⑨ 체리　⑩ 수박　⑪ 바나나　⑫ 딸기　⑬ 포도
⑭ 복숭아　⑮ 밤　⑯ 사과　⑰ 오렌지

- **아가미** えら 에라

- **아가씨** 【お嬢さん】 おじょうさん 오죠-상

- **아기** 【赤ちゃん】 あかちゃん 아까쨩

- **아까** 【先】 さっき 삭끼

- **아깝다** 【惜しい】 おしい 오시-

- **아끼다** 【惜しむ】 おしむ 오시무

- **아나운서** アナウンサー 아나운사-

- **아날로그** アナログ 아나로구

- **아내** 【妻】 つま 쓰마

- **아동** 【児童】 じどう 지도-

- **아들** 【息子】 むすこ 무스꼬

- **아래** 【下】 した 시따

- **아래층** 【階下】 かいか 카이까

- **아르바이트** アルバイト 아루바이또

- **아름답다** 【美しい】 うつくしい 우쓰꾸시-

□ **아마도**	【多分】 **たぶん** 타붕	
□ **아마추어**	**アマチュア** 아마쮸아	
□ **아무래도**	**どうも** 도-모	
□ **아무렇게나**	**いいかげんに** 이-카겐니	
□ **아무리**	**いくら** 이꾸라	
□ **아무쪼록**	**なにとぞ** 나니토조	
□ **아무튼**	**とにかく** 토니카꾸	
□ **아버님**	【父上】 **ちちうえ** 치찌우에	
□ **아버지**(자신의)	【父】 **ちち** 치찌	
□ **아버지**(상대의)	【お父さん】 **おとうさん** 오또-상	
□ **아부하다**	**へつらう** 헤쓰라우	
□ **아쉬워하다**	【惜しがる】 **おしがる** 오시가루	
□ **아스팔트**	**アスファルト** 아스화루또	
□ **아양떨다**	**こびる** 코비루	
□ **아예**	**まるきり** 마루끼리	
□ **아우성치다**	**わめく** 와메꾸	
□ **아웃**	**アウト** 아우또	
□ **아이**	【子供】 **こども** 코도모	

349

□ 아이디어	アイデア	아이데아
□ 아장아장	よちよち	요치요찌
□ 아저씨	【叔父さん】 おじさん	오지상
□ 아주	とても	토떼모
□ 아주머니	【叔母さん】 おばさん	오바상
□ 아주 싫어함	【大嫌い】 だいきらい	다이키라이
□ 아주 좋아함	【大好き】 だいすき	다이스끼
□ 아지랑이	【陽炎】 かげろう	카게로-
□ 아직	まだ	마다
□ 아침	【朝】 あさ	아사
□ 아침결	【朝方】 あさがた	아사가따
□ 아침잠	【朝寝】 あさね	아사네
□ 아파트	アパート	아파-또
□ 아프다	【痛い】 いたい	이따이
□ 아홉	【九つ】 ここのつ	코꼬노쓰
□ 악기	【楽器】 がっき	각끼
□ 악당	【悪党】 あくとう	아꾸또-
□ 악랄	【悪辣】 あくらつ	아꾸라쓰

□ 악마	【悪魔】 あくま	아꾸마
□ 악몽	【悪夢】 あくむ	아꾸무
□ 악물다	かみしめる	카미시메루
□ 악보	【楽譜】 がくふ	가꾸후
□ 악성	【悪性】 あくせい	아꾸세-
□ 악센트	アクセント	아꾸센또
□ 악수	【握手】 あくしゅ	아꾸슈
□ 악어	わに	와니
□ 악인	【悪人】 あくにん	아꾸닝
□ 악착같이	あくせく	아꾸세꾸
□ 악질	【悪質】 あくしつ	아꾸시쓰
□ 악취	【悪臭】 あくしゅう	아꾸슈-
□ 악화	【悪化】 あっか	악까
□ 안	【中】 なか	나까
□ 안개	【霧】 きり	키리
□ 안경	【眼鏡】 めがね	메가네
□ 안내	【案内】 あんない	안나이
□ 안다	【抱く】 だく	다꾸

□ 안도	【安堵】 あんど 안도
□ 안마	【按摩】 あんま 암마
□ 안면	【安眠】 あんみん 암밍
□ 안목	【眼目】 がんもく 감모꾸
□ 안성맞춤	【誂え向き】 あつらえむき 아쓰라에무끼
□ 안심	【安心】 あんしん 안싱
□ 안장	くら 쿠라
□ 안전	【安全】 あんぜん 안젱
□ 안절부절	そわそわ 소와소와
□ 안정	【安定】 あんてい 안떼-
□ 안쪽	【内側】 うちがわ 우찌가와
□ 안타	【安打】 あんだ 안다
□ 안타깝다	やるせない 야루세나이
□ 안테나	アンテナ 안테나
□ 앉다	【座る】 すわる 스와루
□ 앉은뱅이	いざり 이자리
□ 알	【卵】 たまご 타마고
□ 알갱이	【粒】 つぶ 쓰부

352

□ **알다**	【知る】 **しる** 시루	
□ **알레르기**	**アレルギー** 아레루기-	
□ **알려지다**	【知られる】 **しられる** 시라레루	
□ **알리다**	【知らせる】 **しらせる** 시라세루	
□ **알리바이**	**アリバイ** 아리바이	
□ **알맞다**	**ほどよい** 호도요이	
□ **알맹이**	【中身】 **なかみ** 나까미	
□ **알몸**	【真っ裸】 **まっぱだか** 맙빠다까	
□ **알선**	【斡旋】 **あっせん** 앗셍	
□ **알아듣다**	【聞き取る】 **ききとる** 키끼토루	
□ **알약**	【錠剤】 **じょうざい** 죠-자이	
□ **알코올**	**アルコール** 아루코-루	
□ **앓다**	【患う】 **わずらう** 와즈라우	
□ **암거래**	【闇取引き】 **やみとりひき** 야미토리히끼	
□ **암기**	【暗記】 **あんき** 앙끼	
□ **암담**	【暗澹】 **あんたん** 안땅	
□ **암살**	【暗殺】 **あんさつ** 안사쓰	
□ **암시**	【暗示】 **あんじ** 안지	

□ 암실	【暗室】あんしつ	안시쓰
□ 암자	【庵】いおり	이오리
□ 암컷	【雌】めす	메스
□ 암탉	【雌鳥】めんどり	멘도리
□ 암흑	【暗黒】あんこく	앙코꾸
□ 압도	【圧倒】あっとう	앗또-
□ 압력	【圧力】あつりょく	아쓰료꾸
□ 압류	【差押え】さしおさえ	사시오사에
□ 압박	【圧迫】あっぱく	압빠꾸
□ 앙케트	アンケート	앙케-또
□ 앙금	かす	카스
□ 앞	【前】まえ	마에
□ 앞길	【行く手】ゆくて	유쿠떼
□ 앞니	【前歯】まえば	마에바
□ 앞당기다	【繰り上げる】くりあげる	쿠리아게루
□ 앞잡이	【手先】てさき	테사끼
□ 앞지르다	【追い越す】おいこす	오이꼬스
□ 앞치마	【前掛け】まえかけ	마에카께

354

□ 애교	【愛嬌】	あいきょう	아이꾜-
□ 애교	【愛校】	あいこう	아이꼬-
□ 애국	【愛国】	あいこく	아이코꾸
□ 애로	【隘路】	あいろ	아이로
□ 애먹다	【手こずる】	てこずる	테꼬즈루
□ 애무	【愛撫】	あいぶ	아이부
□ 애송이	【青二才】	あおにさい	아오니사이
□ 애완	【愛玩】	あいがん	아이강
□ 애원	【哀願】	あいがん	아이강
□ 애용	【愛用】	あいよう	아이요-
□ 애정	【愛情】	あいじょう	아이죠-
□ 애착	【愛着】	あいちゃく	아이쨔꾸
□ 애처가	【愛妻家】	あいさいか	아이사이까
□ 애처롭다		いじらしい	이지라시-
□ 애태우다	【焦らす】	じらす	지라스
□ 액세서리		アクセサリー	아꾸세사리-
□ 액자	【額縁】	がくぶち	가꾸부찌
□ 액체	【液体】	えきたい	에끼따이

355

□ 앨범	**アルバム** 아루바무	
□ 앵글	**アングル** 앙구루	
□ 앵무새	**おうむ** 오-무	
□ 야간	【夜間】 **やかん** 야깡	
□ 야구	【野球】 **やきゅう** 야뀨-	
□ 야단법석	**てんてこまい** 텐떼코마이	
□ 야단치다	【叱る】 **しかる** 시까루	
□ 야망	【野望】 **やぼう** 야보-	
□ 야맹증	【鳥目】 **とりめ** 토리메	
□ 야박하다	**せちがらい** 세찌가라이	
□ 야생	【野生】 **やせい** 야세-	
□ 야수	【野獣】 **やじゅう** 야쥬-	
□ 야심	【野心】 **やしん** 야싱	
□ 야영	【野営】 **やえい** 야에-	
□ 야외	【野外】 **やがい** 야가이	
□ 야채	【野菜】 **やさい** 야사이	
□ 야채절임	【漬物】 **つけもの** 쓰께모노	
□ 약	【薬】 **くすり** 쿠스리	

□ **약간**	【若干】 じゃっかん	쟉깡
□ **약국**	【薬局】 やっきょく	약쿄꾸
□ **약다**	【賢い】 かしこい	카시꼬이
□ **약도**	【略図】 りゃくず	랴꾸즈
□ **약삭빠르다**	じょさいがない	죠사이가나이
□ **약속**	【約束】 やくそく	야꾸소꾸
□ **약식**	【略式】 りゃくしき	랴꾸시끼
□ **약자**	【略字】 りゃくじ	랴꾸지
□ **약점**	【弱点】 じゃくてん	쟈꾸뗑
□ **약탈**	【略奪】 りゃくだつ	랴꾸다쓰
□ **약품**	【薬品】 やくひん	야꾸힝
□ **약하다**	【弱い】 よわい	요와이
□ **약혼**	【婚約】 こんやく	콩야꾸
□ **약혼자**	【婚約者】 こんやくしゃ	콩야꾸샤
□ **얄궂음**	【滑稽】 こっけい	콕께-
□ **얄밉다**	【心憎い】 こころにくい	코꼬로니꾸이
□ **얄팍함**	【薄っぺら】 うすっぺら	우습뻬라
□ **얇다**	【薄い】 うすい	우스이

□ 얌전하다	【大人しい】 おとなしい 오또나시-
□ 양	【羊】 ひつじ 히쓰지
□ 양념	【味付け】 あじつけ 아지쓰께
□ 양도	【譲渡】 じょうと 죠-또
□ 양동이	バケツ 바께쓰
□ 양로원	【老人ホーム】 ろうじんホーム 로-징호-무
□ 양말	【靴下】 くつした 쿠쓰시따
□ 양배추	キャベツ 캬베쓰
□ 양보하다	【譲る】 ゆずる 유즈루
□ 양복(서양옷)	【洋服】 ようふく 요-후꾸
□ 양복(신사복)	【背広】 せびろ 세비로
□ 양산	【日傘】 ひがさ 히가사
□ 양성	【養成】 ようせい 요-세-
□ 양식(서양식)	【洋食】 ようしょく 요-쇼꾸
□ 양식(서양식)	【洋式】 ようしき 요-시끼
□ 양식(형식)	【様式】 ようしき 요-시끼
□ 양심	【良心】 りょうしん 료-싱
□ 양육	【養育】 よういく 요-이꾸

□ 양자	【養子】ようし	요-시
□ 양장	【洋装】ようそう	요-소-
□ 양재	【洋裁】ようさい	요-사이
□ 양지	【日向】ひなた	히나따
□ 양쪽	【両側】りょうがわ	료-가와
□ 양초	ろうそく	로-소꾸
□ 양치질	【歯磨き】はみがき	하미가끼
□ 양친	【両親】りょうしん	료-싱
□ 양파	たまねぎ	타마네기
□ 얕다	【浅い】あさい	아사이
□ 얕잡아보다	みくびる	미쿠비루
□ 어금니	【奥歯】おくば	오꾸바
□ 어긋나다	【くい違う】くいちがう	쿠이치가우
□ 어기다	【破る】やぶる	야부루
□ 어깨	【肩】かた	카따
□ 어느	どの	도노
□ 어느 것	どれ	도레
□ 어느덧	いつしか	이쓰시까

어느새	いつのまにか 이쓰노마니까
어느 쪽	どちら 도찌라
어두컴컴하다	【薄暗い】うすぐらい 우스구라이
어둠	【暗闇】くらやみ 쿠라야미
어둡다	【暗い】くらい 쿠라이
어드바이스	アドバイス 아도바이스
어디	どこ 도꼬
어디까지나	あくまでも 아꾸마데모
어떤	どんな 돈나
어렵다	【難しい】むずかしい 무즈까시-
어렴풋이	【薄々】うすうす 우스우스
어루만지다	なでる 나데루
어류	【魚類】ぎょるい 교루이
어르다	あやす 아야스
어른	【大人】おとな 오또나
어리다	【幼い】おさない 오사나이
어리둥절하다	めんくらう 멩꾸라우
어린아이	【子供】こども 코도모

360

□ 어머니	【母】 はは	하하
□ 어머님	【母上】 はははうえ	하하우에
□ 어묵	かまぼこ	카마보꼬
□ 어부	【漁夫】 ぎょふ	교후
□ 어색하다	ぎごちない	기고찌나이
□ 어선	【漁船】 ぎょせん	교셍
□ 어설픈	【生半】 なまなか	나마나까
□ 어설픈 지식	【生兵法】 なまびょうほう	나마뵤-호-
□ 어수선하다	【取り込む】 とりこむ	토리꼬무
□ 어슬렁거리다	ぶらつく	부라쓰꾸
□ 어슬렁어슬렁	ぶらぶら	부라부라
□ 어업	【漁業】 ぎょぎょう	교교-
□ 어엿한	【一角の】 ひとかどの	히또카도노
□ 어울리다	【似合う】 にあう	니아우
□ 어음	【手形】 てがた	테가따
□ 어저께	【昨日】 きのう	키노-
□ 어젯밤	【昨夜】 ゆうべ	유-베
□ 어중간함	なまはんか	나마항까

□ 어지간히	よほど	요호도
□ 어지러움	めまい	메마이
□ 어째서	なぜ	나제
□ 어쨌든	とにかく	토니카꾸
□ 어쩌다가	【時折】ときおり	토끼오리
□ 어쩐지	【何だか】なんだか	난다까
□ 어차피	どうせ	도-세
□ 어필	アッピール	압삐-루
□ 어항	【金魚鉢】きんぎょばち	킹교바찌
□ 어항(항구)	【漁港】ぎょこう	교꼬-
□ 억	【億】おく	오꾸
□ 억누르다	【押え付ける】おさえつける	오사에쓰께루
□ 억울하다	くやしい	쿠야시-
□ 억지로	むりやりに	무리야리니
□ 언덕	【坂】さか	사까
□ 언론	【言論】げんろん	겐롱
□ 언어	【言語】げんご	겡고
□ 언쟁	【言い争い】いいあらそい	이-아라소이

362

□ 언저리	ふち	후찌
□ 언제	いつ	이쓰
□ 언제나	いつも	이쓰모
□ 언젠가	いつか	이쓰까
□ 언질	【言質】 げんち	겐찌
□ 언청이	【三つ口】 みつくち	미쓰쿠찌
□ 얹다	【載せる】 のせる	노세루
□ 얻다	【得る】 うる	우루
□ 얼간이	【間抜け】 まぬけ	마누께
□ 얼굴	【顔】 かお	카오
□ 얼다	【凍る】 こおる	코오루
□ 얼룩	まだら	마다라
□ 얼룩	しみ	시미
□ 얼마	いくら	이꾸라
□ 얼버무리다	まぎらわす	마기라와스
□ 얼싸안다	【抱きしめる】 だきしめる	다끼시메루
□ 얼어붙다	【凍り付く】 こおりつく	코-리쓰꾸
□ 얼음	【氷】 こおり	코-리

363

얽히다	からむ 카라무
엄격	【厳格】 げんかく 겡카꾸
엄숙	【厳粛】 げんしゅく 겐슈꾸
엄지손가락	【親指】 おやゆび 오야유비
엄청	【滅法】 めっぽう 멥뽀-
엄포	【虚仮威し】 こけおどし 코께오도시
엄하다	【厳しい】 きびしい 키비시-
업다	【背負う】 せおう 세오-
업무	【業務】 ぎょうむ 교-무
업신여기다	【見下げる】 みさげる 미사게루
업적	【業績】 ぎょうせき 교-세끼
업종	【業種】 ぎょうしゅ 교-슈
없다	ない 나이
없애다	なくす 나꾸스
없어지다	なくなる 나꾸나루
엉거주춤	【中腰】 ちゅうごし 쥬-고시
엉덩방아	【尻餅】 しりもち 시리모찌
엉덩이	【尻】 しり 시리

가

나

다

라

마

바

사

아

자

차

카

타

파

하

□ 엉뚱함	とっぴ 톱삐
□ 엉망	めちゃ 메쨔
□ 엉터리	でたらめ 데따라메
□ 엎드리다	【伏す】ふす 후스
□ 엎지르다	こぼす 코보스
□ 에너지	エネルギー 에네루기-
□ 에누리	【値引き】ねびき 네비끼
□ 에세이	エッセイ 엣세-
□ 에스컬레이터	エスカレーター 에스카레-따-
□ 에워싸다	【取り巻く】とりまく 토리마꾸
□ 에이프런	エプロン 에뿌롱
□ 에티켓	エチケット 에치켓또
□ 에피소드	エピソード 에피소-도
□ 엔지니어	エンジニア 엔지니아
□ 엔진	エンジン 엔징
□ 엔화	【円貨】えんか 엥까
□ 엘리베이터	エレベーター 에레베-따-
□ 엘리트	エリート 에리-또

365

□ 여가	【余暇】 よか 요까
□ 여객	【旅客】 りょきゃく 료갸꾸
□ 여관	【旅館】 りょかん 료깡
□ 여권	【旅券】 りょけん 료껭
□ 여기	ここ 코꼬
□ 여드름	にきび 니끼비
□ 여러 가지	【色々】 いろいろ 이로이로
□ 여러분	【皆さん】 みなさん 미나상
□ 여름	【夏】 なつ 나쓰
□ 여리다	もろい 모로이
□ 여명	【黎明】 れいめい 레-메-
□ 여물다	【実る】 みのる 미노루
□ 여배우	【女優】 じょゆう 죠유-
□ 여사	【女史】 じょし 죠시
□ 여성	【女性】 じょせい 죠세-
□ 여신	【女神】 めがみ 메가미
□ 여왕	【女王】 じょおう 죠오-
□ 여우	きつね 키쓰네

□ **여울**	【浅瀬】 **あさせ** 아사세	
□ **여유**	【余裕】 **よゆう** 요유-	
□ **여위다**	**やつれる** 야쓰레루	
□ **여인**	【女人】 **にょにん** 뇨닝	
□ **여자**	【女】 **おんな** 온나	
□ **여전히**	**あいかわらず** 아이카와라즈	
□ **여쭙다**	**うかがう** 우까가우	
□ **여치**	**ぎりぎりす** 기리기리스	
□ **여학생**	【女子学生】 **じょしがくせい** 죠시가꾸세-	
□ **여행**	【旅行】 **りょこう** 료꼬-	
□ **역**	【駅】 **えき** 에끼	
□ **역대**	【歴代】 **れきだい** 레끼다이	
□ **역량**	【力量】 **りきりょう** 리끼료-	
□ **역무원**	【駅員】 **えきいん** 에끼잉	
□ **역사**	【歴史】 **れきし** 레끼시	
□ **역설**	【力説】 **りきせつ** 리끼세쓰	
□ **역시**	**やはり** 야하리	
□ **역자**	【訳者】 **やくしゃ** 야꾸샤	

367

□ 역작	【力作】 りきさく 리끼사꾸
□ 역장	【駅長】 えきちょう 에끼쬬-
□ 역전	【逆転】 ぎゃくてん 갸꾸뗑
□ 역전(역앞)	【駅前】 えきまえ 에끼마에
□ 역점	【力点】 りきてん 리끼뗑
□ 역할	【役割】 やくわり 야꾸와리
□ 역행	【逆行】 ぎゃっこう 갹꼬-
□ 엮다	【編む】 あむ 아무
□ 연	たこ 타꼬
□ 연감	【年鑑】 ねんかん 넹깡
□ 연결	【連結】 れんけつ 렝케쓰
□ 연고	【縁故】 えんこ 엥꼬
□ 연고(약)	【軟膏】 なんこう 낭꼬-
□ 연구	【研究】 けんきゅう 켕뀨-
□ 연극	【演劇】 えんげき 엥게끼
□ 연금	【年金】 ねんきん 넹낑
□ 연기	【煙】 けむり 케무리
□ 연기(연장)	【延期】 えんき 엥끼

□ **연기**(연극)	【演技】 **えんぎ** 엥기	
□ **연꽃**	【蓮】 **はす** 하스	
□ **연도**	【年度】 **ねんど** 넨도	
□ **연도**(길가)	【沿道】 **えんどう** 엔도-	
□ **연락**	【連絡】 **れんらく** 렌라꾸	
□ **연령**	【年齢】 **ねんれい** 넨레-	
□ **연료**	【燃料】 **ねんりょう** 넨료-	
□ **연륜**	【年輪】 **ねんりん** 넨링	
□ **연마**	【練磨】 **れんま** 렘마	
□ **연말**	【年末】 **ねんまつ** 넴마쓰	
□ **연모**	【恋慕】 **れんぼ** 렘보	
□ **연못**	【池】 **いけ** 이께	
□ **연문**	【恋文】 **こいぶみ** 코이부미	
□ **연민**	【憐憫】 **れんびん** 렘빙	
□ **연봉**	【年俸】 **ねんぽう** 넴뽀-	
□ **연분홍**	【薄桃色】 **うすももいろ** 우스모모이로	
□ **연상**	【年上】 **としうえ** 토시우에	
□ **연설**	【演説】 **えんぜつ** 엔제쓰	

□ 연소	【燃焼】ねんしょう	넨쇼-
□ 연쇄점	チェーンストア	체-ㄴ스또아
□ 연속	【連続】れんぞく	렌조꾸
□ 연수	【研修】けんしゅう	켄슈-
□ 연습	【練習】れんしゅう	렌슈-
□ 연애	【恋愛】れんあい	렝아이
□ 연약하다	【か弱い】かよわい	카요와이
□ 연어	さけ	사께
□ 연예	【演芸】えんげい	엥게-
□ 연유	【由来】ゆらい	유라이
□ 연이어	【相次いで】あいついで	아이쓰이데
□ 연인	【恋人】こいびと	코이비또
□ 연장	【延長】えんちょう	엔쬬-
□ 연재	【連載】れんさい	렌사이
□ 연주	【演奏】えんそう	엔소-
□ 연주자	【弾き手】ひきて	히키떼
□ 연주하다	【奏でる】かなでる	카나데루
□ 연줄	てづる	테즈루

□ **연착**	【延着】 えんちゃく	엔챠꾸
□ **연출**	【演出】 えんしゅつ	엔슈쓰
□ **연필**	【鉛筆】 えんぴつ	엠삐쓰
□ **연하**	【年下】 としした	토시시따
□ **연하장**	【年賀状】 ねんがじょう	넹가죠-
□ **열**	【十】 とお	토-
□ **열**	【熱】 ねつ	네쓰
□ **열광**	【熱狂】 ねっきょう	넥꾜-
□ **열다**	【開く】 ひらく	히라꾸
□ **열대**	【熱帯】 ねったい	넷따이
□ **열도**	【列島】 れっとう	렛또-
□ **열등감**	【劣等感】 れっとうかん	렛또-깡
□ **열람**	【閲覧】 えつらん	에쓰랑
□ **열렬**	【熱烈】 ねつれつ	네쓰레쓰
□ **열리다**	【開ける】 ひらける	히라께루
□ **열매**	【実】 み	미
□ **열쇠**	【鍵】 かぎ	카기
□ **열심히**	【熱心に】 ねっしんに	넷신니

371

□ 열중	【熱中】	ねっちゅう	넷쮸-
□ 열차	【列車】	れっしゃ	렛샤
□ 열혈	【熱血】	ねっけつ	넥께쓰
□ 열흘	【十日】	とおか	토-까
□ 염려	【心配】	しんぱい	심빠이
□ 염불	【念仏】	ねんぶつ	넴부쓰
□ 염색	【色染め】	いろぞめ	이로조메
□ 염소	【山羊】	やぎ	야기
□ 염원	【念願】	ねんがん	넹강
□ 염주	【数珠】	じゅず	쥬즈
□ 염치	【恥】	はじ	하지
□ 엽기	【猟奇】	りょうき	료-끼
□ 엽서	【葉書】	はがき	하가끼
□ 엿	【飴】	あめ	아메
□ 엿듣다	【盗み聞く】	ぬすみきく	누스미키꾸
□ 엿보다	【のぞき見る】	のぞきみる	노조끼미루
□ 영감	【霊感】	れいかん	레-깡
□ 영광	【栄光】	えいこう	에-꼬-

□ 영구	【永久】 えいきゅう	에-뀨-
□ 영국	イギリス	이기리스
□ 영글다	【実る】 みのる	미노루
□ 영락없이	さながら	사나가라
□ 영리함	【利口】 りこう	리꼬-
□ 영면	【永眠】 えいみん	에-밍
□ 영문	【英文】 えいぶん	에-붕
□ 영문	【訳】 わけ	와께
□ 영부인	【令夫人】 れいふじん	레-후징
□ 영사관	【領事館】 りょうじかん	료-지깡
□ 영수증	【領収証】 りょうしゅうしょう	료-슈-쇼-
□ 영아	【嬰児】 みどりご	미도리고
□ 영양	【栄養】 えいよう	에-요-
□ 영어	【英語】 えいご	에-고
□ 영업	【営業】 えいぎょう	에-교-
□ 영역	【領域】 りょういき	료-이끼
□ 영웅	【英雄】 えいゆう	에-유-
□ 영원	【永遠】 えいえん	에-엥

□ 영위하다	【営む】 いとなむ	이또나무
□ 영장	【令状】 れいじょう	레-죠-
□ 영재	【英才】 えいさい	에-사이
□ 영전	【栄転】 えいてん	에-뗑
□ 영주권	【永住権】 えいじゅうけん	에-쥬-껭
□ 영토	【領土】 りょうど	료-도
□ 영하	【零下】 れいか	레-까
□ 영향	【影響】 えいきょう	에-꾜-
□ 영혼	【霊魂】 れいこん	레-꽁
□ 영화	【映画】 えいが	에-가
□ 옆(가로)	【横】 よこ	요꼬
□ 옆(부근)	【側】 そば	소바
□ 옆구리	【横腹】 よこばら	요꼬바라
□ 옆길	【横道】 よこみち	요꼬미찌
□ 옆얼굴	【横顔】 よこがお	요꼬가오
□ 예고	【予告】 よこく	요코꾸
□ 예금	【預金】 よきん	요낑
□ 예능	【芸能】 げいのう	게-노-

□ 예리	【鋭利】 えいり 에-리
□ 예매	【前売り】 まえうり 마에우리
□ 예민함	【鋭敏】 えいびん 에-빙
□ 예방	【予防】 よぼう 요보-
□ 예배	【礼拝】 れいはい 레-하이
□ 예보	【予報】 よほう 요호-
□ 예비	【予備】 よび 요비
□ 예비조사	【下調べ】 したしらべ 시따시라베
□ 예산	【予算】 よさん 요상
□ 예삿일	【只事】 ただごと 다다고또
□ 예상	【予想】 よそう 요소-
□ 예술	【芸術】 げいじゅつ 게-쥬쓰
□ 예약	【予約】 よやく 요야꾸
□ 예외	【例外】 れいがい 레-가이
□ 예의	【礼儀】 れいぎ 레-기
□ 예정	【予定】 よてい 요떼-
□ 예측	【予測】 よそく 요소꾸
□ 예컨대	【例えば】 たとえば 타또에바

□ 옛날	【昔】 むかし	무까시
□ 오기	まけんき	마켕끼
□ 오너	オーナー	오-나
□ 오늘	【今日】 きょう	쿄-
□ 오늘밤	【今晩】 こんばん	콤방
□ 오늘아침	【今朝】 けさ	케사
□ 오다	【来る】 くる	쿠루
□ 오더	オーダー	오-다
□ 오두막	【小屋】 こや	코야
□ 오디션	オーディション	오-디숑
□ 오디오	オーディオ	오-디오
□ 오뚝이	だるま	다루마
□ 오락	【娯楽】 ごらく	고라꾸
□ 오래간만	ひさしぶり	히사시부리
□ 오랫동안	【長い間】 ながいあいだ	나가이아이다
□ 오렌지	オレンジ	오렌지
□ 오로지	もっぱら	몹빠라
□ 오류	【誤謬】 ごびゅう	고뷰-

□ **오르간**	**オルガン** 오루강
□ **오르다**	【登る】 **のぼる** 노보루
□ **오르막길**	【上り坂】 **のぼりざか** 노보리자까
□ **오른손**	【右手】 **みぎて** 미기떼
□ **오른쪽**	【右側】 **みぎがわ** 미기가와
□ **오리**	**あひる** 아히루
□ **오리엔테이션**	**オリエンテーション** 오리엔테-숑
□ **오리온**	**オリオン** 오리옹
□ **오리지널**	**オリジナル** 오리지나루
□ **오므리다**	**すぼめる** 스보메루
□ **오므라들다**	【縮まる】 **ちぢまる** 치지마루
□ **오버**	**オーバー** 오-바-
□ **오빠**	【兄】 **あに** 아니
□ **오산**	【誤算】 **ごさん** 고상
□ **오소리**	**あなぐま** 아나구마
□ **오싹하다**	**ぞっとする** 좃또스루
□ **오아시스**	**オアシス** 오아시스
□ **오열**	【嗚咽】 **おえつ** 오에쓰

오이	きゅうり 큐-리
오전	【午前】ごぜん 고젱
오존	オゾン 오종
오지	【奥地】おくち 오쿠찌
오직	【専ら】もっぱら 몹빠라
오진	【誤診】ごしん 고싱
오징어	いか 이까
오케스트라	オーケストラ 오-케스토라
오토바이	オートバイ 오-토바이
오페라	オペラ 오페라
오픈	オープン 오-풍
오피스	オフィス 오휘스
오한	【悪寒】おかん 오깡
오해	【誤解】ごかい 고까이
오후	【午後】ごご 고고
오히려	かえって 카엣떼
옥	【玉】たま 타마
옥내	【屋内】おくない 오꾸나이

□ 옥상	【屋上】 おくじょう	오꾸죠-
□ 옥수수	とうもろこし	토-모로꼬시
□ 옥편	【字引き】 じびき	지비끼
□ 온갖	あらゆる	아라유루
□ 온도	【温度】 おんど	온도
□ 온라인	オンライン	온라잉
□ 온몸	【全身】 ぜんしん	젠싱
□ 온상	【温床】 おんしょう	온쇼-
□ 온실	【温室】 おんしつ	온시쓰
□ 온천	【温泉】 おんせん	온셍
□ 온통	すっかり	슥까리
□ 올가미	わな	와나
□ 올라가다	【上がる】 あがる	아가루
□ 올라타다	またがる	마따가루
□ 올려다보다	【見上げる】 みあげる	미아게루
□ 올림픽	オリンピック	오림삑꾸
□ 올바르다	【正しい】 ただしい	타다시-
□ 올빼미	ふくろう	후꾸로-

가
나
다
라
마
바
사
아
자
차
카
타
파
하

□ 올챙이	おたまじゃくし	오따마쟈꾸시
□ 올챙이배	たいこばら	타이꼬바라
□ 올해	【今年】 ことし	코또시
□ 옮기다	【移す】 うつす	우쓰스
□ 옮다	【移る】 うつる	우쓰루
□ 옳거니	【成程】 なるほど	나루호도
□ 옳다	【正しい】 ただしい	타다시-
□ 옴니버스	オムニバス	오무니바스
□ 움츠리다	【引っ込める】 ひっこめる	힉꼬메루
□ 옵서버	オブザーバー	오부자-바-
□ 옷	【服】 ふく	후꾸
□ 옷감	【生地】 きじ	키지
□ 옷자락	すそ	스소
□ 옷차림	【身なり】 みなり	미나리
□ 옹고집	つむじまがり	쓰무지마가리
□ 옹이구멍	【節穴】 ふしあな	후시아나
□ 옻	【漆】 うるし	우루시
□ 와글거리다	ざわめく	자와메꾸

□ 와들와들	わなわな	와나와나
□ 와이프	ワイフ	와이후
□ 와인	ワイン	와잉
□ 완고	【頑固】 がんこ	강꼬
□ 완구	【玩具】 がんぐ	강구
□ 완납	【完納】 かんのう	칸노-
□ 완력	【腕力】 わんりょく	완료꾸
□ 완력으로	【力ずくで】 ちからずくで	치까라즈꾸데
□ 완벽	【完璧】 かんぺき	캄뻬끼
□ 완비	【完備】 かんび	캄비
□ 완성	【完成】 かんせい	칸세-
□ 완수	【完遂】 かんすい	칸스이
□ 완수하다	【果す】 はたす	하따스
□ 완장	【腕章】 わんしょう	완쇼-
□ 완전	【完全】 かんぜん	칸젱
□ 완치	【完治】 かんち	칸찌
□ 왁친	ワクチン	와쿠찡
□ 완행	【緩行】 かんこう	캉꼬-

□ 왈가닥	【蓮っ葉】 はすっぱ	하습빠
□ 왈츠	ワルツ	와루쓰
□ 왕	【王】 おう	오-
□ 왕관	【王冠】 おうかん	오-깡
□ 왕따	いじめ	이지메
□ 왕래	【往来】 おうらい	오-라이
□ 왕복	【往復】 おうふく	오-후꾸
□ 왕비	【王妃】 おうひ	오-히
□ 왕새우	いせえび	이세에비
□ 왕성	【旺盛】 おうせい	오-세-
□ 왕자	【王子】 おうじ	오-지
□ 왕진	【往診】 おうしん	오-싱
□ 왜	なぜ	나제
□ 왜냐하면	なぜならば	나제나라바
□ 외계인	【外界人】 がいかいじん	가이까이징
□ 옹고집	【片意地】 かたいじ	카따이지
□ 외곬	【一途】 いちず	이찌즈
□ 외과	【外科】 げか	게까

□ **외교**	【外交】 **がいこう** 가이꼬-	
□ **외국**	【外国】 **がいこく** 가이코꾸	
□ **외딴섬**	【離れ島】 **はなれじま** 하나레지마	
□ **외롭다**	【侘しい】 **わびしい** 와비시-	
□ **외박**	【外泊】 **がいはく** 가이하꾸	
□ **외신**	【外信】 **がいしん** 가이싱	
□ **외우다**	【覚える】 **おぼえる** 오보에루	
□ **외유**	【外遊】 **がいゆう** 가이유-	
□ **외조**	【外助】 **がいじょ** 가이죠	
□ **외출**	【外出】 **がいしゅつ** 가이슈쓰	
□ **외출하다**	【出掛ける】 **でかける** 데카께루	
□ **외치다**	【叫ぶ】 **さけぶ** 사께부	
□ **외톨이**	【独りぼっち】 **ひとりぼっち** 히또리봇찌	
□ **외투**	【外套】 **がいとう** 가이또-	
□ **외화**(영화)	【外画】 **がいが** 가이가	
□ **외화**(돈)	【外貨】 **がいか** 가이까	
□ **왼손**	【左手】 **ひだりて** 히다리떼	
□ **왼손잡이**	【左利き】 **ひだりきき** 히다리키끼	

383

□ 왼쪽	【左側】 ひだりがわ	히다리가와
□ 요가	ヨガ	요가
□ 요구	【要求】 ようきゅう	요-뀨-
□ 요구르트	ヨーグルト	요-구루또
□ 요금	【料金】 りょうきん	료-낑
□ 요령	【要領】 ようりょう	요-료-
□ 요리	【料理】 りょうり	료-리
□ 요소	【要素】 ようそ	요-소
□ 요술	【手品】 てじな	테지나
□ 요술쟁이	【手品師】 てじなし	테지나시
□ 요염하다	あだっぽい	아답뽀이
□ 요일	【曜日】 ようび	요-비
□ 요점	【要点】 ようてん	요-뗑
□ 요정	【妖精】 ようせい	요-세-
□ 요즈음	【この頃】 このころ	코노코로
□ 요컨대	【要するに】 ようするに	요-스루니
□ 요트	ヨット	욧또
□ 욕구	【欲求】 よっきゅう	욕뀨-

□ 욕망	【欲望】 よくぼう 요꾸보-
□ 욕설	【悪口】 わるくち 와루쿠찌
□ 욕실	【浴室】 よくしつ 요꾸시쓰
□ 욕심쟁이	【欲張り】 よくばり 요꾸바리
□ 욕의	【浴衣】 ゆかた 유카따
□ 욕조	【浴槽】 よくそう 요꾸소-
□ 욕창	【床擦れ】 とこずれ 도꼬즈레
□ 용	【竜】 りゅう 류-
□ 용감함	【勇敢】 ゆうかん 유-깡
□ 용감하다	【勇ましい】 いさましい 이사마시-
□ 용건	【用件】 ようけん 요-껭
□ 용기	【勇気】 ゆうき 유-끼
□ 용도	【用途】 ようと 요-또
□ 용돈	【小遣い】 こづかい 고즈까이
□ 용모	【容貌】 ようぼう 요-보-
□ 용사	【勇士】 ゆうし 유-시
□ 용서	【容赦】 ようしゃ 요-샤
□ 용서하다	【許す】 ゆるす 유루스

용서함	【勘弁】かんべん 캄벵
용솟음치다	ほとばしる 호또바시루
용수철	【発条】ばね 바네
용어	【用語】ようご 요-고
용의자	【容疑者】ようぎしゃ 요-기샤
용지	【用紙】ようし 요-시
용품	【用品】ようひん 요-힝
용해	【溶解】ようかい 요-까이
우거지다	しげる 시게루
우글우글	うようよ 우요우요
우기다	【言い張る】いいはる 이-하루
우두머리	【頭】かしら 카시라
우두커니	ぼんやり 봉야리
우등생	【優等生】ゆうとうせい 유-또-세-
우람스럽다	たくましい 타꾸마시-
우렁이	たにし 타니시
우러러보다	【仰ぐ】あおぐ 아오구
우르르	どやどや 도야도야

□ 우리들	【私達】 わたしたち	와따시타치
□ 우리편	【味方】 みかた	미까따
□ 우물	【井戸】 いど	이도
□ 우물우물	もぐもぐ	모구모구
□ 우물쭈물하다	ぐずつく	구즈쓰꾸
□ 우박	あられ	아라레
□ 우산	【傘】 かさ	카사
□ 우상	【偶像】 ぐうぞう	구조-
□ 우선	【取り敢えず】 とりあえず	토리아에즈
□ 우수	【優秀】 ゆうしゅう	유-슈-
□ 우수	【偶数】 ぐうすう	구-스-
□ 우습다	【可笑しい】 おかしい	오까시-
□ 우승	【優勝】 ゆうしょう	유-쇼-
□ 우아함	【優雅】 ゆうが	유-가
□ 우연	【偶然】 ぐうぜん	구-젱
□ 우울	【憂鬱】 ゆううつ	유-우쯔
□ 우유	【牛乳】 ぎゅうにゅう	규-뉴-
□ 우정	【友情】 ゆうじょう	유-죠-

□ 우주	【宇宙】 うちゅう	우쮸-
□ 우쭐하다	うぬぼれる	우누보레루
□ 우체국	【郵便局】 ゆうびんきょく	유-빙쿄꾸
□ 우편	【郵便】 ゆうびん	유-빙
□ 우표	【切手】 きって	킷떼
□ 욱신거리다	ずきずきする	즈끼즈끼스루
□ 운	【運】 うん	웅
□ 운동	【運動】 うんどう	운도-
□ 운명	【運命】 うんめい	움메-
□ 운반	【運搬】 うんぱん	움빵
□ 운송	【運送】 うんそう	운소-
□ 운수	【運輸】 うんゆ	웅유
□ 운임	【運賃】 うんちん	운찡
□ 운전	【運転】 うんてん	운뗑
□ 운전사	【運転手】 うんてんしゅ	운뗀슈
□ 운하	【運河】 うんが	웅가
□ 울다	【泣く・鳴く】 なく	나꾸
□ 울려퍼지다	とどろく	토도로꾸

□ 울리다(울음)	【泣かす】 なかす 나까스
□ 울리다(소리)	【鳴らす】 ならす 나라스
□ 울보	【泣き虫】 なきむし 나끼무시
□ 울상	【泣き面】 なきつら 나끼쓰라
□ 울음소리	【泣き声】 なきごえ 나끼고에
□ 울창함	こんもり 콤모리
□ 울타리	【垣根】 かきね 카끼네
□ 울퉁불퉁	でこぼこ 데꼬보꼬
□ 움직이다	【動く】 うごく 우고꾸
□ 움찔하다	たじろぐ 타지로구
□ 움츠리다	【引っ込める】 ひっこめる 힉꼬메루
□ 움트다	【芽生える】 めばえる 메바에루
□ 움푹 패다	くぼむ 쿠보무
□ 웃기다	【笑わす】 わらわす 와라와스
□ 웃는 얼굴	【笑顔】 えがお 에가오
□ 웃다	【笑う】 わらう 와라우
□ 웅덩이	【水溜り】 みずたまり 미즈타마리
□ 웅변	【雄弁】 ゆうべん 유-벵

웅크리다	しゃがむ 샤가무
워밍업	ウオーミングアップ 우오-밍구압뿌
원가	【原価】 げんか 겡까
원고(작품)	【原稿】 げんこう 겡꼬-
원고(법정)	【原告】 げんこく 겡코꾸
원래	【元来】 がんらい 간라이
원로	【元老】 げんろう 겐로-
원료	【原料】 げんりょう 겐료-
원리	【原理】 げんり 겐리
원만	【円満】 えんまん 엠망
원망하다	【恨む】 うらむ 우라무
원색	【原色】 げんしょく 겐쇼꾸
원서	【願書】 がんしょ 간쇼
원수	あだ 아다
원숭이	【猿】 さる 사루
원시	【原始】 げんし 겐시
원앙	おしどり 오시도리
원예	【園芸】 えんげい 엥게-

한국어	한자	일본어	발음
□ 원유	【原油】	げんゆ	겡유
□ 원인	【原因】	げんいん	겡잉
□ 원자	【原子】	げんし	겐시
□ 원작	【原作】	げんさく	겐사꾸
□ 원장	【院長】	いんちょう	인쬬-
□ 원조	【援助】	えんじょ	엔죠
□ 원조	【元祖】	がんそ	간소
□ 원죄	【原罪】	げんざい	겐자이
□ 원주민	【原住民】	げんじゅうみん	겐쥬-밍
□ 원칙	【原則】	げんそく	겐소꾸
□ 원통하다	【口惜しい】	くやしい	쿠야시-
□ 원통함	【無念】	むねん	무넹
□ 원피스		ワンピース	왐삐-스
□ 원하다	【願う】	ねがう	네가우
□ 월간	【月刊】	げっかん	겍깡
□ 월경	【月経】	げっけい	겍께-
□ 월급	【月給】	げっきゅう	겍뀨-
□ 월등	【並外れ】	なみはずれ	나미하즈레

아

□ 월부	【月賦】 げっぷ	겝뿌
□ 월요일	【月曜日】 げつようび	게쓰요-비
□ 웨이터	ウェーター	웨-타-
□ 위(상하)	【上】 うえ	우에
□ 위(장기)	【胃】 い	이
□ 위기	【危機】 きき	키끼
□ 위대하다	【偉い】 えらい	에라이
□ 위독	【危篤】 きとく	키토꾸
□ 위로	【慰労】 いろう	이로-
□ 위로하다	【慰める】 なぐさめる	나구사메루
□ 위문	【慰問】 いもん	이몽
□ 위반	【違反】 いはん	이항
□ 위생	【衛生】 えいせい	에-세-
□ 위세	【羽振り】 はぶり	하부리
□ 위스키	ウイスキー	우이스끼-
□ 위안	【慰安】 いあん	이앙
□ 위원	【委員】 いいん	이잉
□ 위자료	【手切れ金】 てぎれきん	데기레낑

□ 위장(장기)	【胃腸】 いちょう	이쬬-
□ 위장(가장)	【偽装】 ぎそう	기소-
□ 위조	【偽造】 ぎぞう	기조-
□ 위치	【位置】 いち	이찌
□ 위탁	【委託】 いたく	이따꾸
□ 위태롭다	【危うい】 あやうい	아야우이
□ 위하여	【為に】 ために	타메니
□ 위험	【危険】 きけん	키껭
□ 위협하다	【脅かす】 おどかす	오도까스
□ 윙크	ウィンク	윙쿠
□ 유감	【遺憾】 いかん	이깡
□ 유골	【遺骨】 いこつ	이코쓰
□ 유괴	【誘拐】 ゆうかい	유-까이
□ 유교	【儒教】 じゅきょう	쥬꾜-
□ 유난히	【取り分け】 とりわけ	토리와께
□ 유능	【有能】 ゆうのう	유-노-
□ 유니폼	ユニホーム	유니호-무
□ 유달리	【一際】 ひときわ	히또키와

□ 유도	【柔道】	じゅうどう	쥬-도-
□ 유도탄	【誘導弾】	ゆうどうたん	유-도-땅
□ 유람선	【遊覧船】	ゆうらんせん	유-란셍
□ 유래	【由来】	ゆらい	유라이
□ 유럽		ヨーロッパ	요-롭빠
□ 유력	【有力】	ゆうりょく	유-료꾸
□ 유령	【幽霊】	ゆうれい	유-레-
□ 유료	【有料】	ゆうりょう	유-료-
□ 유류	【油類】	ゆるい	유루이
□ 유리(불리)	【有利】	ゆうり	유-리
□ 유리(재료)		ガラス	가라스
□ 유망	【有望】	ゆうぼう	유-보-
□ 유머		ユーモア	유-모아
□ 유명	【有名】	ゆうめい	유-메-
□ 유명하다	【名高い】	なだかい	나다까이
□ 유모차	【乳母車】	うばぐるま	우바구루마
□ 유물	【遺物】	いぶつ	이부쓰
□ 유방	【乳房】	ちぶさ	치부사

□ 유배	【島流し】しまながし 시마나가시
□ 유배지	【配所】はいしょ 하이쇼
□ 유보	【留保】りゅうほ 류-호
□ 유부	【油揚】あぶらあげ 아부라아게
□ 유부녀	【人妻】ひとづま 히또즈마
□ 유산	【遺産】いさん 이상
□ 유서	【遺書】いしょ 이쇼
□ 유성	【流れ星】ながれぼし 나가레보시
□ 유세	【遊説】ゆうぜい 유-제-
□ 유실물	【遺失物】いしつぶつ 이시쓰부쓰
□ 유아	【幼児】ようじ 요-지
□ 유야무야	うやむや 우야무야
□ 유언	【遺言】ゆいごん 유이공
□ 유익	【有益】ゆうえき 유-에끼
□ 유인	【誘引】ゆういん 유-잉
□ 유일	【唯一】ゆいいつ 유이이쓰
□ 유적	【遺跡】いせき 이세끼
□ 유전	【油田】ゆでん 유뎅

□ 유지하다	【保つ】 **たもつ** 타모쓰	
□ 유창함	【流暢】 **りゅうちょう** 류-쬬-	
□ 유치원	【幼稚園】 **ようちえん** 요-치엥	
□ 유쾌함	【愉快】 **ゆかい** 유까이	
□ 유통	【流通】 **りゅうつう** 류-쓰-	
□ 유학	【留学】 **りゅうがく** 류-가꾸	
□ 유행	【流行】 **りゅうこう** 류-꼬-	
□ 유혹	【誘惑】 **ゆうわく** 유-와꾸	
□ 유화	【油絵】 **あぶらえ** 아부라에	
□ 유효	【有効】 **ゆうこう** 유-꼬-	
□ 육군	【陸軍】 **りくぐん** 리꾸궁	
□ 육상	【陸上】 **りくじょう** 리꾸죠-	
□ 육성	【育成】 **いくせい** 이꾸세-	
□ 육성(소리)	【肉声】 **にくせい** 니꾸세-	
□ 육아	【育児】 **いくじ** 이꾸지	
□ 육안	【肉眼】 **にくがん** 니꾸강	
□ 육욕	【肉欲】 **にくよく** 니꾸요꾸	
□ 육지	【陸地】 **りくち** 리꾸찌	

한국어	한자	일본어	발음
□ 육체	【肉体】	にくたい	니꾸따이
□ 육친	【肉親】	にくしん	니꾸싱
□ 윤곽	【輪郭】	りんかく	링카꾸
□ 윤년	【閏年】	うるうどし	우루-도시
□ 윤리	【倫理】	りんり	린리
□ 윤전기	【輪転機】	りんてんき	린텐끼
□ 윤회	【輪廻】	りんね	린네
□ 융단	【絨毯】	じゅうたん	쥬-땅
□ 융단		カーペット	카-펫또
□ 융자	【融資】	ゆうし	유-시
□ 융통	【融通】	ゆうづ(ず)う	유-즈-
□ 융합	【融合】	ゆうごう	유-고-
□ 으리으리하다	【物々しい】	ものものしい	모노모노시-
□ 으스대다		いばる	이바루
□ 은닉	【隠匿】	いんとく	인토꾸
□ 은막	【銀幕】	ぎんまく	김마꾸
□ 은빛	【銀色】	ぎんいろ	깅이로
□ 은방울꽃		すずらん	스즈랑

□ 은사	【恩師】 おんし	온시
□ 은어	あゆ	아유
□ 은인	【恩人】 おんじん	온징
□ 은총	【恵み】 めぐみ	메구미
□ 은행	【銀行】 ぎんこう	깅꼬-
□ 은행나무	【銀杏】 いちょう	이쬬-
□ 은혜	【恩】 おん	옹
□ 읊조리다	【口ずさむ】 くちずさむ	구찌즈사무
□ 음란	【淫乱】 いんらん	인랑
□ 음료	【飲み物】 のみもの	노미모노
□ 음모	【陰謀】 いんぼう	임보-
□ 음모(털)	【陰毛】 いんもう	임모-
□ 음미	【吟味】 ぎんみ	김미
□ 음성	【陰性】 いんせい	인세-
□ 음식물	【食べ物】 たべもの	타베모노
□ 음악	【音楽】 おんがく	옹가꾸
□ 음탕함	みだら	미다라
□ 응급실	【応急室】 おうきゅうしつ	오-뀨-시쓰

□ 응달	【日陰】 ひかげ	히카게
□ 응답	【応答】 おうとう	오-또-
□ 응시하다	【見つめる】 みつめる	미쓰메루
□ 응어리	しこり	시꼬리
□ 응원	【応援】 おうえん	오-엥
□ 응용	【応用】 おうよう	오-요-
□ 응접실	【応接間】 おうせつま	오-세쓰마
□ 응하다	【応じる】 おうじる	오-지루
□ 의견	【意見】 いけん	이껭
□ 의도	【意図】 いと	이또
□ 의뢰	【依頼】 いらい	이라이
□ 의료	【医療】 いりょう	이료-
□ 의류	【衣類】 いるい	이루이
□ 의무	【義務】 ぎむ	기무
□ 의문	【疑問】 ぎもん	기몽
□ 의미	【意味】 いみ	이미
□ 의사	【医者】 いしゃ	이샤
□ 의상	【衣裳】 いしょう	이쇼-

의심하다	【疑う】 うたがう 우따가우
의아함	【怪訝】 けげん 케겡
의욕	【意欲】 いよく 이요꾸
의자	【椅子】 いす 이스
의지	【意志】 いし 이시
의지하다	【頼る】 たよる 타요루
의회	【議会】 ぎかい 기까이
이(치아)	【歯】 は 하
이(곤충)	しらみ 시라미
이것	これ 코레
이곳	ここ 코꼬
이기다(승리)	【勝つ】 かつ 카쓰
이기다(반죽)	こねる 코네루
이기주의	【利己主義】 りこしゅぎ 리꼬슈기
이끌다	【導く】 みちびく 미찌비꾸
이끼	こけ 코께
이내	【以内】 いない 이나이
이념	【理念】 りねん 리넹

400

□ **이니셜**	**イニシアル** 이니시아루
□ **이단**	【異端】 **いたん** 이땅
□ **이달**	【今月】 **こんげつ** 콩게쓰
□ **이대로**	**このまま** 코노마마
□ **이동**	【移動】 **いどう** 이도-
□ **이따금**	【時々】 **ときどき** 토끼도끼
□ **이래**	【以来】 **いらい** 이라이
□ **이러쿵저러쿵**	**つべこべ** 쓰베꼬베
□ **이력서**	【履歴書】 **りれきしょ** 리레끼쇼
□ **이론**	【理論】 **りろん** 리롱
□ **이루다**	【遂げる】 **とげる** 토게루
□ **이륙**	【離陸】 **りりく** 리리꾸
□ **이른바**	【所謂】 **いわゆる** 이와유루
□ **이름**	【名前】 **なまえ** 나마에
□ **이마**	【額】 **ひたい** 히따이
□ **이맘때**	**いまごろ** 이마고로
□ **이미**	**すでに** 스데니
□ **이미지**	**イメージ** 이메-지

□ 이민	【移民】 いみん 이밍
□ 이발관	【床屋】 とこや 토꼬야
□ 이방인	【異邦人】 いほうじん 이호-징
□ 이번	【今度】 こんど 콘도
□ 이별	【別れ】 わかれ 와까레
□ 이불	【布団】 ふとん 후똥
□ 이사	【引っ越し】 ひっこし 힉꼬시
□ 이상	【理想】 りそう 리소-
□ 이상	【以上】 いじょう 이죠-
□ 이상(다름)	【異常】 いじょう 이죠-
□ 이상함	【不思議】 ふしぎ 후시기
□ 이성	【理性】 りせい 리세-
□ 이상(다른 성)	【異性】 いせい 이세-
□ 이슬	【露】 つゆ 쓰유
□ 이쑤시개	ようじ 요-지
□ 이야기	【話】 はなし 하나시
□ 이야기하다	【話す】 はなす 하나스
□ 이용	【利用】 りよう 리요-

□ **이웃**	【隣】 **となり** 토나리	
□ **이유**	【理由】 **りゆう** 리유-	
□ **이윽고**	【間もなく】 **まもなく** 마모나꾸	
□ **이익**	【利益】 **りえき** 리에끼	
□ **이자**	【利息】 **りそく** 리소꾸	
□ **이질**	【赤痢】 **せきり** 세끼리	
□ **이쪽**	**こちら** 코찌라	
□ **이치**	【理屈】 **りくつ** 리꾸쓰	
□ **이코노미**	**エコノミー** 에코노미-	
□ **이탈리아**	**イタリア** 이타리아	
□ **이튿날**	【翌日】 **よくじつ** 요꾸지쓰	
□ **이틀**	【二日】 **ふつか** 후쓰까	
□ **이해**	【理解】 **りかい** 리까이	
□ **이해**(손득)	【利害】 **りがい** 리가이	
□ **이혼**	【離婚】 **りこん** 리꽁	
□ **익다**	【熟れる】 **うれる** 우레루	
□ **익명**	【匿名】 **とくめい** 토꾸메-	
□ **익사**	【溺死】 **できし** 데끼시	

□ 익살	【滑稽】 こっけい 콕께-
□ 익숙해지다	なれる 나레루
□ 익히다(배움)	【習う】 ならう 나라우
□ 익히다(요리)	【煮る】 にる 니루
□ 인가	【認可】 にんか 닝까
□ 인간	【人間】 にんげん 닝겡
□ 인격	【人格】 じんかく 징카꾸
□ 인공	【人工】 じんこう 징꼬-
□ 인구	【人口】 じんこう 징꼬-
□ 인기	【人気】 にんき 닝끼
□ 인내	【忍耐】 にんたい 닌따이
□ 인도	【印度】 いんど 인도
□ 인도하다	【導く】 みちびく 미찌비꾸
□ 인류	【人類】 じんるい 진루이
□ 인물	【人物】 じんぶつ 짐부쓰
□ 인민	【人民】 じんみん 짐밍
□ 인부	【人夫】 にんぷ 님뿌
□ 인사	【挨拶】 あいさつ 아이사쓰

□ **인사**	【人事】 **じんじ** 진지	
□ **인상**	【印象】 **いんしょう** 인쇼-	
□ **인상**(임금)	【引上げ】 **ひきあげ** 히끼아게	
□ **인색함**	**けち** 케찌	
□ **인생**	【人生】 **じんせい** 진세-	
□ **인솔**	【引率】 **いんそつ** 인소쓰	
□ **인쇄**	【印刷】 **いんさつ** 인사쓰	
□ **인스턴트**	**インスタント** 인스탄또	
□ **인식**	【認識】 **にんしき** 닌시끼	
□ **인연**	【因縁】 **いんねん** 인넹	
□ **인용**	【引用】 **いんよう** 잉요-	
□ **인원**	【人員】 **じんいん** 징잉	
□ **인정**	【認定】 **にんてい** 닌떼-	
□ **인정하다**	【認める】 **みとめる** 미또메루	
□ **인종**	【人種】 **じんしゅ** 진슈	
□ **인주**	【朱肉】 **しゅにく** 슈니꾸	
□ **인출**	【引出し】 **ひきだし** 히끼다시	
□ **인터넷**	**インターネット** 인타-넷또	

405

□ 인터뷰	インタビュー	인타뷰-
□ 인테리어	インテリア	인테리아
□ 인하	【引下げ】 ひきさげ	히끼사게
□ 인형	【人形】 にんぎょう	닝교-
□ 일	【仕事】 しごと	시고또
□ 일간지	【日刊紙】 にっかんし	닉깐시
□ 일곱	【七つ】 ななつ	나나쓰
□ 일과	【日課】 にっか	닉까
□ 일광	【日光】 にっこう	닉꼬-
□ 일구이언	【二枚舌】 にまいじた	니마이지따
□ 일기	【日記】 にっき	닉끼
□ 일념	【一念】 いちねん	이찌넹
□ 일단	【一旦】 いったん	잇땅
□ 일당	【一味】 いちみ	이찌미
□ 일동	【一同】 いちどう	이찌도-
□ 일등	【一等】 いっとう	잇또-
□ 일류	【一流】 いちりゅう	이찌류-
□ 일매	【一枚】 いちまい	이찌마이

□ **일몰**	【日暮れ】 **ひぐれ** 히구레	
□ **일반**	【一般】 **いっぱん** 입빵	
□ **일방적**	【一方的】 **いっぽうてき** 입뽀-테끼	
□ **일본**	【日本】 **にほん・にっぽん** 니홍·닙뽕	
□ **일본어**	【日本語】 **にほんご** 니홍고	
□ **일본인**	【日本人】 **にほんじん** 니혼징	
□ **일부**	【一部】 **いちぶ** 이찌부	
□ **일부러**	**わざわざ** 와자와자	
□ **일상**	【日常】 **にちじょう** 니찌죠-	
□ **일생**	【一生】 **いっしょう** 잇쇼-	
□ **일손**	【人手】 **ひとで** 히또데	
□ **일어나다**	【起きる】 **おきる** 오끼루	
□ **일어서다**	【立ち上がる】 **たちあがる** 타찌아가루	
□ **일요일**	【日曜日】 **にちようび** 니찌요-비	
□ **일용품**	【日用品】 **にちようひん** 니찌요-힝	
□ **일으키다**	【起こす】 **おこす** 오꼬스	
□ **일제히**	**いっせいに** 잇세-니	
□ **일종**	【一種】 **いっしゅ** 잇슈	

가
나
다
라
마
바
사
아
자
차
카
타
파
하

날씨 天気

① 太陽 <ruby>太陽<rt>たいよう</rt></ruby>
타이요-

② 雲 <ruby>雲<rt>くも</rt></ruby>
쿠모

③ 雪 <ruby>雪<rt>ゆき</rt></ruby>
유끼

④ 風 <ruby>風<rt>かぜ</rt></ruby>
카제

① 태양 ② 구름 ③ 눈 ④ 바람

408

⑤ にじ
니지

⑥ かみなり
카미나리

⑦ 雨
あめ
아메

⑨ 傘
かさ
카사

⑧ 雨靴
あま ぐつ
아마구쯔

⑩ レインコート
레잉코-또

⑤ 무지개 ⑥ 천둥 ⑦ 비 ⑧ 장화 ⑨ 우산 ⑩ 비옷

□ 일찌감치	はやめに 하야메니
□ 일찍이	かつて 카쓰떼
□ 일체	【一切】 いっさい 잇사이
□ 일치	【一致】 いっち 잇찌
□ 일하다	【働く】 はたらく 하따라꾸
□ 읽다	【読む】 よむ 요무
□ 잃다	【失う】 うしなう 우시나우
□ 임금	【賃金】 ちんぎん 칭깅
□ 임금님	【王様】 おうさま 오-사마
□ 임명	【任命】 にんめい 님메-
□ 임무	【任務】 にんむ 님무
□ 임산부	【妊産婦】 にんさんぷ 닌삼뿌
□ 임시	【臨時】 りんじ 린지
□ 임신	【妊娠】 にんしん 닌싱
□ 임용	【任用】 にんよう 닝요-
□ 임종	【臨終】 りんじゅう 린쥬-
□ 입	【口】 くち 쿠찌
□ 입고	【入庫】 にゅうこ 뉴-꼬

410

□ 입구	【入口】 **いりぐち** 이리구찌	
□ 입국	【入国】 **にゅうこく** 뉴-코꾸	
□ 입금	【入金】 **にゅうきん** 뉴-낑	
□ 입다	【着る】 **きる** 키루	
□ 입덧	**つわり** 쓰와리	
□ 입력	【入力】 **にゅうりょく** 뉴-료꾸	
□ 입맞춤	**せっぷん** 셉뿡	
□ 입문	【入門】 **にゅうもん** 뉴-몽	
□ 입버릇	【口癖】 **くちぐせ** 쿠찌구세	
□ 입법	【立法】 **りっぽう** 립뽀-	
□ 입사	【入社】 **にゅうしゃ** 뉴-샤	
□ 입석	【立席】 **りっせき** 릿세끼	
□ 입시	【入試】 **にゅうし** 뉴-시	
□ 입안	【立案】 **りつあん** 리쓰앙	
□ 입원	【入院】 **にゅういん** 뉴-잉	
□ 입장	【立場】 **たちば** 타찌바	
□ 입장	【入場】 **にゅうじょう** 뉴-죠-	
□ 입찰	【入札】 **にゅうさつ** 뉴-사쓰	

가
나
다
라
마
바
사
아
자
차
카
타
파
하

□ 입체	【立体】 りったい	릿따이
□ 입학	【入学】 にゅうがく	뉴-가꾸
□ 입항	【入港】 にゅうこう	뉴-꼬-
□ 입히다	【着せる】 きせる	키세루
□ 잇달아	【立て続け】 たてつづけ	타떼쓰즈께
□ 잇몸	【歯茎】 はぐき	하구끼
□ 있다(사물)	【有る】 ある	아루
□ 있다(생물)	【居る】 いる	이루
□ 잉어	こい	코이
□ 잉여	【剰余】 じょうよ	죠-요
□ 잉크	インキ	잉키
□ 잉태하다	はらむ	하라무
□ 잊다	【忘れる】 わすれる	와스레루
□ 잎	【葉】 は	하

자

- □ **자** 【定規】 **じょうぎ** 죠-기

- □ **자각** 【自覚】 **じかく** 지카꾸

- □ **자갈** 【砂利】 **じゃり** 쟈리

- □ **자격** 【資格】 **しかく** 시카꾸

- □ **자국** 【跡】 **あと** 아또

- □ **자궁** 【子宮】 **しきゅう** 시뀨-

- □ **자극** 【刺戟】 **しげき** 시게끼

- □ **자금** 【資金】 **しきん** 시낑

- □ **자기** 【自分】 **じぶん** 지붕

- □ **자기편** 【味方】 **みかた** 미카따

- □ **자꾸** **しきりに** 시끼리니

- □ **자다** 【寝る】 **ねる** 네루

- □ **자동** 【自動】 **じどう** 지도-

- □ **자동차** 【自動車】 **じどうしゃ** 지도-샤

- □ **자두** **すもも** 스모모

413

□ **자라**	すっぽん	습뽕
□ **자라다**	【育つ】 そだつ	소다쯔
□ **자랑**	【自慢】 じまん	지망
□ **자랑하다**	【自慢する】 じまんする	지만스루
□ **자료**	【資料】 しりょう	시료-
□ **자루**	【袋】 ふくろ	후꾸로
□ **자르다**	【切る】 きる	키루
□ **자리**	【席】 せき	세끼
□ **자막**	【字幕】 じまく	지마꾸
□ **자만**	【自惚れ】 うぬぼれ	우누보레
□ **자매**	【姉妹】 しまい	시마이
□ **자물쇠**	【錠前】 じょうまえ	죠-마에
□ **자백**	【自白】 じはく	지하꾸
□ **자비**	【慈悲】 じひ	지히
□ **자빠지다**	【転ぶ】 ころぶ	코로부
□ **자살**	【自殺】 じさつ	지사쓰
□ **자서전**	【自敍伝】 じじょでん	지죠뎅
□ **자석**	【磁石】 じしゃく	지샤꾸

414

□ **자선**	【慈善】 **じぜん** 지젱	
□ **자세**	【姿勢】 **しせい** 시세-	
□ **자세히**	【詳しく】 **くわしく** 쿠와시꾸	
□ **자손**	【子孫】 **しそん** 시송	
□ **자수**	【自首】 **じしゅ** 지슈	
□ **자수(수예)**	【刺繡】 **ししゅう** 시슈-	
□ **자습**	【自習】 **じしゅう** 지슈-	
□ **자신**	【自信】 **じしん** 지싱	
□ **자신(자기)**	【自身】 **じしん** 지싱	
□ **자아**	【自我】 **じが** 지가	
□ **자아내다**	**そそる** 소소루	
□ **자애**	【慈愛】 **じあい** 지아이	
□ **자연**	【自然】 **しぜん** 시젱	
□ **자원**	【資源】 **しげん** 시겡	
□ **자위**	【自慰】 **じい** 지이	
□ **자위대**	【自衛隊】 **じえいたい** 지에-따이	
□ **자유**	【自由】 **じゆう** 지유-	
□ **자장가**	【子守歌】 **こもりうた** 코모리우따	

□ 자주	【度々】 **たびたび** 타비|따비
□ 자초지종	【一部始終】 **いちぶしじゅう** 이찌부시쥬-
□ 자취	【自炊】 **じすい** 지스이
□ 자택	【自宅】 **じたく** 지따꾸
□ 자퇴	【自退】 **じたい** 지따이
□ 자포자기	**やけくそ** 야께쿠소
□ 자화상	【自画像】 **じがぞう** 지가조-
□ 작가	【作家】 **さっか** 삭까
□ 작곡	【作曲】 **さっきょく** 삭쿄꾸
□ 작년	【去年】 **きょねん** 쿄넹
□ 작다	【小さい】 **ちいさい** 치이사이
□ 작문	【作文】 **さくぶん** 사꾸붕
□ 작사	【作詞】 **さくし** 사꾸시
□ 작살	**もり** 모리
□ 작성	【作成】 **さくせい** 사꾸세-
□ 작심삼일	【三日坊主】 **みっかぼうず** 믹까보-즈
□ 작업	【作業】 **さぎょう** 사교-
□ 작용	【作用】 **さよう** 사요-

□ 작작	ほどほど	호도호도
□ 작전	【作戦】 さくせん	사꾸셍
□ 작정	つもり	쓰모리
□ 작품	【作品】 さくひん	사꾸힝
□ 잔고	【残高】 ざんだか	잔다까
□ 잔꾀	【小細工】 こざいく	코자이꾸
□ 잔돈	【小銭】 こぜに	코제니
□ 잔디밭	【芝生】 しばふ	시바후
□ 잔뜩	どっさり	돗사리
□ 잔물결	【さざ波】 さざなみ	사자나미
□ 잔소리	【小言】 こごと	코고또
□ 잔인	【残忍】 ざんにん	잔닝
□ 잔혹	【残酷】 ざんこく	장코꾸
□ 잘라내다	【切り取る】 きりとる	키리또루
□ 잘못	【間違い】 まちがい	마찌가이
□ 잘못 봄	【見誤り】 みあやまり	미아야마리
□ 잘잘못	【善し悪し】 よしあし	요시아시
□ 잠	【眠り】 ねむり	네무리

□ 잠깐	ちょっと	춋또
□ 잠꼬대	【寝言】ねごと	네고또
□ 잠꾸러기	【朝寝坊】あさねぼう	아사네보-
□ 잠버릇	【寝癖】ねぐせ	네구세
□ 잠옷	【寝間着】ねまき	네마끼
□ 잠자리	とんぼ	톰보
□ 잡곡	【雑穀】ざっこく	작코꾸
□ 잡념	【雑念】ざつねん	자쓰넹
□ 잡다	つかむ	쓰까무
□ 잡다(체포하다)	【捕らえる】とらえる	토라에루
□ 잡담	【雑談】ざつだん	자쓰당
□ 잡동사니	がらくた	가라쿠따
□ 잡수시다	【召し上がる】めしあがる	메시아가루
□ 잡아당기다	【引っ張る】ひっぱる	힙빠루
□ 잡아떼다	【もぎ取る】もぎとる	모기토루
□ 잡음	【雑音】ざつおん	자쓰옹
□ 잡지	【雑誌】ざっし	잣시
□ 잡초	【雑草】ざっそう	잣소-

□ 잡치다	しそこなう 시소꼬나우
□ 잡화점	【雑貨屋】 ざっかや 작까야
□ 장갑	【手袋】 てぶくろ 데부꾸로
□ 장관	【大臣】 だいじん 다이징
□ 장교	【将校】 しょうこう 쇼-꼬-
□ 장군	【将軍】 しょうぐん 쇼-궁
□ 장기	【将棋】 しょうぎ 쇼-기
□ 장기(특기)	【十八番】 じゅうはちばん 쥬-하찌방
□ 장난	【悪戯】 いたずら 이따즈라
□ 장난감	【玩具】 おもちゃ 오모쨔
□ 장남	【長男】 ちょうなん 쵸-낭
□ 장녀	【長女】 ちょうじょ 쵸-죠
□ 장님	【盲】 めくら 메꾸라
□ 장담	【大口】 おおぐち 오-구찌
□ 장대	【竿】 さお 사오
□ 장딴지	ふくらはぎ 후꾸라하기
□ 장래	【将来】 しょうらい 쇼-라이
□ 장려	【奨励】 しょうれい 쇼-레-

가
나
다
라
마
바
사
아
자
차
카
타
파
하

□ 장례식	【葬式】そうしき	소-시끼
□ 장롱	たんす	탄스
□ 장르	ジャンル	쟝루
□ 장마	【長雨】ながめ	나가메
□ 장만하다	【誂える】あつらえる	아쓰라에루
□ 장면	【場面】ばめん	바멩
□ 장모	【姑】しゅうと	슈-또
□ 장미	ばら	바라
□ 장부	【帳簿】ちょうぼ	쵸-보
□ 장사	【商売】しょうばい	쇼-바이
□ 장사(힘)	【力持ち】ちからもち	치까라모찌
□ 장소	【場所】ばしょ	바쇼
□ 장수	【長寿】ちょうじゅ	쵸-쥬
□ 장식	【装飾】そうしょく	소-쇼꾸
□ 장식하다	【飾る】かざる	카자루
□ 장애물	【障害物】しょうがいぶつ	쇼-가이부쓰
□ 장어	うなぎ	우나기
□ 장인	しゅうと	슈-또

□ 장작	たきぎ 타끼기
□ 장점	【長所】 ちょうしょ 쵸-쇼
□ 장지	【障子】 しょうじ 쇼-지
□ 장치	【装置】 そうち 소-찌
□ 장치하다	【取り付ける】 とりつける 토리쓰께루
□ 장편	【長編】 ちょうへん 쵸-헹
□ 장화	【長靴】 ながぐつ 나가구쓰
□ 재	【灰】 はい 하이
□ 재고	【在庫】 ざいこ 자이꼬
□ 재난	【災難】 さいなん 사이낭
□ 재능	【才能】 さいのう 사이노-
□ 재단(단체)	【財団】 ざいだん 자이당
□ 재단(마름)	【裁断】 さいだん 사이당
□ 재두루미	まなづる 마나즈루
□ 재떨이	【灰皿】 はいざら 하이자라
□ 재료	【材料】 ざいりょう 자이료-
□ 재목	【材木】 ざいもく 자이모꾸
□ 재배	【栽培】 さいばい 사이바이

가
나
다
라
마
바
사
아
자
차
카
타
파
하

421

□ 재벌	【財閥】 ざいばつ	자이바쓰
□ 재봉틀	ミシン	미싱
□ 재빠르다	すばやい	스바야이
□ 재빨리	すばやく	스바야꾸
□ 재산	【財産】 ざいさん	자이상
□ 재수	【縁起】 えんぎ	엥기
□ 재우다	【寝かす】 ねかす	네까스
□ 재작년	【一昨年】 おととし	오또토시
□ 재즈	ジャズ	쟈즈
□ 재킷	ジャケット	자켓또
□ 재채기	くしゃみ	쿠샤미
□ 재치	【才覚】 さいかく	사이카꾸
□ 재촉	【催促】 さいそく	사이소꾸
□ 재판	【裁判】 さいばん	사이방
□ 재학생	【在学生】 ざいがくせい	자이가꾸세-
□ 재혼	【再婚】 さいこん	사이꽁
□ 잼	ジャム	쟈무
□ 잽싸다	すばしこい	스바시꼬이

422

□ 쟁반	【お盆】 **おぼん** 오봉	가
□ 쟁쟁한	**なうての** 나우떼노	나
□ 저것	**あれ** 아레	다
□ 저곳	**そこ** 소꼬	
□ 저금	【貯金】 **ちょきん** 쵸낑	라
□ 저기	**あそこ** 아소꼬	마
□ 저기	**あちら** 아찌라	
□ 저녁놀	【夕焼け】 **ゆうやけ** 유-야께	바
□ 저녁때	【夕方】 **ゆうがた** 유-가따	사
□ 저리다	**しびれる** 시비레루	아
□ 저마다	【口々に】 **くちぐちに** 쿠찌구찌니	자
□ 저물다	【暮れる】 **くれる** 쿠레루	
□ 저속	【低俗】 **ていぞく** 테-조꾸	차
□ 저수지	【貯水池】 **ちょすいち** 쵸스이찌	카
□ 저술	【著述】 **ちょじゅつ** 쵸쥬쓰	타
□ 저승	【彼の世】 **あのよ** 아노요	파
□ 저울	**はかり** 하까리	하
□ 저작	【著作】 **ちょさく** 쵸사꾸	

□ **저절로**	【独りでに】 **ひとりでに** 히또리데니
□ **저주**	【呪い】 **のろい** 노로이
□ **저주하다**	【呪う】 **のろう** 노로우
□ **저지르다**	**しでかす** 시데까스
□ **저쪽**	**あちら** 아찌라
□ **저축**	【貯蓄】 **ちょちく** 쵸치꾸
□ **저택**	【邸宅】 **ていたく** 테-타꾸
□ **저항**	【抵抗】 **ていこう** 테-꼬-
□ **적**	【敵】 **てき** 테끼
□ **적국**	【敵国】 **てっこく** 텍코꾸
□ **적군**	【敵軍】 **てきぐん** 테끼궁
□ **적극적**	【積極的】 **せっきょくてき** 섹쿄꾸테끼
□ **적다**	【少ない】 **すくない** 스꾸나이
□ **적당**	【適当】 **てきとう** 테끼또-
□ **적도**	【赤道】 **せきどう** 세끼도-
□ **적나라**	【赤裸裸】 **せきらら** 세끼라라
□ **적립**	【積立て】 **つみたて** 쓰미타떼
□ **적성**	【適性】 **てきせい** 테끼세-

424

□ 적시다	ぬらす	누라스
□ 적시다(담그다)	ひたす	히따스
□ 적신호	【赤信号】あかしんごう	아까싱고-
□ 적십자	【赤十字】せきじゅうじ	세끼쥬-지
□ 적어도	【少なくとも】すくなくとも	스꾸나꾸토모
□ 적외선	【赤外線】せきがいせん	세끼가이셍
□ 적자	【赤字】あかじ	아까지
□ 적중	【的中】てきちゅう	테끼쮸-
□ 적잖이	【少なからず】すくなからず	스꾸나까라즈
□ 전갈	【言伝て】ことづて	코또즈떼
□ 전개	【展開】てんかい	텡까이
□ 전격	【電撃】でんげき	뎅게끼
□ 전공	【専攻】せんこう	셍꼬-
□ 전과자	【前科者】ぜんかしゃ	젱까샤
□ 전구	【電球】でんきゅう	뎅뀨-
□ 전국	【全国】ぜんこく	젱코꾸
□ 전국(전쟁)	【戦国】せんごく	셍고꾸
□ 전근	【転勤】てんきん	텡낑

□ 전기	【電気】	でんき	뎅끼
□ 전념	【専念】	せんねん	센넹
□ 전능	【全能】	ぜんのう	젠노-
□ 전단	【伝単】	でんたん	덴땅
□ 전달	【伝達】	でんたつ	덴따쓰
□ 전당	【殿堂】	でんどう	덴도-
□ 전당포	【質屋】	しちや	시찌야
□ 전대미문	【前代未聞】	ぜんだいみもん	젠다이미몽
□ 전도(앞길)	【前途】	ぜんと	젠또
□ 전도(전달)	【伝道】	でんどう	덴도-
□ 전등	【電灯】	でんとう	덴또-
□ 전라	【全裸】	ぜんら	젠라
□ 전락	【転落】	てんらく	텐라꾸
□ 전란	【戦乱】	せんらん	센랑
□ 전략	【戦略】	せんりゃく	센랴꾸
□ 전망	【展望】	てんぼう	템보-
□ 전매	【専売】	せんばい	셈바이
□ 전멸	【全滅】	ぜんめつ	젬메쓰

426

□ 전무	【専務】 **せんむ** 셈무	
□ 전문	【専門】 **せんもん** 셈몽	
□ 전보	【電報】 **でんぽう** 뎀뽀-	
□ 전보용지	【頼信紙】 **らいしんし** 라이신시	
□ 전부	【全部】 **ぜんぶ** 젬부	
□ 전사	【戦死】 **せんし** 센시	
□ 전설	【伝説】 **でんせつ** 덴세쓰	
□ 전성기	【全盛期】 **ぜんせいき** 젠세-끼	
□ 전세	【貸切り】 **かしきり** 카시끼리	
□ 전속	【専属】 **せんぞく** 센조꾸	
□ 전송	【見送り】 **みおくり** 미오꾸리	
□ 전술	【戦術】 **せんじゅつ** 센쥬쓰	
□ 전시	【展示】 **てんじ** 텐지	
□ 전시(전쟁)	【戦時】 **せんじ** 센지	
□ 전신주	【電信柱】 **でんしんばしら** 덴싱바시라	
□ 전염	【伝染】 **でんせん** 덴셍	
□ 전용	【専用】 **せんよう** 셍요-	
□ 전우	【戦友】 **せんゆう** 셍유-	

가
나
다
라
마
바
사
아
자
차
카
타
파
하

□ 전율	【戦慄】 せんりつ 센리쓰	
□ 전자	【電子】 でんし 덴시	
□ 전쟁	【戦争】 せんそう 센소-	
□ 전지	【電池】 でんち 덴찌	
□ 전직	【転職】 てんしょく 덴쇼꾸	
□ 전진	【前進】 ぜんしん 젠싱	
□ 전차	【電車】 でんしゃ 덴샤	
□ 전체	【全体】 ぜんたい 젠따이	
□ 전출	【転出】 てんしゅつ 텐슈쓰	
□ 전치	【全治】 ぜんち 젠찌	
□ 전통	【伝統】 でんとう 덴또-	
□ 전투	【戦闘】 せんとう 센또-	
□ 전파	【電波】 でんぱ 뎀빠	
□ 전파(알림)	【伝播】 でんぱ 뎀빠	
□ 전하다	【伝える】 つたえる 쓰따에루	
□ 전혀	【皆目】 かいもく 카이모꾸	
□ 전화	【電話】 でんわ 뎅와	
□ 전환	【転換】 てんかん 텡깡	

428

□ 전후	【前後】 ぜんご	젱고
□ 전후(전쟁)	【戦後】 せんご	셍고
□ 절	【寺】 てら	테라
□ 절교	【絶交】 ぜっこう	젝꼬-
□ 절구	【臼】 うす	우스
□ 절단	【切断】 せつだん	세쓰당
□ 절대	【絶対】 ぜったい	젯따이
□ 절대로	【決して】 けっして	켓시떼
□ 절름발이	ちんば	침바
□ 절망	【絶望】 ぜつぼう	제쓰보-
□ 절묘	【絶妙】 ぜつみょう	제쓰묘-
□ 절반	【半ば】 なかば	나까바
□ 절벽	【絶壁】 ぜっぺき	젭뻬끼
□ 절실	【切実】 せつじつ	세쓰지쓰
□ 절약	【節約】 せつやく	세쓰야꾸
□ 절정	【絶頂】 ぜっちょう	젯쵸-
□ 절호	【絶好】 ぜっこう	젝꼬-
□ 젊다	【若い】 わかい	와까이

□ 젊은이	【若者】 わかもの	와까모노
□ 점	【点】 てん	텡
□ 점령	【占領】 せんりょう	센료-
□ 점성술	【星占い】 ほしうらない	호시우라나이
□ 점심시간	【昼休み】 ひるやすみ	히루야스미
□ 점원	【店員】 てんいん	텡잉
□ 점잖다	【大人しい】 おとなしい	오또나시-
□ 점쟁이	【易者】 えきしゃ	에끼샤
□ 점점	【益々】 ますます	마스마스
□ 점차	【段々】 だんだん	단당
□ 점치다	【占う】 うらなう	우라나우
□ 점퍼	ジャンパー	쟘빠-
□ 점포	【店舗】 てんぽ	템뽀
□ 점프	ジャンプ	쟘뿌
□ 접근하다	【近付く】 ちかづく	치까즈꾸
□ 접는 부채	【扇子】 せんす	센스
□ 접다	【畳む】 たたむ	타따무
□ 접대	【接待】 せったい	셋따이

430

□ **접수처**	【受付】 うけつけ	우께쓰께
□ **접시**	【皿】 さら	사라
□ **접질리다**	くじく	쿠지꾸
□ **젓가락**	【箸】 はし	하시
□ **젓다**	【漕ぐ】 こぐ	코구
□ **정가**	【定価】 ていか	테-까
□ **정각**	【定刻】 ていこく	테-코꾸
□ **정강이**	すね	스네
□ **정계**	【政界】 せいかい	세-까이
□ **정권**	【政権】 せいけん	세-껭
□ **정글**	ジャングル	쟝구루
□ **정기**	【定期】 ていき	테-끼
□ **정년**	【停年】 ていねん	테-넹
□ **정답**	【正答】 せいとう	세-또-
□ **정당**	【正当】 せいとう	세-또-
□ **정당**(정치)	【政党】 せいとう	세-또-
□ **정도**	【程度】 ていど	테-도
□ **정돈**	【整頓】 せいとん	세-똥

가
나
다
라
마
바
사
아
자
차
카
타
파
하

□ 정력	【精力】 せいりょく	세-료꾸
□ 정렬	【整列】 せいれつ	세-레쓰
□ 정류소	【停留所】 ていりゅうじょ	테-류-죠
□ 정리하다	【片付ける】 かたづける	카따즈께루
□ 정말	【本当】 ほんとう	혼또-
□ 정면	【正面】 しょうめん	쇼-멩
□ 정면	【真面】 まとも	마또모
□ 정박	【停泊】 ていはく	테-하꾸
□ 정보	【情報】 じょうほう	죠-호-
□ 정복	【征服】 せいふく	세-후꾸
□ 정부	【政府】 せいふ	세-후
□ 정사	【情死】 じょうし	죠-시
□ 정상	【正常】 せいじょう	세-죠-
□ 정상(꼭대기)	【頂上】 ちょうじょう	쵸-죠-
□ 정색	【真顔】 まがお	마가오
□ 정성껏	【念入りに】 ねんいりに	넹이리니
□ 정세	【情勢】 じょうせい	죠-세-
□ 정수기	【浄水器】 じょうすいき	죠-스이끼

432

□ 정식	【正式】 せいしき 세-시끼
□ 정식(식사)	【定食】 ていしょく 테-쇼꾸
□ 정신	【精神】 せいしん 세-싱
□ 정신없음(몰두)	【夢中】 むちゅう 무쮸-
□ 정열	【情熱】 じょうねつ 죠-네쓰
□ 정오	【正午】 しょうご 쇼-고
□ 정원	【庭】 にわ 니와
□ 정원사	【庭師】 にわし 니와시
□ 정월	【正月】 しょうがつ 쇼-가쓰
□ 정욕	【情欲】 じょうよく 죠-요꾸
□ 정육점	【肉屋】 にくや 니꾸야
□ 정의	【正義】 せいぎ 세-기
□ 정자	【精子】 せいし 세-시
□ 정장	【正装】 せいそう 세-소-
□ 정적	【静寂】 せいじゃく 세-쟈꾸
□ 정전	【停電】 ていでん 테-뎅
□ 정제	【錠剤】 じょうざい 죠-자이
□ 정조	【貞操】 ていそう 테-소-

□ 정중함	【丁寧】 **ていねい** 테-네-
□ 정지	【停止】 **ていし** 테-시
□ 정직	【正直】 **しょうじき** 쇼-지끼
□ 정차	【停車】 **ていしゃ** 테-샤
□ 정착	【定着】 **ていちゃく** 테-챠꾸
□ 정책	【政策】 **せいさく** 세-사꾸
□ 정체	【正体】 **しょうたい** 쇼-따이
□ 정치	【政治】 **せいじ** 세-지
□ 정하다	【決める】 **きめる** 키메루
□ 정해지다	【決まる】 **きまる** 키마루
□ 정확	【正確】 **せいかく** 세-카꾸
□ 젖	【乳】 **ちち** 치찌
□ 젖다	【濡れる】 **ぬれる** 누레루
□ 제각기	**めいめい** 메-메-
□ 제거	【取り除き】 **とりのぞき** 토리노조끼
□ 제공	【提供】 **ていきょう** 테-꾜-
□ 제국	【帝国】 **ていこく** 테-코꾸
□ 제대	【除隊】 **じょたい** 죠따이

□ 제대로	**ろくに** 로꾸니	
□ 제도	【制度】 **せいど** 세-도	
□ 제독	【提督】 **ていとく** 테-토꾸	
□ 제명	【除名】 **じょめい** 죠메-	
□ 제목	【題目】 **だいもく** 다이모꾸	
□ 제발	【後生】 **ごしょう** 고쇼-	
□ 제방	【土手】 **どて** 도떼	
□ 제법	**かなり** 카나리	
□ 제복	【制服】 **せいふく** 세-후꾸	
□ 제비	**つばめ** 쓰바메	
□ 제비꽃	**すみれ** 스미레	
□ 제비뽑기	【くじ引き】 **くじびき** 쿠지비끼	
□ 제스처	**ゼスチュア** 제스츄아	
□ 제시	【提示】 **ていじ** 테-지	
□ 제안	【提案】 **ていあん** 테-앙	
□ 제약	【製薬】 **せいやく** 세-야꾸	
□ 제언	【提言】 **ていげん** 테-겡	
□ 제왕	【帝王】 **ていおう** 테-오-	

□ 제외	【除外】 じょがい	죠가이
□ 제의	【提議】 ていぎ	테-기
□ 제일	【第一】 だいいち	다이이찌
□ 제자	【弟子】 でし	데시
□ 제작	【製作】 せいさく	세-사꾸
□ 제정	【制定】 せいてい	세-떼-
□ 제조	【製造】 せいぞう	세-조-
□ 제지	【制止】 せいし	세-시
□ 제출	【提出】 ていしゅつ	테-슈쓰
□ 제한	【制限】 せいげん	세-겡
□ 제휴	【提携】 ていけい	테-께-
□ 조	あわ	아와
□ 조각	【彫刻】 ちょうこく	쵸-코꾸
□ 조각(단편)	かけら	카께라
□ 조간	【朝刊】 ちょうかん	쵸-깡
□ 조개	【貝】 かい	카이
□ 조개껍질	【貝殻】 かいがら	카이가라
□ 조건	【条件】 じょうけん	죠-껭

□ 조국	【祖国】 そこく	소코꾸
□ 조금	【少し】 すこし	스꼬시
□ 조끼	チョッキ	쵹끼
□ 조난	【遭難】 そうなん	소-낭
□ 조달	【調達】 ちょうたつ	쵸-타쓰
□ 조롱하다	【冷やかす】 ひやかす	히야까스
□ 조류	【潮流】 ちょうりゅう	쵸-류-
□ 조류	【鳥類】 ちょうるい	쵸-루이
□ 조르다	【強請る】 ねだる	네다루
□ 조리다	【煮る】 にる	니루
□ 조리사	【板場】 いたば	이따바
□ 조립	【組立て】 くみたて	구미타떼
□ 조마조마	はらはら	하라하라
□ 조명	【照明】 しょうめい	쇼-메-
□ 조모	【祖母】 そぼ	소보
□ 조무래기	ちんぴら	침삐라
□ 조바심치다	【焦る】 あせる	아세루
□ 조반	【朝飯】 あさめし	아사메시

가
나
다
라
마
바
사
아
자
차
카
타
파
하

□ 조부	【祖父】 そふ 소후	
□ 조사	【調査】 ちょうさ 쵸-사	
□ 조사하다	【調べる】 しらべる 시라베루	
□ 조상	【祖先】 そせん 소셍	
□ 조소	【嘲笑】 ちょうしょう 쵸-쇼-	
□ 조수	【助手】 じょしゅ 죠슈	
□ 조숙	【早熟】 そうじゅく 소-쥬꾸	
□ 조숙하다	ませる 마세루	
□ 조심	【用心】 ようじん 요-징	
□ 조약	【条約】 じょうやく 죠-야꾸	
□ 조약돌	【さざれ石】 さざれいし 사자레-시	
□ 조언	【助言】 じょげん 죠겡	
□ 조예	【造詣】 ぞうけい 조-께-	
□ 조용히	【静かに】 しずかに 시즈까니	
□ 조이다	【引き締める】 ひきしめる 히끼시메루	
□ 조작	【操作】 そうさ 소-사	
□ 조정	【調整】 ちょうせい 쵸-세-	
□ 조제	【調剤】 ちょうざい 쵸-자이	

438

□ 조정	【朝廷】 ちょうてい	쵸-떼-
□ 조종하다	【操る】 あやつる	아야쓰루
□ 조직	【組織】 そしき	소시끼
□ 조짐	【兆し】 きざし	키자시
□ 조처	【取り計らい】 とりはからい	토리하까라이
□ 조카	【甥】 おい	오이
□ 조카딸	【姪】 めい	메이
□ 조퇴	【早引き】 はやびき	하야비끼
□ 조화	【調和】 ちょうわ	쵸-와
□ 조화(꽃)	【造花】 ぞうか	조-까
□ 조회	【朝会】 ちょうかい	쵸-까이
□ 족자	【掛け物】 かけもの	카께모노
□ 족제비	いたち	이타찌
□ 족하다	【足りる】 たりる	타리루
□ 존경	【尊敬】 そんけい	송께-
□ 존립	【存立】 そんりつ	손리쓰
□ 존속	【存続】 そんぞく	손조꾸
□ 존재	【存在】 そんざい	손자이

□ 존중	【尊重】そんちょう	손쬬-
□ 존중하다	【尊ぶ】とうとぶ	토-또부
□ 졸라대다	せがむ	세가무
□ 졸리다	【眠たい】ねむたい	네무따이
□ 졸업	【卒業】そつぎょう	소쓰교-
□ 졸음	【眠気】ねむけ	네무께
□ 졸졸	ちょろちょろ	쵸로쵸로
□ 졸지에	にわかに	니와까니
□ 좀더	【もう少し】もうすこし	모-스꼬시
□ 좀도둑	こそどろ	코소도로
□ 좀처럼	めったに	멧따니
□ 좁다	【狭い】せまい	세마이
□ 좁히다	【狭める】せばめる	세바메루
□ 종	【鐘】かね	카네
□ 종교	【宗教】しゅうきょう	슈-꾜-
□ 종기	【腫れ物】はれもの	하레모노
□ 종달새	ひばり	히바리
□ 종래	【従来】じゅうらい	쥬-라이

□ **종류**	【種類】 **しゅるい** 슈루이	
□ **종말**	【終末】 **しゅうまつ** 슈-마쯔	
□ **종목**	【種目】 **しゅもく** 슈모꾸	
□ **종사**	【従事】 **じゅうじ** 쥬-지	
□ **종이**	【紙】 **かみ** 카미	
□ **종이쪽지**	【紙切れ】 **かみきれ** 카미키레	
□ **종자**	【種】 **たね** 타네	
□ **종점**	【終点】 **しゅうてん** 슈-뗑	
□ **종지부**	【終止符】 **しゅうしふ** 슈-시후	
□ **좋다**	【良い】 **よい** 요이	
□ **좋아하다**	【好む】 **このむ** 코노무	
□ **좌석**	【座席】 **ざせき** 자세끼	
□ **좌우**	【左右】 **さゆう** 사유-	
□ **죄**	【罪】 **つみ** 쓰미	
□ **죄수**	【囚人】 **めしうど** 메시우도	
□ **죄악**	【罪悪】 **ざいあく** 자이아꾸	
□ **죄인**	【罪人】 **ざいにん** 자이닝	
□ **주간**(요일)	【週刊】 **しゅうかん** 슈-깡	

가 나 다 라 마 바 사 아 **자** 차 카 타 파 하

441

□ 주간(낮)	【昼間】 ひるま	히루마
□ 주근깨	そばかす	소바까스
□ 주눅	【気後れ】 きおくれ	키오꾸레
□ 주다	【与える】 あたえる	아따에루
□ 주둔	【駐屯】 ちゅうとん	츄-똥
□ 주둥이	くちばし	쿠찌바시
□ 주렁주렁	すずなり	스즈나리
□ 주름살	しわ	시와
□ 주름잡히다	しわむ	시와무
□ 주말	【週末】 しゅうまつ	슈-마쓰
□ 주머니	ふところ	후또코로
□ 주먹	こぶし	코부시
□ 주먹밥	【握り飯】 にぎりめし	니기리메시
□ 주목	【注目】 ちゅうもく	츄-모꾸
□ 주문	【注文】 ちゅうもん	츄-몽
□ 주방	【台所】 だいどころ	다이도꼬로
□ 주부	【主婦】 しゅふ	슈후
□ 주사	【注射】 ちゅうしゃ	츄-샤

442

□ 주사위	さいころ 사이코로	
□ 주소	【住所】じゅうしょ 쥬-쇼	
□ 주시다	【下さる】くださる 쿠다사루	
□ 주식	【株】かぶ 카부	
□ 주위	【周囲】しゅうい 슈-이	
□ 주의	【注意】ちゅうい 츄-이	
□ 주인	【主人】しゅじん 슈징	
□ 주장	【主張】しゅちょう 슈쬬-	
□ 주저하다	ためらう 타메라우	
□ 주전자	【薬缶】やかん 야깡	
□ 주제	【主題】しゅだい 슈다이	
□ 주제(분수)	【分際】ぶんざい 분자이	
□ 주차장	【駐車場】ちゅうしゃじょう 츄-샤쬬-	
□ 주최	【主催】しゅさい 슈사이	
□ 주택	【住宅】じゅうたく 쥬-따꾸	
□ 주판	【算盤】そろばん 소로방	
□ 죽	かゆ 카유	
□ 죽다	【死ぬ】しぬ 시누	

□ 죽순	たけのこ	타께노꼬
□ 죽음	【死】し	시
□ 죽이다	【殺す】ころす	코로스
□ 준비	【準備】じゅんび	쥼비
□ 줄	【列】れつ	레쓰
□ 줄거리	【荒筋】あらすじ	아라스지
□ 줄곧	【始終】しじゅう	시쥬-
□ 줄기	【茎】くき	쿠끼
□ 줄넘기	【なわ飛び】なわとび	나와토비
□ 줄다	【減る】へる	헤루
□ 줄다리기	【綱引き】つなひき	쓰나히끼
□ 줄무늬	しま	시마
□ 줄자	【巻尺】まきじゃく	마끼쟈꾸
□ 줄줄	だらだら	다라다라
□ 줍다	【拾う】ひろう	히로-
□ 중	【坊主】ぼうず	보-즈
□ 중간	【中間】ちゅうかん	츄-깡
□ 중계	【中継ぎ】なかつぎ	나까쓰기

□ 중고	【中古】 ちゅうこ	츄-꼬
□ 중국	【中国】 ちゅうごく	츄-고꾸
□ 중년	【中年】 ちゅうねん	츄-넹
□ 중대	【重大】 じゅうだい	쥬-다이
□ 중도	【中途】 ちゅうと	츄-또
□ 중독	【中毒】 ちゅうどく	츄-도꾸
□ 중량	【重量】 じゅうりょう	쥬-료-
□ 중류	【中流】 ちゅうりゅう	츄-류-
□ 중립	【中立】 ちゅうりつ	츄-리쓰
□ 중매	【媒酌】 ばいしゃく	바이샤꾸
□ 중병	【重病】 じゅうびょう	쥬-뵤-
□ 중복	【重複】 じゅうふく	쥬-후꾸
□ 중상	【重傷】 じゅうしょう	쥬-쇼-
□ 중생	【衆生】 しゅじょう	슈죠-
□ 중성	【中性】 ちゅうせい	츄-세-
□ 중세	【中世】 ちゅうせい	츄-세-
□ 중순	【中旬】 ちゅうじゅん	츄-즁
□ 중심	【中心】 ちゅうしん	츄-싱

□ 중앙	【中央】	ちゅうおう	쥬-오-
□ 중얼거리다		つぶやく	쓰부야꾸
□ 중얼중얼		ぶつぶつ	부쓰부쓰
□ 중요	【重要】	じゅうよう	쥬-요-
□ 중요시하다	【重んじる】	おもんじる	오몬지루
□ 중요함	【大切】	たいせつ	타이세쓰
□ 중절	【中絶】	ちゅうぜつ	쥬-제쓰
□ 중절모	【中折帽】	なかおれぼう	나까오레보-
□ 중점	【重点】	じゅうてん	쥬-뗑
□ 중지	【中止】	ちゅうし	쥬-시
□ 중지하다	【打ち切る】	うちきる	우찌키루
□ 중풍	【中風】	ちゅうぶ	쥬-부
□ 중학교	【中学校】	ちゅうがっこう	쥬-각꼬-
□ 중학생	【中学生】	ちゅうがくせい	쥬-각세-
□ 쥐		ねずみ	네즈미
□ 쥐다	【握る】	にぎる	니기루
□ 쥐약	【猫入らず】	ねこいらず	네꼬이라즈
□ 쥐어뜯다		むしる	무시루

446

□ 쥐어짜다	【絞る】 **しぼる** 시보루	
□ 주스	**ジュース** 쥬-스	
□ 즈음하여	【際して】 **さいして** 사이시떼	
□ 즉	【即ち】 **すなわち** 스나와찌	
□ 즉각	【即座に】 **そくざに** 소꾸자니	
□ 즉사	【即死】 **そくし** 소꾸시	
□ 즉시	**すぐ** 스구	
□ 즉위	【即位】 **そくい** 소꾸이	
□ 즉흥	【即興】 **そっきょう** 속꾜-	
□ 즐거움	【楽しみ】 **たのしみ** 타노시미	
□ 즐겁다	【楽しい】 **たのしい** 타노시-	
□ 즐기다	【楽しむ】 **たのしむ** 타노시무	
□ 증가	【増加】 **ぞうか** 조-까	
□ 증거	【証拠】 **しょうこ** 쇼-꼬	
□ 증발	【蒸発】 **じょうはつ** 죠-하쓰	
□ 증명	【証明】 **しょうめい** 쇼-메-	
□ 증상	【症状】 **しょうじょう** 쇼-죠-	
□ 증언	【証言】 **しょうげん** 쇼-겡	

가
나
다
라
마
바
사
아
자
차
카
타
파
하

447

□ 증오	【憎悪】 ぞうお	조-오
□ 증인	【証人】 しょうにん	쇼-닝
□ 증정	【贈呈】 ぞうてい	조-떼-
□ 지각	【遅刻】 ちこく	치코꾸
□ 지갑	【財布】 さいふ	사이후
□ 지구	【地球】 ちきゅう	치뀨-
□ 지그재그	ジグザグ	지구자구
□ 지극히	【極めて】 きわめて	키와메떼
□ 지긋한 나이	【年配】 ねんぱい	넴빠이
□ 지금	【今】 いま	이마
□ 지급	【至急】 しきゅう	시뀨-
□ 지껄이다	しゃべる	샤베루
□ 지나가는 비	【通り雨】 とおりあめ	토-리아메
□ 지나가다	【通る】 とおる	토-루
□ 지나다	【経つ】 たつ	타쓰
□ 지난달	【先月】 せんげつ	셍게쓰
□ 지네	むかで	무카데
□ 지느러미	ひれ	히레

448

□ **지능**	【知能】 **ちのう** 치노-	
□ **지니다**	【携える】 **たずさえる** 타즈사에루	
□ **지다**(시합)	【負ける】 **まける** 마께루	
□ **지다**(날)	【暮れる】 **くれる** 쿠레루	
□ **지다**(꽃)	【散る】 **ちる** 치루	
□ **지당함**	**もっとも** 못또모	
□ **지도**	【地図】 **ちず** 치즈	
□ **지도**	【指導】 **しどう** 시도-	
□ **지렁이**	**みみず** 미미즈	
□ **지레짐작**	【独り合点】 **ひとりがてん** 히또리가뗑	
□ **지레**	**てこ** 테꼬	
□ **지루함**	【退屈】 **たいくつ** 타이쿠쓰	
□ **지름길**	【近道】 **ちかみち** 치까미찌	
□ **지리**	【地理】 **ちり** 치리	
□ **지명**	【地名】 **ちめい** 치메-	
□ **지명**(가리킴)	【指名】 **しめい** 시메-	
□ **지문**	【指紋】 **しもん** 시몽	
□ **지방**	【地方】 **ちほう** 치호-	

□ **지방**(기름)	【脂肪】 **しぼう** 시보-	
□ **지배**	【支配】 **しはい** 시하이	
□ **지불**	【支払い】 **しはらい** 시하라이	
□ **지불하다**	【払う】 **はらう** 하라우	
□ **지붕**	【屋根】 **やね** 야네	
□ **지사**	【支社】 **ししゃ** 시샤	
□ **지상**	【地上】 **ちじょう** 치죠-	
□ **지성**	【知性】 **ちせい** 치세-	
□ **지시**	【指示】 **しじ** 시지	
□ **지시**	【指図】 **さしず** 사시즈	
□ **지식**	【知識】 **ちしき** 치시끼	
□ **지옥**	【地獄】 **じごく** 지고꾸	
□ **지우개**	【消ゴム】 **けしゴム** 게시고무	
□ **지우다**	【消す】 **けす** 케스	
□ **지위**	【地位】 **ちい** 치이	
□ **지장**	【差支え】 **さしつかえ** 사시쓰까에	
□ **지저귀다**	**さえずる** 사에즈루	
□ **지적**	【指摘】 **してき** 시테끼	

450

□ **지점**	【地点】**ちてん** 치뗑	
□ **지점**	【支店】**してん** 시뗑	
□ **지정**	【指定】**してい** 시떼-	
□ **지지**	【支持】**しじ** 시지	
□ **지진**	【地震】**じしん** 지싱	
□ **지참금**	【持参金】**じさんきん** 지상낑	
□ **지출**	【支出】**ししゅつ** 시슈쓰	
□ **지치다**	**へたばる** 헤따바루	
□ **지키다**	【守る】**まもる** 마모루	
□ **지팡이**	【杖】**つえ** 쓰에	
□ **지퍼**	**ジッパー** 집빠-	
□ **지평선**	【地平線】**ちへいせん** 치헤-셍	
□ **지폐**	【紙幣】**しへい** 시헤-	
□ **지푸라기**	**わら** 와라	
□ **지하도**	【地下道】**ちかどう** 치까도-	
□ **지하철**	【地下鉄】**ちかてつ** 치까테쓰	
□ **지혈**	【血止め】**ちどめ** 치도메	
□ **지혜**	【知恵】**ちえ** 치에	

451

□ 지휘	【指揮】 しき	시끼
□ 직경	【直徑】 ちょっけい	쵹께-
□ 직공	【職工】 しょっこう	쇽꼬-
□ 직면	【直面】 ちょくめん	쵸꾸멩
□ 직무	【職務】 しょくむ	쇼꾸무
□ 직선	【直線】 ちょくせん	쵸꾸셍
□ 직업	【職業】 しょくぎょう	쇼꾸교-
□ 직장	【職場】 しょくば	쇼꾸바
□ 직전	【間際】 まぎわ	마기와
□ 직접	【直接】 ちょくせつ	쵸꾸세쓰
□ 직함	【肩書き】 かたがき	카따가끼
□ 직행	【直行】 ちょっこう	쵹꼬-
□ 진격	【進擊】 しんげき	싱게끼
□ 진급	【進級】 しんきゅう	싱뀨-
□ 진눈깨비	みぞれ	미조레
□ 진단	【診斷】 しんだん	신당
□ 진달래	つつじ	쓰쓰지
□ 진드기	だに	다니

452

□ 진로	【進路】 しんろ	신로
□ 진리	【真理】 しんり	신리
□ 진보	【進歩】 しんぽ	심뽀
□ 진부함	【月並み】 つきなみ	쓰끼나미
□ 진상	【真相】 しんそう	신소-
□ 진술	【陳述】 ちんじゅつ	친쥬쓰
□ 진실	【真実】 しんじつ	신지쓰
□ 진심	【本心】 ほんしん	혼싱
□ 진열	【陳列】 ちんれつ	친레쓰
□ 진지함	【真剣】 しんけん	싱껭
□ 진짜	【本物】 ほんもの	홈모노
□ 진찰	【診察】 しんさつ	신사쓰
□ 진창	ぬかるみ	누까루미
□ 진척되다	はかどる	하까도루
□ 진출	【進出】 しんしゅつ	신슈쓰
□ 진통	【鎮痛】 ちんつう	친쓰-
□ 진하다	【濃い】 こい	코이
□ 진학	【進学】 しんがく	싱가꾸

□ 진행	【進行】	しんこう	싱꼬-
□ 진행시키다	【進める】	すすめる	스스메루
□ 진화	【進化】	しんか	싱까
□ 진흙	【泥】	どろ	도로
□ 질그릇	【陶器】	とうき	토-끼
□ 질녀	【姪】	めい	메이
□ 질리다		こりる	코리루
□ 질림	【閉口】	へいこう	헤-꼬-
□ 질문	【質問】	しつもん	시쓰몽
□ 질병	【疾病】	しっぺい	십뻬-
□ 질색	【真っ平】	まっぴら	맙삐라
□ 질서	【秩序】	ちつじょ	치쓰죠
□ 질주	【疾走】	しっそう	싯소-
□ 질질		ずるずる	즈루즈루
□ 질질끌다	【引きずる】	ひきずる	히끼즈루
□ 질타	【叱咤】	しった	싯따
□ 질투	【嫉妬】	しっと	싯또
□ 질투하다	【妬む】	ねたむ	네따무

□ 질펀질펀	じめじめ 지메지메	
□ 짊어지다	【担う】になう 니나우	
□ 짐	【荷物】にもつ 니모쓰	
□ 짐승	【獣】けもの 케모노	
□ 짐작	【見当】けんとう 켄또-	
□ 짐작대로	【案の定】あんのじょう 안노죠-	
□ 짐작하다	【察する】さっする 삿스루	
□ 집	【家】いえ 이에	
□ 집계	【集計】しゅうけい 슈-께-	
□ 집념	【執念】しゅうねん 슈-넹	
□ 집단	【集団】しゅうだん 슈-당	
□ 집사람	【家内】かない 카나이	
□ 집세	【家賃】やちん 야찡	
□ 집세	【間代】まだい 마다이	
□ 집시	ジプシー 지뿌시-	
□ 집어넣다	【入れる】いれる 이레루	
□ 집중	【集中】しゅうちゅう 슈-쮸-	
□ 집필	【執筆】しっぴつ 십삐쓰	

□ 집합	【集合】 しゅうごう	슈-고-
□ 집행	【執行】 しっこう	식꼬-
□ 짓다	【建てる】 たてる	타떼루
□ 짓누르다	【押し付ける】 おしつける	오시쓰께루
□ 짓무르다	ただれる	타다레루
□ 짓밟다	【踏み付ける】 ふみつける	후미쓰께루
□ 징계	【懲戒】 ちょうかい	쵸-까이
□ 징병	【徴兵】 ちょうへい	쵸-헤-
□ 징수	【徴収】 ちょうしゅう	쵸-슈-
□ 징역	【懲役】 ちょうえき	쵸-에끼
□ 짖다	【吠える】 ほえる	호에루
□ 짚	わら	와라
□ 짜다(옷)	【編む】 あむ	아무
□ 짜다(맛)	【塩辛い】 しおからい	시오카라이
□ 짜증	かんしゃく	칸샤꾸
□ 짝꿍	【仲良し】 なかよし	나까요시
□ 짝사랑	【片恋】 かたこい	카따코이
□ 짝수	【偶数】 ぐうすう	구-스-

□ **짝짝이**	**ちぐはぐ** 치구하구
□ **짧다**	【短い】 **みじかい** 미지까이
□ **짬**	【暇】 **ひま** 히마
□ **쪼그리다**	**しゃがむ** 샤가무
□ **쫓다**	【追う】 **おう** 오우
□ **찌꺼기**	**かす** 카스
□ **찌다**(음식)	【煮る】 **にる** 니루
□ **찌다**(살)	【太る】 **ふとる** 후또루
□ **찌르다**	【刺す】 **さす** 사스
□ **찌푸리다**	**しかめる** 시까메루
□ **찍다**(박다)	【写す】 **うつす** 우쓰스
□ **찍다**	【撮る】 **とる** 토루
□ **찜질**	【湿布】 **しっぷ** 십뿌
□ **찢다**	【破る】 **やぶる** 야부루
□ **찢어지다**	【破れる】 **やぶれる** 야부레루

집 家

① 浴室
요꾸시쯔

② トイレ
토이레

③ 台所
다이도꼬로

④ 食堂
쇼꾸도-

① 욕실 ② 화장실 ③ 부엌 ④ 식당

⑤ 二階
にかい
니까이

⑥ 窓
まど
마도

⑦ 壁
かべ
카베

⑧ 階段
かいだん
카이당

⑨ ドア
도아

⑩ 一階
いっかい
익까이

⑪ 居間
いま
이마

⑤ 2층　⑥ 창문　⑦ 벽　⑧ 계단　⑨ 문　⑩ 1층　⑪ 거실

□ **차**(자동차)　　　【車】**くるま** 쿠루마

□ **차**(음료)　　　【お茶】**おちゃ** 오쨔

□ **차고**　　　【車庫】**しゃこ** 샤꼬

□ **차기**　　　【次期】**じき** 지끼

□ **차남**　　　【次男】**じなん** 지낭

□ **차다**　　　【冷い】**つめたい** 쓰메따이

□ **차다**　　　【蹴る】**ける** 케루

□ **차단**　　　【遮断】**しゃだん** 샤당

□ **차도**　　　【車道】**しゃどう** 샤도-

□ **차라리**　　　**いっそ** 잇소

□ **차례**　　　【順番】**じゅんばん** 쥼방

□ **차례**　　　【順序】**じゅんじょ** 쥰죠

□ **차마**　　　**どうして** 도-시떼

□ **차밍**　　　**チャーミング** 챠-밍구

□ **차별**　　　【差別】**さべつ** 사베쓰

□ **차비**	【車代】 **くるまだい** 쿠루마다이	
□ **차선**	【車線】 **しゃせん** 샤셍	
□ **차양**	【日覆い】 **ひおおい** 히오-이	
□ **차용**	【借用】 **しゃくよう** 샤꾸요-	
□ **차이**	【差異】 **さい** 사이	
□ **차장**	【車掌】 **しゃしょう** 샤쇼-	
□ **차장**	【次長】 **じちょう** 지쬬-	
□ **차지하다**	【占める】 **しめる** 시메루	
□ **차창**	【車窓】 **しゃそう** 샤소-	
□ **차체**	【車体】 **しゃたい** 샤따이	
□ **차츰**	【次第に】 **しだいに** 시다이니	
□ **차트**	**チャート** 챠-또	
□ **착각**	【錯覚】 **さっかく** 삭카꾸	
□ **착각(오)**	【感違い】 **かんちがい** 칸찌가이	
□ **착공**	【着工】 **ちゃっこう** 챡꼬-	
□ **착륙**	【着陸】 **ちゃくりく** 챠꾸리꾸	
□ **착상**	【着想】 **ちゃくそう** 챠꾸소-	
□ **착수**	【着手】 **ちゃくしゅ** 챠꾸슈	

가
나
다
라
마
바
사
아
자
차
카
타
파
하

461

□ 착실	【着実】 ちゃくじつ 챠꾸지쓰
□ 착안	【着眼】 ちゃくがん 챠꾸강
□ 착오	【錯誤】 さくご 사꾸고
□ 착용	【着用】 ちゃくよう 챠꾸요-
□ 찬란함	【燦爛】 さんらん 산랑
□ 찬미	【讃美】 さんび 삼비
□ 찬밥	【冷や飯】 ひやめし 히야메시
□ 찬성	【賛成】 さんせい 산세-
□ 찬송가	【讃美歌】 さんびか 삼비까
□ 찬스	チャンス 챤스
□ 찬장	【戸棚】 とだな 토다나
□ 찬조	【賛助】 さんじょ 산죠
□ 찰나	【途端】 とたん 토땅
□ 찰흙	【粘土】 ねんど 넨도
□ 참가	【参加】 さんか 상까
□ 참고서	【参考書】 さんこうしょ 상꼬-쇼
□ 참깨	ごま 고마
□ 참다	【忍ぶ】 しのぶ 시노부

462

한국어	한자/일본어	발음
□ 참담	【惨憺】 さんたん	산딴
□ 참모	【参謀】 さんぼう	삼보-
□ 참배	【参拝】 さんぱい	삼빠이
□ 참새	【雀】 すずめ	스즈메
□ 참여	【参与】 さんよ	상요
□ 참외	うり	우리
□ 참으로	【実に】 じつに	지쓰니
□ 참음	【我慢】 がまん	가망
□ 참치	まぐろ	마구로
□ 참회	【懺悔】 ざんげ	장게
□ 찻잔	【茶わん】 ちゃわん	챠왕
□ 찻집	【茶屋】 ちゃや	챠야
□ 창	【窓】 まど	마도
□ 창(무기)	【槍】 やり	야리
□ 창가	【窓際】 まどぎわ	마도기와
□ 창고	【倉庫】 そうこ	소-꼬
□ 창립	【創立】 そうりつ	소-리쓰
□ 창백함	【蒼白】 そうはく	소-하꾸

□ 창설	【創設】 そうせつ	소-세쓰
□ 창세기	【創世記】 そうせいき	소-세-끼
□ 창안	【創案】 そうあん	소-앙
□ 창업	【創業】 そうぎょう	소-교-
□ 창작	【創作】 そうさく	소-사꾸
□ 창조	【創造】 そうぞう	소-조-
□ 창피	【恥】 はじ	하지
□ 찾다	【探・捜す】 さがす	사가스
□ 찾아내다	【見つける】 みつける	미쓰께루
□ 채권	【債券】 さいけん	사이껭
□ 채널	チャンネル	챤네루
□ 채다	さらう	사라우
□ 채비	【支度】 したく	시따꾸
□ 채색	【彩色】 さいしょく	사이쇼꾸
□ 채색하다	【彩る】 いろどる	이로도루
□ 채소	【野菜】 やさい	야사이
□ 채소가게	【八百屋】 やおや	야오야
□ 채식	【菜食】 さいしょく	사이쇼꾸

464

채용	【採用】さいよう 사이요-
채우다	【満たす】みたす 미따스
채우다(막다)	【詰める】つめる 쓰메루
채집	【採集】さいしゅう 사이슈-
책	【本】ほん 홍
책꽂이	【本棚】ほんだな 혼다나
책략	【策略】さくりゃく 사꾸랴꾸
책받침	【下敷き】したじき 시따지끼
책방	【本屋】ほんや 홍야
책상	【机】つくえ 쓰꾸에
책상다리	あぐら 아구라
책임	【責任】せきにん 세끼닝
처	【妻】つま 쓰마
처녀	【処女】しょじょ 쇼죠
처단	【処断】しょだん 쇼당
처리	【処理】しょり 쇼리
처마	【軒】のき 노끼
처방	【処方】しょほう 쇼호-

465

□ 처벌	【処罰】 しょばつ 쇼바쓰
□ 처분	【処分】 しょぶん 쇼붕
□ 처사	【仕打ち】 しうち 시우찌
□ 처세	【処世】 しょせい 쇼세-
□ 처음	【初め】 はじめ 하지메
□ 처음으로	【初めて】 はじめて 하지메떼
□ 처자	【妻子】 さいし 사이시
□ 처치	【処置】 しょち 쇼찌
□ 처형	【処刑】 しょけい 쇼께-
□ 척도	【尺度】 しゃくど 샤꾸도
□ 척척	さっさと 삿사또
□ 척추	【脊椎】 せきつい 세끼쓰이
□ 천	【千】 せん 셍
□ 천국	【天国】 てんごく 텡고꾸
□ 천녀	【天女】 てんにょ 텐뇨
□ 천둥	【雷】 かみなり 카미나리
□ 천막	【天幕】 てんまく 텐마꾸
□ 천문학	【天文学】 てんもんがく 템몽가꾸

466

한국어	한자	일본어	발음
□ 천박함	【下品】	げひん	게힝
□ 천사	【天使】	てんし	텐시
□ 천연	【天然】	てんねん	텐넹
□ 천재	【天才】	てんさい	텐사이
□ 천재(재난)	【天災】	てんさい	텐사이
□ 천정	【天井】	てんじょう	텐죠-
□ 천직	【天職】	てんしょく	텐쇼꾸
□ 천천히		ゆっくり	육꾸리
□ 천체	【天体】	てんたい	텐따이
□ 천하	【天下】	てんか	텡까
□ 천하다	【賎しい】	いやしい	이야시-
□ 천황	【天皇】	てんのう	텐노-
□ 철강	【鉄鋼】	てっこう	텍꼬-
□ 철교	【鉄橋】	てっきょう	텍꾜-
□ 철근	【鉄筋】	てっきん	텍낑
□ 철도	【鉄道】	てつどう	테쓰도-
□ 철면피	【恥知らず】	はじしらず	하지시라즈
□ 철물점	【金物屋】	かなものや	카나모노야

가 / 나 / 다 / 라 / 마 / 바 / 사 / 아 / 자 / **차** / 카 / 타 / 파 / 하

□ 철봉	【鉄棒】 てつぼう	테쓰보-
□ 철사	【針金】 はりがね	하리가네
□ 철새	【渡り鳥】 わたりどり	와따리도리
□ 철수하다	【引き上げる】 ひきあげる	히끼아게루
□ 철야	【徹夜】 てつや	테쓰야
□ 철저	【徹底】 てってい	텟떼-
□ 철학	【哲学】 てつがく	테쓰가꾸
□ 첨단	【尖端】 せんたん	센딴
□ 첨부하다	【添える】 そえる	소에루
□ 첩	【妾】 めかけ	메카께
□ 첫눈	【初雪】 はつゆき	하쓰유끼
□ 첫사랑	【初恋】 はつこい	하쓰꼬이
□ 첫째	【第一】 だいいち	다이이찌
□ 청각	【聴覚】 ちょうかく	쵸-카꾸
□ 청개구리	【雨蛙】 あまがえる	아마가에루
□ 청결	【清潔】 せいけつ	세-께쓰
□ 청구서	【請求書】 せいきゅうしょ	세-뀨-쇼
□ 청년	【青年】 せいねん	세-넹

468

□ **청부**	【請負い】 **うけおい** 우께오이	
□ **청산**	【清算】 **せいさん** 세-상	
□ **청색**	【青色】 **あおいろ** 아오이로	
□ **청소**	【掃除】 **そうじ** 소-지	
□ **청순**	【清純】 **せいじゅん** 세-쥼	
□ **청어**	**にしん** 니싱	
□ **청운**	【青雲】 **せいうん** 세-웅	
□ **청중**	【聴衆】 **ちょうしゅう** 쵸-슈-	
□ **청진기**	【聴診器】 **ちょうしんき** 쵸-싱끼	
□ **청춘**	【青春】 **せいしゅん** 세-슝	
□ **쳐다보다**	【見つめる】 **みつめる** 미쓰메루	
□ **체감**	【体感】 **たいかん** 타이깡	
□ **체격**	【体格】 **たいかく** 타이카꾸	
□ **체계**	【体系】 **たいけい** 타이께-	
□ **체납**	【滞納】 **たいのう** 타이노-	
□ **체내**	【体内】 **たいない** 타이나이	
□ **체념하다**	【諦める】 **あきらめる** 아끼라메루	
□ **체력**	【体力】 **たいりょく** 타이료꾸	

□ 체류	【滞留】 **たいりゅう**	타이류-
□ 체면	【体面】 **たいめん**	타이멩
□ 체면손상	【面汚し】 **つらよごし**	쓰라요고시
□ 체온	【体温】 **たいおん**	타이옹
□ 체육	【体育】 **たいいく**	타이이꾸
□ 체인	**チェーン**	체-ㅇ
□ 체인지	**チェンジ**	첸지
□ 체재(머뭄)	【滞在】 **たいざい**	타이자이
□ 체재	【体制】 **たいせい**	타이세-
□ 체조	【体操】 **たいそう**	타이소-
□ 체중	【体重】 **たいじゅう**	타이쥬-
□ 체질	【体質】 **たいしつ**	타이시쓰
□ 체크	**チェック**	첵꾸
□ 체포	【逮捕】 **たいほ**	타이호
□ 체험	【体験】 **たいけん**	타이껭
□ 초	【酢】 **す**	스
□ 초가을	【初秋】 **はつあき**	하쓰아끼
□ 초가집	【藁屋】 **わらや**	와라야

470

□ 초과	【超過】 ちょうか	쵸-까
□ 초기	【初期】 しょき	쇼끼
□ 초급	【初級】 しょきゅう	쇼뀨-
□ 초대	【招待】 しょうたい	쇼-따이
□ 초등학교	【小学校】 しょうがっこう	쇼-각꼬-
□ 초라하다	みすぼらしい	미스보라시-
□ 초래	【招来】 しょうらい	쇼-라이
□ 초록색	【緑色】 みどりいろ	미도리이로
□ 초면	【初対面】 しょたいめん	쇼따이멩
□ 초목	【草木】 くさき	쿠사끼
□ 초밥	【寿司】 すし	스시
□ 초보	【初歩】 しょほ	쇼호
□ 초사흘	【三日】 みっか	믹까
□ 초상화	【肖像画】 しょうぞうが	쇼-조-가
□ 초석	【礎石】 そせき	소세끼
□ 초순	【初旬】 しょじゅん	쇼즁
□ 초승달	【三日月】 みかづき	미까즈끼
□ 초안	【草案】 そうあん	소-앙

□ 초여름	【初夏】しょか 쇼까
□ 초열흘	【十日】とおか 토-까
□ 초원	【草原】そうげん 소-겡
□ 초월	【超越】ちょうえつ 쵸-에쓰
□ 초인종	【呼び鈴】よびりん 요비링
□ 초저녁	【宵】よい 요이
□ 초조하다	もどかしい 모도까시-
□ 초췌하다	やつれる 야쓰레루
□ 초콜릿	チョコレート 쵸꼬레-또
□ 초하루	【一日】ついたち 쓰이타찌
□ 초혼	【初婚】しょこん 쇼꽁
□ 촉각	【触覚】しょっかく 쇽카꾸
□ 촉감	【肌触り】はだざわり 하다자와리
□ 촉구하다	【促す】うながす 우나가스
□ 촉망	【嘱望】しょくぼう 쇼꾸보-
□ 촉성	【促成】そくせい 소꾸세-
□ 촉수	【触手】しょくしゅ 쇼꾸슈
□ 촉진	【促進】そくしん 소꾸싱

□ 촉촉이	**しっとり** 싯또리	
□ 촌뜨기	【田舎っぺ】 **いなかっぺ** 이나캅뻬	
□ 촌락	【村落】 **そんらく** 손라꾸	
□ 촌스럽다	**やぼったい** 야봇따이	
□ 촌지	【寸志】 **すんし** 슨시	
□ 촐랑대다	**はしゃぐ** 하샤구	
□ 촛대	【燭台】 **しょくだい** 쇼꾸다이	
□ 총	【銃】 **じゅう** 쥬-	
□ 총계	【総計】 **そうけい** 소-께-	
□ 총독	【総督】 **そうとく** 소-토꾸	
□ 총력	【総力】 **そうりょく** 소-료꾸	
□ 총리	【総理】 **そうり** 소-리	
□ 총명함	【利口】 **りこう** 리꼬-	
□ 총부리	【銃口】 **つつぐち** 쓰쓰구찌	
□ 총살	【銃殺】 **じゅうさつ** 쥬-사쓰	
□ 총성	【銃声】 **じゅうせい** 쥬-세-	
□ 총아	【寵児】 **ちょうじ** 쬬-지	
□ 총액	【総額】 **そうがく** 소-가꾸	

가
나
다
라
마
바
사
아
자
차
카
타
파
하

□ 총재　　　　　【総裁】 そうさい 소-사이

□ 총회　　　　　【総会】 そうかい 소-까이

□ 촬영　　　　　【撮影】 さつえい 사쓰에-

□ 최고　　　　　【最高】 さいこう 사이꼬-

□ 최근　　　　　【最近】 さいきん 사이낑

□ 최대　　　　　【最大】 さいだい 사이다이

□ 최대한도　　　【関の山】 せきのやま 세끼노야마

□ 최면　　　　　【催眠】 さいみん 사이밍

□ 최상　　　　　【最上】 さいじょう 사이죠-

□ 최선　　　　　【最善】 さいぜん 사이젱

□ 최소　　　　　【最少】 さいしょう 사이쇼-

□ 최신　　　　　【最新】 さいしん 사이싱

□ 최악　　　　　【最悪】 さいあく 사이아꾸

□ 최저　　　　　【最低】 さいてい 사이떼-

□ 최종　　　　　【最終】 さいしゅう 사이슈-

□ 최초　　　　　【最初】 さいしょ 사이쇼

□ 최후　　　　　【最後】 さいご 사이고

□ 추가　　　　　【追加】 ついか 쓰이까

□ 추구	【追求】	ついきゅう	쓰이뀨-
□ 추궁하다	【突きつめる】	つきつめる	쓰끼쓰메루
□ 추대	【推戴】	すいたい	스이따이
□ 추도식	【追悼式】	ついとうしき	쓰이또-시끼
□ 추돌	【追突】	ついとつ	쓰이또쓰
□ 추락	【墜落】	ついらく	쓰이라꾸
□ 추리	【推理】	すいり	스이리
□ 추방	【追放】	ついほう	쓰이호-
□ 추상적	【抽象的】	ちゅうしょうてき	쵸-쇼-테끼
□ 추악	【醜悪】	しゅうあく	슈-아꾸
□ 추억	【思い出】	おもいで	오모이데
□ 추월	【追い越し】	おいこし	오이꼬시
□ 추위	【寒さ】	さむさ	사무사
□ 추장	【酋長】	しゅうちょう	슈-쬬-
□ 추정	【推定】	すいてい	스이떼-
□ 추진	【推進】	すいしん	스이싱
□ 추켜세우다		もてはやす	모떼하야스
□ 추태	【醜態】	しゅうたい	슈-따이

□ 추파	【秋波】しゅうは	슈-하
□ 추호도	【毛頭】もうとう	모-또-
□ 축구	サッカー	삭까-
□ 축농증	【蓄膿症】ちくのうしょう	치꾸노-쇼-
□ 축배	【祝杯】しゅくはい	슈꾸하이
□ 축복	【祝福】しゅくふく	슈꾸후꾸
□ 축사(가축)	【畜舎】ちくしゃ	치꾸샤
□ 축사	【祝辞】しゅくじ	슈꾸지
□ 축산물	【畜産物】ちくさんぶつ	치꾸삼부쓰
□ 축소	【縮小】しゅくしょう	슈꾸쇼-
□ 축재	【蓄財】ちくざい	치꾸자이
□ 축전	【祝電】しゅくでん	슈꾸뎅
□ 축전지	【蓄電器】ちくでんき	치꾸뎅끼
□ 축제	【お祭り】おまつり	오마쓰리
□ 축축하다	【湿っぽい】しめっぽい	시멥뽀이
□ 축하	【祝い】いわい	이와이
□ 축하하다	【祝う】いわう	이와우
□ 춘설	【春雪】しゅんせつ	슌세쓰

□ 춘추	【春秋】 しゅんじゅう 슌쮸-
□ 출가	【出家】 しゅっけ 슉께
□ 출가하다	【嫁ぐ】 とつぐ 토쓰구
□ 출격	【出撃】 しゅつげき 슈쓰게끼
□ 출고	【出庫】 しゅっこ 슉꼬
□ 출국	【出国】 しゅっこく 슉코꾸
□ 출근	【出勤】 しゅっきん 슉낑
□ 출납	【出納】 すいとう 스이또-
□ 출동	【出動】 しゅつどう 슈쓰도-
□ 출두	【出頭】 しゅっとう 슛또-
□ 출력	【出力】 しゅつりょく 슈쓰료꾸
□ 출마	【出馬】 しゅつば 슈쓰바
□ 출몰	【出没】 しゅつぼつ 슈쓰보쓰
□ 출발	【出発】 しゅっぱつ 슙빠쓰
□ 출범	【出帆】 しゅっぱん 슙빵
□ 출산	【出産】 しゅっさん 슛상
□ 출생	【出生】 しゅっせい 슛세-
□ 출신	【出身】 しゅっしん 슛싱

□ 출연	【出演】 しゅつえん	슈쓰엥
□ 출옥	【出獄】 しゅつごく	슈쓰고꾸
□ 출입	【出入り】 でいり	데이리
□ 출자	【出資】 しゅっし	슛시
□ 출장	【出張】 しゅっちょう	슛쬬-
□ 출정	【出征】 しゅっせい	슛세-
□ 출제	【出題】 しゅつだい	슈쓰다이
□ 출처	【出所】 でどころ	데도꼬로
□ 출판	【出版】 しゅっぱん	슙빵
□ 출품	【出品】 しゅっぴん	슙삥
□ 출하	【出荷】 しゅっか	슉까
□ 출항	【出航】 しゅっこう	슉꼬-
□ 출현	【出現】 しゅつげん	슈쓰겡
□ 출혈	【出血】 しゅっけつ	슉께쓰
□ 춤	【踊り】 おどり	오도리
□ 춤추다	【踊る】 おどる	오도루
□ 춥다	【寒い】 さむい	사무이
□ 충격	【衝撃】 しょうげき	쇼-게끼

□ 충고	【忠告】	ちゅうこく	츄-코꾸
□ 충돌	【衝突】	しょうとつ	쇼-토쓰
□ 충동	【衝動】	しょうどう	쇼-도-
□ 충만	【充満】	じゅうまん	쥬-망
□ 충복	【忠僕】	ちゅうぼく	츄-보꾸
□ 충분	【充分·十分】	じゅうぶん	쥬-붕
□ 충성	【忠誠】	ちゅうせい	츄-세-
□ 충신	【忠臣】	ちゅうしん	츄-싱
□ 충실	【充実】	じゅうじつ	쥬-지쓰
□ 충전	【充電】	じゅうでん	쥬-뎅
□ 충치	【虫歯】	むしば	무시바
□ 취급	【取り扱い】	とりあつかい	토리아쓰까이
□ 취미	【趣味】	しゅみ	슈미
□ 취사	【炊事】	すいじ	스이지
□ 취소	【取り消し】	とりけし	토리케시
□ 취약점	【弱味】	よわみ	요와미
□ 취업	【就業】	しゅうぎょう	슈-교-
□ 취임	【就任】	しゅうにん	슈-닝

□ 취재	【取材】しゅざい	슈자이
□ 취조	【取調べ】とりしらべ	토리시라베
□ 취직	【就職】しゅうしょく	슈-쇼꾸
□ 취하	【取り下げ】とりさげ	토리사게
□ 취하다	【取る】とる	토루
□ 취하다(술)	【酔う】よう	요우
□ 취학	【就学】しゅうがく	슈-가꾸
□ 측근	【側近】そっきん	속낑
□ 측량	【測量】そくりょう	소꾸료-
□ 측면	【側面】そくめん	소꾸멩
□ 측정	【測定】そくてい	소꾸떼-
□ 층계	【階段】かいだん	카이당
□ 치과의사	【歯医者】はいしゃ	하이샤
□ 치다	【打つ】うつ	우쓰
□ 치다(악기)	【弾く】ひく	히꾸
□ 치료	【治療】ちりょう	치료-
□ 치마	【袴】はかま	하까마
□ 치매	【痴呆】ちぼう	치보-

480

□ **치명적**	【致命的】 **ちめいてき** 치메-테끼	
□ **치밀**	【緻密】 **ちみつ** 치미쓰	
□ **치사**	【致死】 **ちし** 치시	
□ **치사하다**	**さもしい** 사모시-	
□ **치세**	【治世】 **ちせい** 치세-	
□ **치수**	【寸法】 **すんぽう** 슴뽀-	
□ **치안**	【治安】 **ちあん** 치앙	
□ **치약**	【歯磨き粉】 **はみがきこ** 하미가키꼬	
□ **치우다**	【片付ける】 **かたづける** 가따즈께루	
□ **치유**	【治癒】 **ちゆ** 치유	
□ **치장하다**	【装う】 **よそおう** 요소오-	
□ **치정**	【痴情】 **ちじょう** 치죠-	
□ **치즈**	**チーズ** 치-즈	
□ **치켜세우다**	**おだてる** 오다떼루	
□ **치킨**	**チキン** 치낑	
□ **치통**	【歯痛】 **はいた** 하이따	
□ **치하하다**	【労う】 **ねぎらう** 네기라우	
□ **치한**	【痴漢】 **ちかん** 치깡	

□ **친구**	【友達】	ともだち	토모다찌
□ **친구**	【友人】	ゆうじん	유-징
□ **친목**	【親睦】	しんぼく	심보꾸
□ **친밀**	【親密】	しんみつ	심미쓰
□ **친선**	【親善】	しんぜん	신젱
□ **친절**	【親切】	しんせつ	신세쓰
□ **친애**	【親愛】	しんあい	싱아이
□ **친정집**	【実家】	じっか	직까
□ **친지**	【知合い】	しりあい	시리아이
□ **친척**	【親戚】	しんせき	신세끼
□ **친필**	【親筆】	しんぴつ	심삐쓰
□ **친하다**	【親しい】	したしい	시따시-
□ **칠면조**	【七面鳥】	しちめんちょう	시찌멘쬬-
□ **칠칠치 못하다**		だらしない	다라시나이
□ **칠하다**	【塗る】	ぬる	누루
□ **칠흑**	【漆黒】	しっこく	식코꾸
□ **침**	【唾】	つば	쓰바
□ **침구**(잠)	【寝具】	しんぐ	싱구

482

침구(침술)	【鍼灸】	しんきゅう 싱뀨-
침대	【寝台】	しんだい 신다이
침략	【侵略】	しんりゃく 신랴꾸
침몰	【沈没】	ちんぼつ 침보쓰
침묵	【沈黙】	ちんもく 침모꾸
침묵하다	【黙る】	だまる 다마루
침범하다	【侵す】	おかす 오까스
침실	【寝室】	しんしつ 신시쓰
침입	【侵入】	しんにゅう 신뉴-
침착	【沈着】	ちんちゃく 친쨔꾸
침해	【侵害】	しんがい 싱가이
칫솔	【歯ぶらし】	はぶらし 하부라시
칭찬하다	【誉める】	ほめる 호메루

① 花壇
か だん
카당

② うさぎ
우사기

③ 猫
ねこ
네꼬

④ 犬
いぬ
이누

⑤ へい
헤-

① 화단 ② 토끼 ③ 고양이 ④ 개 ⑤ 울타리

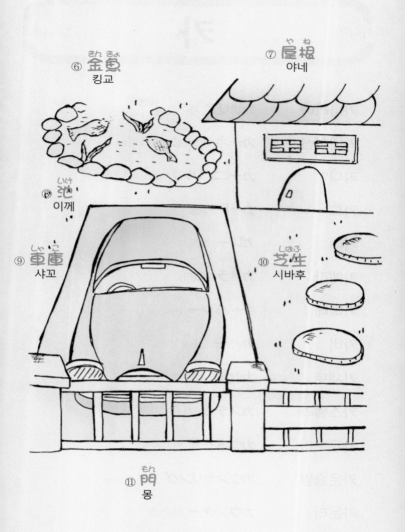

⑥ 금붕어　⑦ 지붕　⑧ 연못　⑨ 차고　⑩ 잔디　⑪ 대문

- □ **카나리아** **カナリア** 카나리아

- □ **카네이션** **カーネーション** 카네-숑

- □ **카니발** **カーニバル** 카-니바루

- □ **카드** **カード** 카-도

- □ **카레** **カレー** 카레-

- □ **카메라** **カメラ** 카메라

- □ **카바레** **キャバレー** 캬바레-

- □ **카버** **カバー** 카바-

- □ **카세트** **カセット** 카셋또

- □ **카스텔라** **カステラ** 카스테라

- □ **카우보이** **カウボーイ** 카우보-이

- □ **카운슬링** **カウンセリング** 카운세링구

- □ **카운터** **カウンター** 카운따-

- □ **카운트** **カウント** 카운또

- □ **카지노** **カジノ** 카지노

□ 카탈로그	カタログ	카타로구
□ 카테고리	カテゴリー	카테고리-
□ 카페	カフェー	카훼-
□ 카펫	カーペット	카-펫또
□ 카피	コピー	코피-
□ 칵테일	カクテル	카쿠테루
□ 칸막이	【衝立】 ついたて	쓰이타떼
□ 칼	【刀】 かたな	카따나
□ 칼럼	コラム	코라무
□ 칼로리	カロリー	카로리-
□ 캄캄함	【真っ暗】 まっくら	막꾸라
□ 캐나다	カナダ	카나다
□ 캐내다	【突きとめる】 つきとめる	쓰기토메루
□ 캐러멜	キャラメル	캬라메루
□ 캐럿	カラット	카랏또
□ 캐리어	キャリア	캬리아
□ 캐리커처	カリカチュア	카리카츄아
□ 캐묻다	【問いつめる】 といつめる	토이쓰메루

487

□ 캐비닛	**キャビネット** 캬비넷또	
□ 캐스트	**キャスト** 캬스또	
□ 캐주얼	**カジュアル** 카쥬아루	
□ 캔버스	**カンバス** 칸바스	
□ 캘린더	**カレンダー** 카렌다	
□ 캠퍼스	**キャンパス** 캬파스	
□ 캠페인	**キャンペーン** 캬페-ㅇ	
□ 캠프	**キャンプ** 캬푸	
□ 캡슐	**カプセル** 카푸세루	
□ 캥거루	**カンガルー** 캉가루-	
□ 커닝	**カンニング** 칸닝구	
□ 커리큘럼	**カリキュラム** 카리큐라무	
□ 커뮤니케이션	**コミュニケーション** 코뮤니케-숑	
□ 커미션	**コミッション** 코밋숀	
□ 커브	**カーブ** 카-부	
□ 커트	**カット** 캇또	
□ 커튼	**カーテン** 카-뗑	
□ 커플	**カップル** 캅푸루	

488

□ 커피	コーヒー	코-히
□ 컨디션	コンディション	콘디숑
□ 컨설턴트	コンサルタント	콘사루탄또
□ 컨트롤	コントロール	콘토로-루
□ 컨트리클럽	カントリークラブ	칸토리-쿠라부
□ 컬러	カラー	카라-
□ 컬렉션	コレクション	코레쿠숑
□ 컴백	カムバック	캄박꾸
□ 컴퍼니	コンパニー	콤파니-
□ 컴퍼스	コンパス	콤파스
□ 컴퓨터	コンピューター	콤퓨-따
□ 컵	コップ	콥뿌
□ 컵(상배)	カップ	캅뿌
□ 케이블카	ケーブルカー	케-부루까-
□ 케이스	ケース	케-스
□ 케이크	ケーキ	케-끼
□ 케첩	ケチャップ	케챂뿌
□ 켜다	【付ける】つける	쓰께루

489

코	【鼻】はな 하나
코고는 소리	いびき 이비끼
코끼리	【象】ぞう 조-
코냑	コニャック 코냑꾸
코너	コーナー 코-나-
코드	コード 코-도
코딱지	【鼻糞】はなくそ 하나쿠소
코러스	コーラス 코-라스
코미디	コメディー 코메디-
코믹	コミック 코믹꾸
코브라	コブラ 코부라
코뿔소	さい 사이
코스	コース 코-스
코스모스	コスモス 코스모스
코스트	コスト 코스또
코알라	コアラ 코아라
코인	コイン 코잉
코치	コーチ 코-찌

□ 코코넛	ココナツ	코코나쓰
□ 코코아	ココア	코코아
□ 코트	コート	코-또
□ 코풀다	かむ	가무
□ 코피	【鼻血】はなぢ	하나지
□ 콘사이스	コンサイス	콘사이스
□ 콘서트	コンサート	콘사-또
□ 콘돔	コンドーム	콘도-무
□ 콘크리트	コンクリート	콩꾸리-또
□ 콘테스트	コンテスト	콘테스또
□ 콘택트렌즈	コンタクトレンズ	콘타쿠토렌즈
□ 콜레라	コレラ	코레라
□ 콤비	コンビ	콤비
□ 콤팩트	コンパクト	콤파쿠또
□ 콤플렉스	コンプレックス	콤푸렉쿠스
□ 콧구멍	【鼻孔】びこう	비꼬-
□ 콧날	【鼻筋】はなすじ	하나스지
□ 콧노래	【鼻歌】はなうた	하나우따

□ 콧대	【鼻っ柱】はなっぱしら	하납빠시라
□ 콧물	【鼻水】はなみず	하나미즈
□ 콩	【豆】まめ	마메
□ 콩나물	もやし	모야시
□ 콩쿠르	コンクール	콩쿠-루
□ 콩트	コント	콘또
□ 콸콸	どくどく	도꾸도꾸
□ 쾌감	【快感】かいかん	카이깡
□ 쾌락	【快楽】かいらく	카이라꾸
□ 쾌활함	【快活】かいかつ	카이까쓰
□ 쿠션	クッション	쿳숑
□ 쿠키	クッキー	쿡끼-
□ 쿠폰	クーポン	쿠-뽕
□ 쿡	コック	콕꾸
□ 쿡쿡 찌르다	つつく	쓰쓰꾸
□ 쿨러	クーラー	쿠-라
□ 퀴즈	クイズ	쿠이즈
□ 퀸	クイーン	쿠이-ㅇ

492

□ 크기	【大きさ】 おおきさ	오-끼사
□ 크다	【大きい】 おおきい	오-끼-
□ 크래커	クラッカー	쿠락까
□ 크레용	クレヨン	쿠레용
□ 크레인	クレーン	쿠레-ㅇ
□ 크레파스	クレパス	쿠레빠스
□ 크로켓	コロッケ	코롯께
□ 크리스마스	クリスマス	쿠리스마스
□ 크림	クリーム	쿠리-무
□ 큰	【大きな】 おおきな	오-끼나
□ 큰바위	【巌】 いわお	이와오
□ 큰소리	【大声】 おおごえ	오-고에
□ 큰일	【大変】 たいへん	타이헹
□ 클래스	クラス	쿠라스
□ 클라이맥스	クライマックス	쿠라이막꾸스
□ 클래식	クラシック	쿠라식꾸
□ 클럽	クラブ	쿠라부
□ 클로버	クローバ	쿠로-바

493

욕실 浴室

① 鏡 카가미
② くし 쿠시
③ かみそり 카미소리
④ 水 미즈
⑤ 歯ブラシ 하부라시
⑥ 洗面器 셈멩끼
⑦ 歯磨き 하미가끼

① 거울 ② 빗 ③ 면도기 ④ 물 ⑤ 칫솔 ⑥ 세면대 ⑦ 치약

⑧ タオル
타오루

⑨ 湯
유

⑩ 水道
시이도ー

⑪ 石けん
섹껭

⑫ 風呂おけ
후로오께

⑧ 수건　⑨ 온수　⑩ 수도　⑪ 비누　⑫ 욕조

□ 클로즈업	クローズアップ	쿠로-즈압뿌
□ 클리닉	クリニック	쿠리닉꾸
□ 클리닝	クリーニング	쿠리-닝구
□ 클릭	クリック	쿠릭꾸
□ 키(신장)	【背丈】 せたけ	세따케
□ 키(열쇠)	キー	키-
□ 키다리	のっぽ	놉뽀
□ 키스	キス	키스
□ 키우다	【育てる】 そだてる	소다떼루
□ 키재기	【丈比べ】 たけくらべ	타께구라베
□ 키친	キッチン	킷칭
□ 킬러	キラー	키라-
□ 킬로그램	キログラム	키로구라무
□ 킬로미터	キロメートル	키로메-또루

□ **타개**　　　　【打開】 **だかい** 다까이

□ **타격**　　　　【打撃】 **だげき** 다게끼

□ **타계**　　　　【他界】 **たかい** 타까이

□ **타고난 기질**　【持ち前】 **もちまえ** 모찌마에

□ **타고 넘다**　　【乗り越える】 **のりこえる** 노리꼬에루

□ **타구**　　　　【打球】 **だきゅう** 다뀨-

□ **타국**　　　　【他国】 **たこく** 타코꾸

□ **타념**　　　　【他念】 **たねん** 타넹

□ **타다(차)**　　【乗る】 **のる** 노루

□ **타다(불)**　　【焼ける】 **やける** 야께루

□ **타당**　　　　【妥当】 **だとう** 다또-

□ **타도**　　　　【打倒】 **だとう** 다또-

□ **타락**　　　　【堕落】 **だらく** 다라꾸

□ **타령**　　　　【愚痴】 **ぐち** 구찌

□ **타산**　　　　【打算】 **ださん** 다상

□ **타살**	【他殺】 **たさつ** 타사쓰	
□ **타성**	【惰性】 **だせい** 다세-	
□ **타수**	【打手】 **だしゅ** 다슈	
□ **타악기**	【打楽器】 **だがっき** 다각끼	
□ **타액**	【唾液】 **だえき** 다에끼	
□ **타오르다**	【燃え上がる】 **もえあがる** 모에아가루	
□ **타워**	**タワー** 타와-	
□ **타원형**	【楕円形】 **だえんけい** 다엥께-	
□ **타월**	**タオル** 타오루	
□ **타율**	【打率】 **だりつ** 다리쓰	
□ **타이르다**	**たしなめる** 타시나메루	
□ **타이밍**	**タイミング** 타이밍구	
□ **타이어**	**タイヤ** 타이야	
□ **타이틀**	**タイトル** 타이토루	
□ **타인**	【他人】 **たにん** 타닝	
□ **타임**	**タイム** 타이무	
□ **타자**	【打者】 **だしゃ** 다샤	
□ **타자기**	【打字機】 **だじき** 다지끼	

□ **타자기**	**タイプライター** 타이푸라이따-	
□ **타전**	【打電】 **だでん** 다뎅	
□ **타조**	【駝鳥】 **だちょう** 다쪼-	
□ **타진**	【打診】 **だしん** 다싱	
□ **타파**	【打破】 **だは** 다하	
□ **타파하다**	【打ち破る】 **うちやぶる** 우찌야부루	
□ **타협**	【妥協】 **だきょう** 다꾜-	
□ **탁구**	**ピンポン** 핌뽕	
□ **탁류**	【濁流】 **だくりゅう** 다꾸류-	
□ **탁마**	【琢磨】 **たくま** 타꾸마	
□ **탁발**	【托鉢】 **たくはつ** 타꾸하쓰	
□ **탁상**	【卓上】 **たくじょう** 타꾸죠-	
□ **탁상시계**	【置時計】 **おきどけい** 오끼도께-	
□ **탁수**	【濁水】 **だくすい** 다꾸스이	
□ **탁아소**	【託児所】 **たくじしょ** 타꾸지쇼	
□ **탁월함**	【卓越】 **たくえつ** 타꾸에쓰	
□ **탁음**	【濁音】 **だくおん** 다꾸옹	
□ **탄력**	【弾力】 **だんりょく** 단료꾸	

□ 탄로	ぼろ 보로	
□ 탄로나다	【暴れる】ばれる 바레루	
□ 탄생	【誕生】たんじょう 탄죠-	
□ 탄성	【嘆声】たんせい 타세-	
□ 탄식	【嘆息】たんそく 타소꾸	
□ 탄약	【弾薬】だんやく 당야꾸	
□ 탄원서	【嘆願書】たんがんしょ 탕간쇼	
□ 탄핵	【弾劾】だんがい 당가이	
□ 탄환	【弾丸】だんがん 당강	
□ 탈	【祟り】たたり 타따리	
□ 탈곡	【脱穀】だっこく 닥코꾸	
□ 탈당	【脱党】だっとう 닷또-	
□ 탈락	【脱落】だつらく 다쓰라꾸	
□ 탈루	【脱漏】だつろう 다쓰로-	
□ 탈모(모자)	【脱帽】だつぼう 다쓰보-	
□ 탈모(터럭)	【脱毛】だつもう 다쓰모-	
□ 탈바꿈	【変身】へんしん 헨싱	
□ 탈선	【脱線】だっせん 닷셍	

□ 탈세	【脱税】だつぜい	다쓰제-
□ 탈수	【脱水】だっすい	닷스이
□ 탈옥	【脱獄】だつごく	다쓰고꾸
□ 탈의실	【脱衣室】だついしつ	다쓰이시쓰
□ 탈주	【脱走】だっそう	닷소-
□ 탈지면	【脱脂綿】だっしめん	닷시멩
□ 탈출	【脱出】だっしゅつ	닷슈쓰
□ 탈취	【脱取】だっしゅ	닷슈
□ 탈취하다	ふんだくる	훈다꾸루
□ 탈퇴	【脱退】だったい	닷따이
□ 탈피	【脱皮】だっぴ	답삐
□ 탈환	【脱還】だっかん	닥깡
□ 탐구	【探求】たんきゅう	탕뀨-
□ 탐나다	【欲しい】ほしい	호시-
□ 탐내다	【欲しがる】ほしがる	호시가루
□ 탐닉	【耽溺】たんでき	탄데끼
□ 탐문	【探聞】たんぶん	탐붕
□ 탐미	【耽美】たんび	탐비

□ 탐사	【探査】 たんさ	탄사
□ 탐욕	【貪欲】 どんよく	동요꾸
□ 탐지	【探知】 たんち	탄찌
□ 탐하다	【貪る】 むさぼる	무사보루
□ 탐험	【探検】 たんけん	탕껭
□ 탑	【塔】 とう	토-
□ 탑승	【搭乗】 とうじょう	토-죠-
□ 탑재	【搭載】 とうさい	토-사이
□ 탓	せい	세-
□ 탕아	【蕩児】 とうじ	토-지
□ 태고	【太古】 たいこ	타이꼬
□ 태교	【胎教】 たいきょう	타이꾜-
□ 태도	【態度】 たいど	타이도
□ 태동	【胎動】 たいどう	타이도-
□ 태두	【泰斗】 たいと	타이또
□ 태만	【怠慢】 たいまん	타이망
□ 태만하다	【怠ける】 なまける	나마께루
□ 태몽	【胎夢】 たいもう	타이모-

□ 태반	【胎盤】 たいばん 타이방
□ 태반	【大半】 たいはん 타이항
□ 태생	【生まれつき】 うまれつき 우마레쓰끼
□ 태세	【態勢】 たいせい 타이세-
□ 태아	【胎児】 たいじ 타이지
□ 태양	【太陽】 たいよう 타이요-
□ 태어나다	【生まれる】 うまれる 우마레루
□ 태연함	【平気】 へいき 헤-끼
□ 태우다	【燃やす】 もやす 모야스
□ 태자	【太子】 たいし 타이시
□ 태평함	【呑気】 のんき 농끼
□ 태평양	【太平洋】 たいへいよう 타이헤-요-
□ 태풍	【台風】 たいふう 타이후-
□ 택시	タクシー 타꾸시-
□ 택일	【択一】 たくいつ 타꾸이쓰
□ 택하다	【選ぶ】 えらぶ 에라부
□ 탤런트	タレント 타렌또
□ 탱고	タンゴ 탕고

□ 터널	トンネル 톤네루	
□ 터득	【会得】えとく 에토꾸	
□ 터미널	ターミナル 타-미나루	
□ 터벅터벅	てくてく 테꾸떼꾸	
□ 터부	タブー 타부-	
□ 터지다	【弾ける】はじける 하지께루	
□ 터치	タッチ 탓찌	
□ 터키	トルコ 토루꼬	
□ 터프가이	タフガイ 타후가이	
□ 턱	あご 아고	
□ 턱걸이	【懸垂】けんすい 켄스이	
□ 턱시도	タキシード 타끼시-도	
□ 털	【毛】け 케	
□ 털다	はたく 하따꾸	
□ 털실	【毛糸】けいと 케이또	
□ 털썩	どっかり 독까리	
□ 털어놓다	ぶちまける 부찌마께루	
□ 텅빔	【空っぽ】からっぽ 카랍뽀	

504

□ 테너	テナー	테나-
□ 테니스	テニス	테니스
□ 테니스코트	テニスコート	테니스코-또
□ 테두리	【枠】わく	와꾸
□ 테라스	テラス	테라스
□ 테러	テロ	테로
□ 테마	テーマ	테-마
□ 테스트	テスト	테스또
□ 테이블	テーブル	테-부루
□ 테이프	テープ	테-뿌
□ 테크닉	テクニック	테쿠닉꾸
□ 텍스트	テキスト	테키스또
□ 텐트	テント	텐또
□ 텔레비전	テレビ	테레비
□ 텔레파시	テレパシー	테레파시-
□ 템포	テンポ	템뽀
□ 토기	【土器】どき	도끼
□ 토끼	うさぎ	우사기

□ 토끼풀	【詰草】つめくさ	쓰메쿠사
□ 토대	【土台】どだい	도다이
□ 토라지다	すねる	스네루
□ 토론	【討論】とうろん	토-롱
□ 토마토	トマト	토마또
□ 토목	【土木】どぼく	도보꾸
□ 토박이	【生粋】きっすい	킷스이
□ 토산물	【土産物】どさんぶつ	도삼부쓰
□ 토속	【土俗】どぞく	도조꾸
□ 토스트	トースト	토-스또
□ 토요일	【土曜日】どようび	도요-비
□ 토의	【討議】とうぎ	토-기
□ 토지	【土地】とち	토찌
□ 토착	【土着】どちゃく	도쨔꾸
□ 토하다	【吐く】はく	하꾸
□ 톤	トン	통
□ 톱(연장)	のこぎり	노꼬기리
□ 톱(정상)	トップ	톱뿌

□ 톱니바퀴	【歯車】	はぐるま	하구루마
□ 톱밥		おがくず	오가쿠즈
□ 통	【筒】	つつ	쓰쓰
□ 통계	【統計】	とうけい	토-께-
□ 통고	【通告】	つうこく	쓰-코꾸
□ 통곡	【痛哭】	つうこく	쓰-코꾸
□ 통과	【通過】	つうか	쓰-까
□ 통근	【通勤】	つうきん	쓰-낑
□ 통나무	【丸太】	まるた	마루따
□ 통념	【通念】	つうねん	쓰-넹
□ 통로	【通路】	つうろ	쓰-로
□ 통보	【通報】	つうほう	쓰-호-
□ 통상	【通商】	つうしょう	쓰-쇼-
□ 통상	【通常】	つうじょう	쓰-죠-
□ 통소매	【筒袖】	つつそで	쓰쓰소데
□ 통속	【通俗】	つうぞく	쓰-조꾸
□ 통솔	【統率】	とうそつ	토-소쓰
□ 통신	【通信】	つうしん	쓰-싱

507

□ **통역**	【通訳】 つうやく 쓰-야꾸
□ **통용**	【通用】 つうよう 쓰-요-
□ **통일**	【統一】 とういつ 토-이쓰
□ **통장**	【通帳】 つうちょう 쓰-쬬-
□ **통제**	【統制】 とうせい 토-세-
□ **통조림**	【缶詰】 かんづめ 칸즈메
□ **통지**	【通知】 つうち 쓰-찌
□ **통찰**	【洞察】 どうさつ 도-사쓰
□ **통치**	【統治】 とうじ 토-지
□ **통쾌**	【痛快】 つうかい 쓰-까이
□ **통틀어**	【押し並べて】 おしなべて 오시나베떼
□ **통하다**	【通じる】 つうじる 쓰-지루
□ **통학**	【通学】 つうがく 쓰-가꾸
□ **통합**	【統合】 とうごう 토-고-
□ **통행**	【通行】 つうこう 쓰-꼬-
□ **통화(전화)**	【通話】 つうわ 쓰-와
□ **통화(금융)**	【通貨】 つうか 쓰-까
□ **통화중**	【話し中】 はなしちゅう 하나시쮸-

□ **퇴각**	【退却】 **たいきゃく** 타이캬꾸	
□ **퇴교**	【退校】 **たいこう** 타이꼬-	
□ **퇴근**	【退勤】 **たいきん** 타이낑	
□ **퇴보**	【退歩】 **たいほ** 타이호	
□ **퇴사**	【退社】 **たいしゃ** 타이샤	
□ **퇴색**	【褪色】 **たいしょく** 타이쇼꾸	
□ **퇴역**	【退役】 **たいえき** 타이에끼	
□ **퇴원**	【退院】 **たいいん** 타이잉	
□ **퇴장**	【退場】 **たいじょう** 타이죠-	
□ **퇴적**	【堆積】 **たいせき** 타이세끼	
□ **퇴조**	【退潮】 **たいちょう** 타이쬬-	
□ **퇴직**	【退職】 **たいしょく** 타이쇼꾸	
□ **퇴치**	【退治】 **たいじ** 타이지	
□ **퇴폐**	【頽廃】 **たいはい** 타이하이	
□ **퇴학**	【退学】 **たいがく** 타이가꾸	
□ **퇴화**	【退化】 **たいか** 타이까	
□ **툇마루**	【縁側】 **えんがわ** 엥가와	
□ **투고**	【投稿】 **とうこう** 토-꼬-	

□ 투구	【兜】 **かぶと** 카부또	
□ 투구	【投球】 **とうきゅう** 토-뀨-	
□ 투기	【投機】 **とうき** 토-끼	
□ 투망	【投網】 **とうもう** 토-모-	
□ 투매	【投売り】 **なげうり** 나게우리	
□ 투명	【透明】 **とうめい** 토-메-	
□ 투병	【闘病】 **とうびょう** 토-뵤-	
□ 투사	【闘士】 **とうし** 토-시	
□ 투서	【投書】 **とうしょ** 토-쇼	
□ 투석	【投石】 **とうせき** 토-세끼	
□ 투성이	**だらけ** 다라께	
□ 투수	【投手】 **とうしゅ** 토-슈	
□ 투숙	【投宿】 **とうしゅく** 토-슈꾸	
□ 투시	【透視】 **とうし** 토-시	
□ 투신	【投身】 **とうしん** 토-싱	
□ 투어	**ツアー** 쓰아-	
□ 투여	【投与】 **とうよ** 토-요	
□ 투옥	【投獄】 **とうごく** 토-고꾸	

510

- □ 투입　　　【投入】とうにゅう 토-뉴-

- □ 투자　　　【投資】とうし 토-시

- □ 투쟁　　　【闘争】とうそう 토-소-

- □ 투정　　　だだ 다다

- □ 투철　　　【透徹】とうてつ 토-떼쓰

- □ 투표　　　【投票】とうひょう 토-효-

- □ 투피스　　ツーピース 쓰-피-스

- □ 투하　　　【投下】とうか 토-까

- □ 툭하면　　なにかにつけ 나니까니쓰께

- □ 퉁소　　　【尺八】しゃくはち 샤꾸하찌

- □ 튜브　　　チューブ 츄-부

- □ 튤립　　　チューリップ 츄-립뿌

- □ 튀김　　　てんぷら 템뿌라

- □ 트랙　　　トラック 토락꾸

- □ 트랩　　　タラップ 타랍뿌

- □ 트러블　　トラブル 토라부루

- □ 트럭　　　トラック 토락꾸

- □ 트럼펫　　トランペット 토람뻿또

□ 트럼프	トランプ 토람뿌
□ 트렁크	トランク 토랑꾸
□ 트레이닝	トレーニング 토레-닝구
□ 트로피	トロフィー 토로휘-
□ 트롯	トロット 토롯또
□ 트리오	トリオ 토리오
□ 트릭	トリック 토릭꾸
□ 트림	げっぷ 겝뿌
□ 트집	【難癖】なんくせ 낭꾸세
□ 특강	【特講】とっこう 톡꼬-
□ 특권	【特権】とっけん 톡껭
□ 특급	【特急】とっきゅう 톡뀨-
□ 특기	【特技】とくぎ 토꾸기
□ 특명	【特命】とくめい 토꾸메-
□ 특별	【特別】とくべつ 토꾸베쓰
□ 특사	【特使】とくし 토꾸시
□ 특선	【特選】とくせん 토꾸셍
□ 특성	【特性】とくせい 토꾸세-

□ 특수	【特殊】とくしゅ	토꾸슈
□ 특약점	【特約店】とくやくてん	토꾸야꾸뗑
□ 특유	【特有】とくゆう	토꾸유-
□ 특이	【特異】とくい	토꾸이
□ 특전	【特典】とくてん	토꾸뗑
□ 특정	【特定】とくてい	토꾸떼-
□ 특종	【特種】とくだね	토꾸다네
□ 특진	【特進】とくしん	토꾸싱
□ 특집	【特集】とくしゅう	토꾸슈-
□ 특징	【特徴】とくちょう	토꾸쬬-
□ 특채	【特採】とくさい	토꾸사이
□ 특출함	【飛切り】とびきり	토비끼리
□ 특허	【特許】とっきょ	톡꾜
□ 특필	【特筆】とくひつ	토꾸히쯔
□ 특히	【特に】とくに	토꾸니
□ 튼튼함	【丈夫】じょうぶ	죠-부
□ 틀니	【入れ歯】いれば	이레바
□ 틀리다(맞지않다)	【違う】ちがう	치가우

513

생선가게와 정육점　魚屋と肉屋

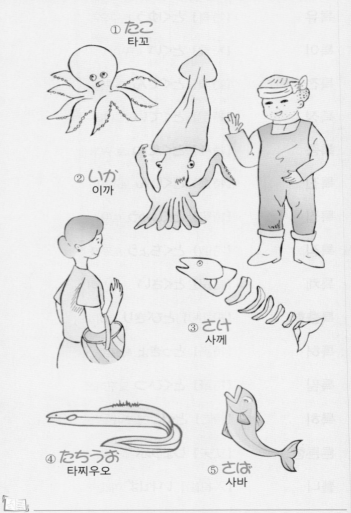

① たこ
타꼬

② いか
이까

③ さけ
사께

④ たちうお
타찌우오

⑤ さば
사바

① 문어　② 오징어　③ 연어　④ 갈치　⑤ 고등어

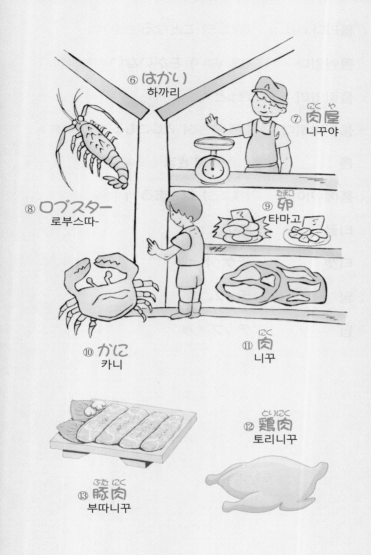

⑥ **はかり**
하까리

⑦ **肉屋**
니꾸야

⑧ **ロブスター**
로부스따-

⑨ **卵**
타마고

⑩ **かに**
카니

⑪ **肉**
니꾸

⑫ **鶏肉**
토리니꾸

⑬ **豚肉**
부따니꾸

⑥ 저울   ⑦ 정육점 주인   ⑧ 바닷가재   ⑨ 달걀   ⑩ 게
⑪ 고기   ⑫ 닭고기   ⑬ 돼지고기

□ **틀리다**(다르다)	【異なる】 **ことなる** 코또나루	
□ **틀림없다**	【違いない】 **ちがいない** 치가이나이	
□ **틀림없이**	**きっと** 킷또	
□ **틀어박히다**	【閉じこもる】 **とじこもる** 토지꼬모루	
□ **틈**	【隙間】 **すきま** 스끼마	
□ **틈에 끼이다**	【挟まる】 **はさまる** 하사마루	
□ **티끌**	**ちり** 치리	
□ **티켓**	**チケット** 치켓또	
□ **팀**	**チーム** 치-무	
□ **팁**	**チップ** 칩뿌	

□ **파** 　　　　ねぎ 네기

□ **파계** 　　　　【破戒】 **はかい** 하까이

□ **파격** 　　　　【破格】 **はかく** 하카꾸

□ **파견** 　　　　【派遣】 **はけん** 하껭

□ **파경** 　　　　【破鏡】 **はきょう** 하꾜-

□ **파고** 　　　　【波高】 **はこう** 하꼬-

□ **파괴** 　　　　【破壊】 **はかい** 하까이

□ **파국** 　　　　【破局】 **はきょく** 하쿄꾸

□ **파급** 　　　　【波及】 **はきゅう** 하뀨-

□ **파기** 　　　　【破棄】 **はき** 하끼

□ **파노라마** 　　パノラマ 파노라마

□ **파다** 　　　　【掘る】 **ほる** 호루

□ **파도** 　　　　【波】 **なみ** 나미

□ **파동** 　　　　【波動】 **はどう** 하도-

□ **파라다이스** 　パラダイス 파라다이스

□ 파락호	【ならず者】 ならずもの	나라즈모노
□ 파란	【波瀾】 はらん	하랑
□ 파랑	【青】 あお	아오
□ 파랗다	【青い】 あおい	아오이
□ 파리	はえ	하에
□ 파멸	【破滅】 はめつ	하메쓰
□ 파문	【波紋】 はもん	하몽
□ 파묻다	【埋める】 うずめる	우즈메루
□ 파묻히다	【埋まる】 うずまる	우즈마루
□ 파산	【破産】 はさん	하상
□ 파생	【派生】 はせい	하세-
□ 파손	【破損】 はそん	하송
□ 파수꾼	【見張り】 みはり	미하리
□ 파수병	【番兵】 ばんぺい	밤뻬-
□ 파시	【波市】 はし	하시
□ 파악	【把握】 はあく	하아꾸
□ 파업	【罷業】 ひぎょう	히교-
□ 파열	【破裂】 はれつ	하레쓰

□ 파운드	ポンド	폰도
□ 파울	ファウル	화우루
□ 파이프	パイプ	파이뿌
□ 파인애플	パイナップル	파이납푸루
□ 파인플레이	ファインプレー	화인푸레-
□ 파일	ファイル	화이루
□ 파일럿	パイロット	파이롯또
□ 파자마	パジャマ	파쟈마
□ 파출소	【交番】こうばん	코-방
□ 파충류	【爬虫類】はちゅうるい	하쮸-루이
□ 파킹	パーキング	파-킹구
□ 파탄	【破綻】はたん	하땅
□ 파트너	パートナー	파-토나-
□ 파티	パーティー	파-티-
□ 파편	【破片】はへん	하헹
□ 파행	【跛行】はこう	하꼬-
□ 파헤치다	【掘り起こす】ほりおこす	호리오꼬스
□ 파헤치다(폭로)	【暴く】あばく	아바꾸

가 나 다 라 마 바 사 아 자 차 카 타 파 하

519

□ 파혼	【破婚】	はこん	하꽁
□ 판결	【判決】	はんけつ	항케쓰
□ 판단	【判断】	はんだん	한당
□ 판도	【版図】	はんと	한또
□ 판도라		パンドラ	판도라
□ 판독	【判読】	はんどく	한도꾸
□ 판례	【判例】	はんれい	한레-
□ 판로	【販路】	はんろ	한로
□ 판매	【販売】	はんばい	함바이
□ 판매원	【販売員】	はんばいいん	함바이잉
□ 판명	【判明】	はんめい	함메-
□ 판별	【判別】	はんべつ	함베쓰
□ 판사	【判事】	はんじ	한지
□ 판이하다	【異る】	ことなる	코또나루
□ 판자	【板】	いた	이따
□ 판정	【判定】	はんてい	한떼-
□ 판촉	【販促】	はんそく	한소꾸
□ 판타지		ファンタジー	환타지-

520

□ 판판하다	【平たい】 **ひらたい** 히라따이	
□ 팔	【腕】 **うで** 우데	
□ 팔꿈치	【肘】 **ひじ** 히지	
□ 팔다	【売る】 **うる** 우루	
□ 팔다리	【手足】 **てあし** 테아시	
□ 팔등신	【八頭身】 **はっとうしん** 핫또-싱	
□ 팔랑개비	【風車】 **かざぐるま** 카자구루마	
□ 팔리다	【売れる】 **うれる** 우레루	
□ 팔목	【腕首】 **うでくび** 우데꾸비	
□ 팔방미인	【八方美人】 **はっぽうびじん** 합뽀-비징	
□ 팔찌	【腕輪】 **うでわ** 우데와	
□ 팔푼이	**できそこない** 데끼소꼬나이	
□ 팥	**あずき** 아즈끼	
□ 팥죽	**ぜんざい** 젠자이	
□ 패랭이꽃	**なでしこ** 나데시꼬	
□ 패망	【敗亡】 **はいぼう** 하이보-	
□ 패배	【敗北】 **はいぼく** 하이보꾸	
□ 패션	**ファッション** 홧숑	

가
나
다
라
마
바
사
아
자
차
카
타
파
하

□ 패스포트	パスポート	파스포-또
□ 패자	【敗者】 はいしゃ	하이샤
□ 패전	【敗戦】 はいせん	하이셍
□ 패주	【敗走】 はいそう	하이소-
□ 패턴	パタン	파땅
□ 패트롤카	パトロールカー	파토로-루카
□ 패하다	【敗れる】 やぶれる	야부레루
□ 패하다	【負ける】 まける	마께루
□ 팩	パック	팍꾸
□ 팩시밀리	ファクシミリ	화쿠시미리
□ 팬	ファン	황
□ 팬츠	パンツ	판쓰
□ 팬터마임	パントマイム	판토마이무
□ 팬티	パンティー	판티-
□ 팸플릿	パンフレット	팡후렛또
□ 팽개치다	【放る】 ほうる	호우루
□ 팽이	【独楽】 こま	코마
□ 팽창	【膨張】 ぼうちょう	보-쬬-

522

퍼뜩	はっと 핫또
퍼레이드	パレード 파레-도
퍼센트	パーセント 파-센또
퍼스트	ファースト 화-스또
퍼 올리다	【くみ上げる】くみあげる 쿠미아게루
퍼즐	パズル 파즈루
퍼지다	【広がる】ひろがる 히로가루
펀치	パンチ 판찌
펄럭이다	はためく 하따메꾸
펄프	パルプ 파루뿌
펌프	ポンプ 폼뿌
펑크	パンク 팡꾸
페달	ペダル 페다루
페스트	ペスト 페스또
페이스	フェース 훼-스
페이지	ページ 페-지
페이퍼	ペーパー 페-빠-
페인트	ペンキ 펭끼

□ 페트	ペット	펫또
□ 펜	ペン	펭
□ 펜네임	ペンネーム	펜네-무
□ 펜던트	ペンダント	펜단또
□ 펴다	【広げる】ひろげる	히로게루
□ 편견	【偏見】へんけん	헹껭
□ 편도	【片道】かたみち	카따미찌
□ 편도선	【扁桃腺】へんとうせん	헨또-셍
□ 편리	【便利】べんり	벤리
□ 편물	【編物】あみもの	아미모노
□ 편성	【編成】へんせい	헨세-
□ 편식	【偏食】へんしょく	헨쇼꾸
□ 편안함	【楽】らく	라꾸
□ 편애	ひいき	히-끼
□ 편입	【編入】へんにゅう	헨뉴-
□ 편자	【編者】へんしゃ	헨샤
□ 편제	【編制】へんせい	헨세-
□ 편중	【偏重】へんちょう	헨쬬-

□ 편지	【手紙】	てがみ	테가미
□ 편지지	【便せん】	びんせん	빈셍
□ 편집	【編集】	へんしゅう	헨슈-
□ 편찬	【編纂】	へんさん	헨상
□ 펼치다	【拡げる】	ひろげる	히로게루
□ 평가	【評価】	ひょうか	효-까
□ 평균	【平均】	へいきん	헤-낑
□ 평년	【平年】	へいねん	헤-넹
□ 평당	【坪当り】	つぼあたり	쓰보아따리
□ 평등	【平等】	びょうどう	뵤-도-
□ 평론	【評論】	ひょうろん	효-롱
□ 평면	【平面】	へいめん	헤-멩
□ 평민	【平民】	へいみん	헤-밍
□ 평방	【平方】	へいほう	헤-호-
□ 평범함	【平凡】	へいぼん	헤-봉
□ 평복	【平服】	へいふく	헤-후꾸
□ 평사원	【平社員】	ひらしゃいん	히라샤잉
□ 평생	【一生】	いっしょう	잇쇼-

525

□ 평소	【普段】	ふだん	후당
□ 평야	【平野】	へいや	헤-야
□ 평온	【平穏】	へいおん	헤-옹
□ 평일	【平日】	へいじつ	헤-지쓰
□ 평지	【平地】	へいち	헤-찌
□ 평판	【評判】	ひょうばん	효-방
□ 평행선	【平行線】	へいこうせん	헤-꼬-셍
□ 평화	【平和】	へいわ	헤-와
□ 폐	【肺】	はい	하이
□ 폐가 됨	【迷惑】	めいわく	메-와꾸
□ 폐간	【廃刊】	はいかん	하이깡
□ 폐기	【廃棄】	はいき	하이끼
□ 폐렴	【肺炎】	はいえん	하이엥
□ 폐막	【閉幕】	へいまく	헤-마꾸
□ 폐쇄	【閉鎖】	へいさ	헤-사
□ 폐수	【廃水】	はいすい	하이스이
□ 폐암	【肺癌】	はいがん	하이강
□ 폐업	【廃業】	はいぎょう	하이교-

526

□ 폐옥	【廃屋】はいおく	하이오꾸
□ 폐인	【廃人】はいじん	하이징
□ 폐점	【閉店】へいてん	헤-뗑
□ 폐지	【廃止】はいし	하이시
□ 폐차	【廃車】はいしゃ	하이샤
□ 폐품	【廃品】はいひん	하이힝
□ 폐허	【廃墟】はいきょ	하이꾜
□ 폐회	【閉会】へいかい	헤-까이
□ 포개다	【重ねる】かさねる	카사네루
□ 포격	【砲撃】ほうげき	호-게끼
□ 포경	【包茎】ほうけい	호-께-
□ 포기	【放棄】ほうき	호-끼
□ 포도	【葡萄】ぶどう	부도-
□ 포로	【虜】とりこ	토리꼬
□ 포르트갈	ポルトガル	포루또가루
□ 포만	【飽満】ほうまん	호-망
□ 포목점	【呉服屋】ごふくや	고후꾸야
□ 포문	【砲門】ほうもん	호-몽

포병	【砲兵】 ほうへい 호-헤-
포부	【抱負】 ほうふ 호-후
포상	【褒賞】 ほうしょう 호-쇼-
포스터	ポスター 포스따-
포스트	ポスト 포스또
포연	【砲煙】 ほうえん 호-엥
포옹	【抱擁】 ほうよう 호-요-
포위	【包囲】 ほうい 호-이
포인트	ポイント 포인또
포장	ほろ 호로
포장	【包装】 ほうそう 호-소-
포장도로	【舗道】 ほどう 호도-
포즈	ポーズ 포-즈
포지션	ポジション 포지숑
포켓	ポケット 포켓또
포크	フォーク 훠-꾸
포탄	【砲弾】 ほうだん 호-당
포테이토	ポテト 포테또

528

□ 포플러	ポプラ 포푸라	
□ 포함하다	【含む】 ふくむ 후꾸무	
□ 포함되다	【含まれる】 ふくまれる 후꾸마레루	
□ 포함시키다	【含める】 ふくめる 후꾸메루	
□ 포화	【砲火】 ほうか 호-까	
□ 포획	【捕獲】 ほかく 호카꾸	
□ 포효	【咆哮】 ほうこう 호-꼬-	
□ 폭격	【爆撃】 ばくげき 바꾸게끼	
□ 폭군	【暴君】 ぼうくん 보-꿍	
□ 폭동	【暴動】 ぼうどう 보-도-	
□ 폭락	【暴落】 ぼうらく 보-라꾸	
□ 폭력	【暴力】 ぼうりょく 보-료꾸	
□ 폭로	【暴露】 ばくろ 바꾸로	
□ 폭로하다	【すっぱ抜く】 すっぱぬく 습빠누꾸	
□ 폭리	【暴利】 ぼうり 보-리	
□ 폭발	【爆発】 ばくはつ 바꾸하쓰	
□ 폭소	【爆笑】 ばくしょう 바꾸쇼-	
□ 폭염	【暴炎】 ぼうえん 보-엥	

가
나
다
라
마
바
사
아
자
차
카
타
파
하

529

□ 폭우	【暴雨】ぼうう 보-우
□ 폭음	【爆音】ばくおん 바꾸옹
□ 폭주족	【暴走族】ぼうそうぞく 보-소-조꾸
□ 폭죽	【花火】はなび 하나비
□ 폭탄	【爆弾】ばくだん 바꾸당
□ 폭파	【爆破】ばくは 바꾸하
□ 폭포	【滝】たき 타끼
□ 폭풍	【暴風】ぼうふう 보-후-
□ 폭풍우	【嵐】あらし 아라시
□ 폭행	【暴行】ぼうこう 보-꼬-
□ 폴란드	ポーランド 포-란도
□ 폴리스	ポリス 포리스
□ 표	【切符】きっぷ 킵뿌
□ 표결	【票決】ひょうけつ 효-께쓰
□ 표고버섯	しいたけ 시-타께
□ 표구사	【表具屋】ひょうぐや 효-구야
□ 표기	【表記】ひょうき 효-끼
□ 표류	【漂流】ひょうりゅう 효-류-

□ 표면	【表面】 ひょうめん 효-멩
□ 표면상	【表向き】 おもてむき 오모떼무끼
□ 표명	【表明】 ひょうめい 효-메-
□ 표백	さらし 사라시
□ 표범	ひょう 효-
□ 표변	【豹変】 ひょうへん 효-헹
□ 표시	【印】 しるし 시루시
□ 표시하다	【印す】 しるす 시루스
□ 표어	【標語】 ひょうご 효-고
□ 표적	【的】 まと 마또
□ 표절	【剽窃】 ひょうせつ 효-세쓰
□ 표정	【表情】 ひょうじょう 효-죠-
□ 표제	【見出し】 みだし 미다시
□ 표준	【標準】 ひょうじゅん 효-즁
□ 표지	【表紙】 ひょうし 효-시
□ 표창	【表彰】 ひょうしょう 효-쇼-
□ 표출	【表出】 ひょうしゅつ 효-슈쓰
□ 표현	【表現】 ひょうげん 효-겡

□ 푸념	ぐち	구찌
□ 푸르다	【青い】 あおい	아오이
□ 푹 찌르다	【突き刺す】 つきさす	쓰끼사스
□ 푼돈	【端金】 はしたがね	하시따가네
□ 풀(식물)	【草】 くさ	쿠사
□ 풀(문구)	のり	노리
□ 풀다	【解く】 ほどく	호도꾸
□ 풀리다	【解ける】 とける	토께루
□ 풀베기	【草刈り】 くさかり	쿠사카리
□ 풀빛	【草色】 くさいろ	쿠사이로
□ 풀숲	くさむら	쿠사무라
□ 풀이 죽다	しょげる	쇼게루
□ 풀잎	【草葉】 くさば	쿠사바
□ 품	【懐】 ふところ	후토꼬로
□ 품(수고)	【手間】 てま	테마
□ 품다	【含む】 ふくむ	후꾸무
□ 품다(안다)	【抱く】 だく	다꾸
□ 품목	【品目】 ひんもく	힘모꾸

532

□ 품삯	【手間賃】 てまちん	테마찡
□ 품절	【品切れ】 しなぎれ	시나기레
□ 품종	【品種】 ひんしゅ	힌슈
□ 품질	【品質】 ひんしつ	힌시쯔
□ 풋내기(신참)	【新米】 しんまい	심마이
□ 풋내기(초심자)	【素人】 しろうと	시로-또
□ 풍경	【風景】 ふうけい	후-께-
□ 풍기	【風紀】 ふうき	후-끼
□ 풍년	【豊年】 ほうねん	호-넹
□ 풍뎅이	【黄金虫】 こがねむし	코가네무시
□ 풍로	こんろ	콘로
□ 풍류	【風流】 ふうりゅう	후-류-
□ 풍만	【豊満】 ほうまん	호-망
□ 풍문	【風聞】 ふうぶん	후-붕
□ 풍미	【風靡】 ふうび	후-비
□ 풍선	【風船】 ふうせん	후-셍
□ 풍설	【風雪】 ふうせつ	후-세쓰
□ 풍속	【風俗】 ふうぞく	후-조꾸

□ 풍속	【風速】 ふうそく 후-소꾸
□ 풍습	【風習】 ふうしゅう 후-슈-
□ 풍운	【風雲】 ふううん 후-웅
□ 풍자	【諷刺】 ふうし 후-시
□ 풍작	【豊作】 ほうさく 호-사꾸
□ 풍전	【風前】 ふうぜん 후-젱
□ 풍조	【風潮】 ふうちょう 후-쪼-
□ 풍차	【風車】 かざぐるま 가자구루마
□ 풍채	【風采】 ふうさい 후-사이
□ 풍치	【風情】 ふぜい 후제-
□ 풍토	【風土】 ふうど 후-도
□ 풍화	【風化】 ふうか 후-까
□ 프랑스	フランス 후란스
□ 프라이버시	プライバシー 푸라이바시-
□ 프러포즈	プロポーズ 푸로포-즈
□ 프런트	フロント 후론또
□ 프리미엄	プレミアム 푸레미아무
□ 프레젠트	プレゼント 푸레젠또

□ **프로**　　　　プロ 푸로

□ **프로그램**　　プログラム 푸로구라무

□ **프로덕션**　　プロダクション 푸로다쿠숑

□ **프로듀서**　　プロデューサー 푸로듀-사

□ **프로젝트**　　プロジェクト 푸로제쿠또

□ **프로펠러**　　プロペラ 푸로페라

□ **프린스**　　　プリンス 푸린스

□ **프린트**　　　プリント 푸린또

□ **플라스틱**　　プラスチック 푸라스칙꾸

□ **플라타너스**　プラタナス 푸라타나스

□ **플라토닉**　　プラトニック 푸라토닉꾸

□ **플랑크톤**　　プランクトン 푸랑쿠똥

□ **플래시**　　　フラッシュ 후랏슈

□ **플랜**　　　　プラン 푸랑

□ **플랫폼**　　　プラットホーム 푸랏토호-무

□ **플러스**　　　プラス 푸라스

□ **플레이**　　　プレー 푸레-

□ **피**　　　　　【血】ち 치

□ 피고	【被告】 ひこく	히코꾸
□ 피난	【避難】 ひなん	히낭
□ 피다	【咲く】 さく	사꾸
□ 피라미	【雑魚】 ざこ	자꼬
□ 피라미드	ピラミット	피라밋또
□ 피로	【疲労】 ひろう	히로-
□ 피로하다	【疲れる】 つかれる	쓰까레루
□ 피리	【笛】 ふえ	후에
□ 피부	【皮膚】 ひふ	히후
□ 피비린내나다	【血生臭い】 ちなまぐさい	치나마구사이
□ 피사체	【被写体】 ひしゃたい	히샤따이
□ 피서	【避暑】 ひしょ	히쇼
□ 피아노	ピアノ	피아노
□ 피아니스트	ピアニスト	피아니스또
□ 피안	【彼岸】 ひがん	히강
□ 피앙세	フィアンセ	휘안세
□ 피에로	ピエロ	피에로
□ 피우다	【吸う】 すう	스우

□ 피임	【避妊】ひにん	히닝
□ 피자	ピザ	피자
□ 피켓	ピケット	피켓또
□ 피크	ピーク	피-꾸
□ 피투성이	【血塗れ】ちまみれ	치마미레
□ 피트	フィート	휘-또
□ 피해자	【被害者】ひがいしゃ	히가이샤
□ 피하다	【避ける】さける	사께루
□ 픽션	フィクション	휘꾸숑
□ 픽업	ピックアップ	픽쿠압뿌
□ 핀	ピン	핑
□ 핀셋	ピンセット	핀셋또
□ 필기	【筆記】ひっき	힉끼
□ 필름	フィルム	휘루무
□ 필명	【筆名】ひつめい	히쓰메-
□ 필사적	【必死的】ひっしてき	힛시테끼
□ 필살	【必殺】ひっさつ	힛사쓰
□ 필수	【必須】ひっす	힛스

① 洋服屋
ようふく や
요-후꾸야

② 理髪師
り はつ し
리하쯔시

③ 運転手
うんてんしゅ
운뗀슈

④ 郵便配達員
ゆうびん はい たつ いん
유-빙하이타쯔잉

⑤ 消防士
しょうぼう し
쇼-보-시

⑥ 大工
だい く
다이꾸

① 재단사 ② 이발사 ③ 운전사 ④ 우체부 ⑤ 소방관 ⑥ 목수

⑦ **ウエイトレス**
우에이토레스

⑧ **クック**
쿡쿠

⑨ **ウエイター**
우에이타-

⑩ けいさつかん **警察官**
케-사쯔깡

⑪ び ょう し **美容師**
비요-시

⑫ い しゃ **医者**
이샤

⑬ かん ご ふ **看護婦**
캉고후

---

⑦ 여종업원　⑧ 요리사　⑨ 남종업원　⑩ 경찰　⑪ 미용사
⑫ 의사　⑬ 간호사

□ 필시	さぞ 사조
□ 필연	【必然】 ひつぜん 히쓰젱
□ 필자	【筆者】 ひっしゃ 힛샤
□ 필적	【匹敵】 ひってき 힛테끼
□ 필적	【筆跡】 ひっせき 힛세끼
□ 필터	フィルター 휘루따-
□ 필통	【筆入れ】 ふでいれ 후데이레
□ 핏기	【血の気】 ちのけ 치노께
□ 핏줄	【血続き】 ちつづき 치쓰즈끼
□ 핑계	【小理屈】 こりくつ 코리꾸쓰
□ 핑퐁	ピンポン 핌뽕
□ 핑크	ピンク 핑꾸

□ **하계** 【夏季】 **かき** 카끼

□ **하교** 【下校】 **げこう** 게꼬-

□ **하나** 【一つ】 **ひとつ** 히또쓰

□ **하는 방식** 【遣り方】 **やりかた** 야리카따

□ **하는 수 없다** 【仕方がない】 **しかたがない**
시카따가 나이

□ **하늘** 【空】 **そら** 소라

□ **하다** **する** 스루

□ **하다못해** **せめて** 세메떼

□ **하등** 【何ら】 **なんら** 난라

□ **하락** 【下落】 **げらく** 게라꾸

□ **하루** 【一日】 **いちにち** 이찌니찌

□ **하룻밤** 【一晩】 **ひとばん** 히또방

□ **하류** 【下流】 **かりゅう** 카류-

□ **하마** **かば** 카바

□ **하모니카** **ハーモニカ** 하-모니까

□ 하물며	まして	마시떼
□ 하산	【下山】 げざん	게장
□ 하수	【下水】 げすい	게스이
□ 하수인	【下手人】 げしゅにん	게슈닝
□ 하숙	【下宿】 げしゅく	게슈꾸
□ 하순	【下旬】 げじゅん	게쥰
□ 하시다	なさる	나사루
□ 하야	【下野】 げや	게야
□ 하양	【白】 しろ	시로
□ 하얗다	【白い】 しろい	시로이
□ 하이에나	ハイエナ	하이에나
□ 하이틴	ハイティーン	하이티-ㅇ
□ 하이힐	ハイヒール	하이히-루
□ 하인	【下男】 げなん	게낭
□ 하지만	けれども	케레도모
□ 하차	【下車】 げしゃ	게샤
□ 하찮다	くだらない	쿠다라나이
□ 하청	【下請】 したうけ	시따우께

□ 하체	【下体】 かたい	카따이
□ 하트	ハート	하또
□ 하품	あくび	아꾸비
□ 하필이면	あいにく	아이니꾸
□ 하행	【下り】 くだり	쿠다리
□ 학	つる	쓰루
□ 학계	【学界】 がっかい	각까이
□ 학과	【学科】 がっか	각까
□ 학교	【学校】 がっこう	각꼬-
□ 학급	【学級】 がっきゅう	각뀨-
□ 학기	【学期】 がっき	각끼
□ 학년	【学年】 がくねん	가꾸넹
□ 학대	【虐待】 ぎゃくたい	갸꾸따이
□ 학력	【学歴】 がくれき	가꾸레끼
□ 학문	【学問】 がくもん	가꾸몽
□ 학비	【学費】 がくひ	가꾸히
□ 학사	【学士】 がくし	가꾸시
□ 학살	【虐殺】 ぎゃくさつ	갸꾸사쓰

□ 학설	【学説】	がくせつ	가꾸세쓰
□ 학술	【学術】	がくじゅつ	가꾸쥬쓰
□ 학습	【学習】	がくしゅう	가꾸슈-
□ 학예회	【学芸会】	がくげいかい	가꾸게-까이
□ 학용품	【学用品】	がくようひん	가꾸요-힝
□ 학우	【学友】	がくゆう	가꾸유-
□ 학위	【学位】	がくい	가꾸이
□ 학자	【学者】	がくしゃ	가꾸샤
□ 학창	【学窓】	がくそう	가꾸소-
□ 학칙	【学則】	がくそく	가꾸소꾸
□ 학회	【学会】	がっかい	각까이
□ 한가롭게		のんびり	놈비리
□ 한가운데	【真ん中】	まんなか	만나까
□ 한결	【一入】	ひとしお	히또시오
□ 한계	【限界】	げんかい	겡까이
□ 한국	【韓国】	かんこく	캉코꾸
□ 한국어	【韓国語】	かんこくご	캉코꾸고
□ 한국인	【韓国人】	かんこくじん	캉코꾸징

□ 한눈을 팔다	【脇目をふる】 **わきめをふる**	와끼메오 후루
□ 한대	【寒帯】 **かんたい** 칸따이	
□ 한동안	【暫く】 **しばらく** 시바라꾸	
□ 한때	【一時】 **いちじ** 이찌지	
□ 한란계	【寒暖計】 **かんだんけい** 칸당께-	
□ 한랭	【寒冷】 **かんれい** 칸레-	
□ 한류	【寒流】 **かんりゅう** 칸류-	
□ 한마디	【一言】 **ひとこと** 히도코또	
□ 한문	【漢文】 **かんぶん** 캄붕	
□ 한바탕	【一頻り】 **ひとしきり** 히또시끼리	
□ 한바퀴	【一回り】 **ひとまわり** 히또마와리	
□ 한발	【日照り】 **ひでり** 히데리	
□ 한방	【漢方】 **かんぽう** 캄뽀-	
□ 한 사람	【一人】 **ひとり** 히또리	
□ 한손	【片手】 **かたて** 카타떼	
□ 한숨	【溜息】 **ためいき** 타메이끼	
□ 한심스럽다	【心細い】 **こころぼそい** 코꼬로보소이	
□ 한심하다	【情けない】 **なさけない** 나사께나이	

□ 한여름	【真夏】**まなつ** 마나쓰	
□ 한자	【漢字】**かんじ** 칸지	
□ 한정	【限定】**げんてい** 겐떼-	
□ 한줌	【一握り】**ひとにぎり** 히또니기리	
□ 한쪽	【一方】**いっぽう** 입뽀-	
□ 한창 때	【最中】**さいちゅう** 사이쮸-	
□ 한탄	【嘆き】**なげき** 나게끼	
□ 한탄하다	【嘆く】**なげく** 나게꾸	
□ 한파	【寒波】**かんぱ** 캄빠	
□ 한패	【一味】**いちみ** 이찌미	
□ 할당	【割当て】**わりあて** 와리아떼	
□ 할머니	【お婆さん】**おばあさん** 오바-상	
□ 할 수 있다	【出来る】**できる** 데끼루	
□ 할아버지	【お爺さん】**おじいさん** 오지-상	
□ 할인	【割引】**わりびき** 와리비끼	
□ 할퀴다	【引っかく】**ひっかく** 힉카꾸	
□ 핥다	**なめる** 나메루	
□ 함께	【一緒に】**いっしょに** 잇쇼니	

546

□ 함대	【艦隊】かんたい 칸따이
□ 함락	【陥落】かんらく 칸라꾸
□ 함부로	むやみに 무야미니
□ 함석	トタン 토땅
□ 함정	【落とし穴】おとしあな 오또시아나
□ 함정(군함)	【艦艇】かんてい 칸떼-
□ 함포	【艦砲】かんぽう 캄뽀-
□ 합격	【合格】ごうかく 고-카꾸
□ 합계	【合計】ごうけい 고-께-
□ 합동	【合同】ごうどう 고-도-
□ 합리적	【合理的】ごうりてき 고-리테끼
□ 합법	【合法】ごうほう 고-호-
□ 합산	【合算】がっさん 갓상
□ 합석	【相席】あいせき 아이세끼
□ 합성	【合性】ごうせい 고-세-
□ 합숙	【合宿】がっしゅく 갓슈꾸
□ 합승	【合乗り】あいのり 아이노리
□ 합의	【合議】ごうぎ 고-기

□ 합의	【合意】 ごうい	고-이
□ 합자	【合資】 ごうし	고-시
□ 합작	【合作】 がっさく	갓사꾸
□ 합주	【合奏】 がっそう	갓소-
□ 합창	【合唱】 がっしょう	갓쇼-
□ 합치다	【合わせる】 あわせる	아와세루
□ 항고	【抗告】 こうこく	코-코꾸
□ 항공	【航空】 こうくう	코-꾸-
□ 항구	【港】 みなと	미나또
□ 항로	【航路】 こうろ	코-로
□ 항만	【港湾】 こうわん	코-왕
□ 항목	【項目】 こうもく	코-모꾸
□ 항문	【肛門】 こうもん	코-몽
□ 항복	【降参】 こうさん	코-상
□ 항상	【常に】 つねに	쓰네니
□ 항성	【恒星】 こうせい	코-세-
□ 항소	【控訴】 こうそ	코-소
□ 항아리	【壺】 つぼ	쓰보

□ 항의	【抗議】 こうぎ	코-기
□ 항쟁	【抗争】 こうそう	코-소-
□ 항체	【抗体】 こうたい	코-따이
□ 항해	【航海】 こうかい	코-까이
□ 해(태양)	【日】 ひ	히
□ 해(년)	【年】 とし	도시
□ 해결	【解決】 かいけつ	카이케쓰
□ 해고	【解雇】 かいこ	카이꼬
□ 해골	【骸骨】 がいこつ	카이코쓰
□ 해군	【海軍】 かいぐん	카이궁
□ 해녀	【海女】 あま	아마
□ 해답	【解答】 かいとう	카이또-
□ 해당	【該当】 がいとう	가이또-
□ 해당화	はまなす	하마나스
□ 해독(해석)	【解読】 かいどく	카이도꾸
□ 해독(독성)	【解毒】 げどく	게도꾸
□ 해류	【海流】 かいりゅう	카이류-
□ 해마다	【年々】 ねんねん	넨넹

□ 해면	【海面】 かいめん 카이멩
□ 해명	【解明】 かいめい 카이메-
□ 해바라기	【向日葵】 ひまわり 히마와리
□ 해발	【海抜】 かいばつ 카이바쓰
□ 해방	【解放】 かいほう 카이호-
□ 해변	【海辺】 うみべ 우미베
□ 해부	【解剖】 かいぼう 카이보-
□ 해빙	【解氷】 かいひょう 카이효-
□ 해산	【解散】 かいさん 카이상
□ 해산물	【海産物】 かいさんぶつ 카이삼부쓰
□ 해삼	なまこ 나마꼬
□ 해상	【海上】 かいじょう 카이죠-
□ 해석	【解釈】 かいしゃく 카이샤꾸
□ 해설	【解説】 かいせつ 카이세쓰
□ 해소	【解消】 かいしょう 카이쇼-
□ 해수욕	【海水浴】 かいすいよく 카이스이요꾸
□ 해수욕복	【水着】 みずぎ 미즈기
□ 해안	【海岸】 かいがん 카이강

□ 해약	【解約】 かいやく	카이야꾸
□ 해양	【海洋】 かいよう	카이요-
□ 해오라기	さぎ	사기
□ 해외	【海外】 かいがい	카이가이
□ 해적	【海賊】 かいぞく	카이조꾸
□ 해제	【解除】 かいじょ	카이죠
□ 해질 무렵	【夕暮れ】 ゆうぐれ	유-구레
□ 해체	【解体】 かいたい	카이따이
□ 해초	【海草】 かいそう	카이소-
□ 해충	【害虫】 がいちゅう	가이쮸-
□ 해치다	【害する】 がいする	가이스루
□ 해치우다	やっつける	얏쓰케루
□ 해탈	【解脱】 げだつ	게다쓰
□ 해파리	【水母】 くらげ	쿠라게
□ 해프닝	ハプニング	하푸닝구
□ 해피엔드	ハッピーエンド	합피-엔도
□ 해학	【諧謔】 かいぎゃく	카이갸꾸
□ 해협	【海峡】 かいきょう	카이꾜-

가
나
다
라
마
바
사
아
자
차
카
타
파
하

□ 핵가족	【核家族】かくかぞく	카꾸가조꾸
□ 핵병기	【核兵器】かくへいき	카꾸헤-끼
□ 핵심	【核心】かくしん	카꾸싱
□ 핸드백	ハンドバッグ	한도박구
□ 핸드폰	【携帯】けいたい	케-따이
□ 핸들	ハンドル	한도루
□ 핸섬	ハンサム	한사무
□ 햄	ハム	하무
□ 행군	【行軍】こうぐん	코-궁
□ 행동	【行動】こうどう	코-도-
□ 행렬	【行列】ぎょうれつ	교-레쓰
□ 행로	【行路】こうろ	코-로
□ 행복	【幸福】こうふく	코-후꾸
□ 행사	【行事】ぎょうじ	교-지
□ 행상	【行商】ぎょうしょう	교-쇼-
□ 행선지	【行く先】ゆくさき	유꾸사끼
□ 행실	【行儀】ぎょうぎ	교-기
□ 행운	【幸運】こううん	코-웅

□ 행운아	【果報者】 かほうもの	카호-모노
□ 행위	【行為】 こうい	코-이
□ 행정	【行政】 ぎょうせい	교-세-
□ 행주	【布巾】 ふきん	후낑
□ 행진	【行進】 こうしん	코-싱
□ 행패	【狼藉】 ろうぜき	로-제끼
□ 행하다	【行う】 おこなう	오꼬나우
□ 향기	【香り】 かおり	카오리
□ 향락	【享楽】 きょうらく	쿄-라꾸
□ 향상	【向上】 こうじょう	코-죠-
□ 향수	【香水】 こうすい	코-스이
□ 향수(고향)	【郷愁】 きょうしゅう	쿄-슈-
□ 향하다	【向う】 むかう	무까우
□ 허가	【許可】 きょか	쿄까
□ 허공	【虚空】 こくう	코꾸-
□ 허구	【虚構】 きょこう	쿄꼬-
□ 허니문	ハネムーン	하네무-ㅇ
□ 허다함	【数多】 あまた	아마따

□ 허둥대다	うろたえる	우로따에루
□ 허둥지둥	あたふた	아따후따
□ 허락	【承諾】しょうだく	쇼-다꾸
□ 허락하다	【許す】ゆるす	유루스
□ 허례	【虚礼】きょれい	쿄레-
□ 허리	【腰】こし	코시
□ 허리케인	ハリケーン	하리께-ㅇ
□ 허무	【虚無】きょむ	쿄무
□ 허무하다	はかない	하까나이
□ 허물	とが	토가
□ 허물없다	なれなれしい	나레나레시-
□ 허상	【虚像】きょぞう	쿄조-
□ 허세	はったり	핫따리
□ 허수아비	【案山子】かかし	카까시
□ 허스키	ハスキー	하스끼-
□ 허영	【虚栄】きょえい	쿄에-
□ 허우적거리다	もがく	모가꾸
□ 허위	【虚偽】きょぎ	쿄기

554

□ 허풍	*だぼら* 다보라	
□ 헌금	【献金】 **けんきん** 켕낑	
□ 헌법	【憲法】 **けんぽう** 켐뽀-	
□ 헌병	【憲兵】 **けんぺい** 켐뻬-	
□ 헌신	【献身】 **けんしん** 켄싱	
□ 헌옷	【古着】 **ふるぎ** 후루기	
□ 헌장	【憲章】 **けんしょう** 켄쇼-	
□ 헌집	【古家】 **ふるや** 후루야	
□ 헐값	【捨て値】 **すてね** 스떼네	
□ 헐떡이다	**あえぐ** 아에구	
□ 헐뜯다	**けなす** 케나스	
□ 험난함	【険難】 **けんなん** 켄낭	
□ 험담	【陰口】 **かげぐち** 카게쿠찌	
□ 험악함	【険悪】 **けんあく** 켕아꾸	
□ 험하다	【険しい】 **けわしい** 케와시-	
□ 헛간	【納屋】 **なや** 나야	
□ 헛걸음	【無駄足】 **むだあし** 무다아시	
□ 헛기침	【咳払い】 **せきばらい** 세끼바라이	

□ 헛되다	【空しい】 **むなしい** 무나시-	
□ 헛들음	【空耳】 **そらみみ** 소라미미	
□ 헛소리	【たわ言】 **たわごと** 타와고또	
□ 헛수고	【無駄骨】 **むだぼね** 무다보네	
□ 헝겊	【布】 **ぬの** 누노	
□ 헤드라이트	**ヘッドライト** 헷도라이또	
□ 헤매다	**さまよう** 사마요우	
□ 헤아리다(숫자)	【数える】 **かぞえる** 카조에루	
□ 헤아리다(추량)	【察する】 **さっする** 삿스루	
□ 헤어스타일	**ヘアスタイル** 헤아스타이루	
□ 헤어지다	【別れる】 **わかれる** 와까레루	
□ 헥타르	**ヘクタール** 헤쿠타-루	
□ 헬리콥터	**ヘリコプター** 헤리코푸따-	
□ 헹구다	**すすぐ** 스스구	
□ 혀	【舌】 **した** 시따	
□ 혁대	**バンド** 반도	
□ 혁명	【革命】 **かくめい** 카꾸메-	
□ 혁신	【革新】 **かくしん** 카꾸싱	

556

□ 현관	【玄関】	げんかん	겡깡
□ 현금	【現金】	げんきん	겡낑
□ 현기증	【眩暈】	めまい	메마이
□ 현대	【現代】	げんだい	겐다이
□ 현명하다	【賢い】	かしこい	카시꼬이
□ 현미	【玄米】	げんまい	겜마이
□ 현상	【現象】	げんしょう	겐쇼-
□ 현상(모집)	【懸賞】	けんしょう	켄쇼-
□ 현수막	【垂れ幕】	たれまく	타레마꾸
□ 현실	【現実】	げんじつ	겐지쓰
□ 현안	【懸案】	けんあん	켕앙
□ 현역	【現役】	げんえき	겡에끼
□ 현장	【現場】	げんば	겜바
□ 현재	【現在】	げんざい	겐자이
□ 현지	【現地】	げんち	겐찌
□ 현처	【賢妻】	けんさい	켄사이
□ 현행	【現行】	げんこう	겡꼬-
□ 혈관	【血管】	けっかん	켁깡

□ 혈구	【血球】 けっきゅう	켁뀨-
□ 혈기	【血気】 けっき	켁끼
□ 혈당	【血糖】 けっとう	켓또-
□ 혈루	【血涙】 けつるい	케쓰루이
□ 혈맥	【血脈】 けつみゃく	케쓰먀꾸
□ 혈맹	【血盟】 けつめい	케쓰메-
□ 혈색	【血色】 けっしょく	켓쇼꾸
□ 혈서	【血書】 けっしょ	켓쇼
□ 혈안	【血眼】 ちまなこ	치마나꼬
□ 혈압	【血圧】 けつあつ	케쓰아쓰
□ 혈액형	【血液型】 けつえきがた	케쓰에끼가따
□ 혈연	【血縁】 けつえん	케쓰엥
□ 혈우병	【血友病】 けつゆうびょう	케쓰유-뵤-
□ 혈족	【血族】 けつぞく	케쓰조꾸
□ 혈통	【血統】 けっとう	켓또-
□ 혈투	【血闘】 けっとう	켓또-
□ 혐오	【嫌悪】 けんお	켕오
□ 혐의	【嫌疑】 けんぎ	켕기

□ 협공	【挟打ち】 **はさみうち** 하사미우찌	
□ 협동	【協同】 **きょうどう** 쿄-도-	
□ 협력	【協力】 **きょうりょく** 쿄-료꾸	
□ 협박	【脅迫】 **きょうはく** 쿄-하꾸	
□ 협상	【協商】 **きょうしょう** 쿄-쇼-	
□ 협약	【協約】 **きょうやく** 쿄-야꾸	
□ 협정	【協定】 **きょうてい** 쿄-떼-	
□ 협조	【協助】 **きょうじょ** 쿄-죠	
□ 협회	【協会】 **きょうかい** 쿄-까이	
□ 형	【兄】 **あに** 아니	
□ 형광등	【蛍光灯】 **けいこうとう** 케-꼬-또-	
□ 형기	【刑期】 **けいき** 케-끼	
□ 형벌	【刑罰】 **けいばつ** 케-바쓰	
□ 형사	【刑事】 **けいじ** 케-지	
□ 형설	【蛍雪】 **けいせつ** 케-세쓰	
□ 형성	【形成】 **けいせい** 케-세-	
□ 형수	【兄嫁】 **あによめ** 아니요메	
□ 형식	【形式】 **けいしき** 케-시끼	

가
나
다
라
마
바
사
아
자
차
카
타
파
하

□ 형언	【形言】けいげん	케-겡
□ 형용	【形容】けいよう	케-요-
□ 형장	【刑場】けいじょう	케-죠-
□ 형제	【兄弟】きょうだい	쿄-다이
□ 형태	【形態】けいたい	케-따이
□ 형편	【都合】つごう	쓰고-
□ 호감	【好感】こうかん	코-깡
□ 호걸	【豪傑】ごうけつ	고-께쓰
□ 호기	【好期】こうき	코-끼
□ 호기심	【好奇心】こうきしん	코-끼싱
□ 호되게	【強かに】したたかに	시따타카니
□ 호되다	【手強い】てごわい	테고와이
□ 호두	【胡桃】くるみ	쿠루미
□ 호들갑스럽다	【大仰】おおぎょう	오-교-
□ 호락호락	むざむざ	무자무자
□ 호랑나비	あげはちょう	아게하쬬-
□ 호랑이	【虎】とら	토라
□ 호령	【号令】ごうれい	고-레-

560

□ 호루라기	【呼び子】 **よびこ** 요비꼬	
□ 호르몬	**ホルモン** 호루몽	
□ 호리병박	**ひょうたん** 효-땅	
□ 호박	**かぼちゃ** 카보쨔	
□ 호반	【湖畔】 **こはん** 코항	
□ 호사다마	【好事多摩】 **こうじたま** 코-지타마	
□ 호색한	【助平】 **すけべえ** 스께베-	
□ 호스	**ホース** 호-스	
□ 호소	【訴え】 **うったえ** 웃따에	
□ 호소하다	【訴える】 **うったえる** 웃따에루	
□ 호수	【湖】 **みずうみ** 미즈우미	
□ 호스티스	**ホステス** 호스테스	
□ 호언장담	【広言】 **こうげん** 코-겡	
□ 호우	【豪雨】 **ごうう** 고-우	
□ 호외	【号外】 **ごうがい** 고-가이	
□ 호의	【好意】 **こうい** 코-이	
□ 호인	【人好し】 **ひとよし** 히또요시	
□ 호적	【戸籍】 **こせき** 코세끼	

가
나
다
라
마
바
사
아
자
차
카
타
파
하

□ 호조	【好調】 こうちょう	코-쬬-
□ 호주	【戸主】 こしゅ	코슈
□ 호출	【呼出し】 よびだし	요비다시
□ 호탕함	らいらく	라이라꾸
□ 호텔	ホテル	호테루
□ 호평	【好評】 こうひょう	코-효-
□ 호화	【豪華】 ごうか	고-까
□ 호황	【好況】 こうきょう	코-꾜-
□ 호흡	【呼吸】 こきゅう	코뀨-
□ 혹	こぶ	코부
□ 혹사	【酷使】 こくし	코꾸시
□ 혹시	【或は】 あるいは	아루이와
□ 혼	【魂】 たましい	타마시-
□ 혼기	【婚期】 こんき	콩끼
□ 혼담	【縁談】 えんだん	엔당
□ 혼동	【混同】 こんどう	콘도-
□ 혼란	【混乱】 こんらん	콜랑
□ 혼례	【婚礼】 こんれい	콘레-

□ 혼미	【昏迷】	こんめい	콤메-
□ 혼선	【混線】	こんせん	콘셍
□ 혼수	【昏睡】	こんすい	콘스이
□ 혼식	【混食】	こんしょく	콘쇼꾸
□ 혼신	【渾身】	こんしん	콘싱
□ 혼용	【混用】	こんよう	콩요-
□ 혼잡	【混雑】	こんざつ	콘자쓰
□ 혼잣말	【独り言】	ひとりごと	히또리고또
□ 혼쭐나다	【魂消る】	たまげる	타마게루
□ 혼합	【混合】	こんごう	콩고-
□ 혼합(짬뽕)		ちゃんぽん	참뽕
□ 혼혈아	【合の子】	あいのこ	아이노꼬
□ 홀딱		ぞっこん	족꽁
□ 홀딱 반함	【首っ丈】	くびったけ	쿠빗다께
□ 홀로	【独り】	ひとり	히또리
□ 홀수	【奇数】	きすう	키스-
□ 홀아비	【男やもめ】	おとこやもめ	오토꼬야모메
□ 홀연히	【忽然】	こつぜん	코쓰젱

563

□ 홀쭉하다	【細長い】ほそながい 호소나가이
□ 홍수	【洪水】こうずい 코-즈이
□ 홍역	【麻疹】はしか 하시까
□ 홍일점	【紅一点】こういってん 코-잇뗑
□ 홍차	【紅茶】こうちゃ 코-쨔
□ 홍채	【虹彩】こうさい 코-사이
□ 홍학	【紅鶴】べにづる 베니즈루
□ 효과	【効果】こうか 코-까
□ 효도	【孝行】こうこう 코-꼬-
□ 효력	【効力】こうりょく 코-료꾸
□ 효용	【効用】こうよう 코-요-
□ 효자	【孝子】こうし 코-시
□ 효능	【効き目】ききめ 키끼메
□ 환각	【幻覚】げんかく 겡가꾸
□ 환경	【環境】かんきょう 캉꾜-
□ 환대	【歓待】かんたい 칸따이
□ 환멸	【幻滅】げんめつ 겜메쓰
□ 환불	【払戻し】はらいもどし 하라이모도시

564

□ 환상	【幻想】 げんそう	겐소-
□ 환송	【見送り】 みおくり	미오꾸리
□ 환승	【乗換え】 のりかえ	노리까에
□ 환영	【歓迎】 かんげい	캉게-
□ 환영	【幻】 まぼろし	마보로시
□ 환자	【患者】 かんじゃ	칸쟈
□ 환자(병자)	【病人】 びょうにん	뵤-닝
□ 환전	【両替】 りょうがえ	료-가에
□ 환절기	【換節期】 かんせつき	칸세쓰끼
□ 환하다	【明るい】 あかるい	아까루이
□ 환호	【歓呼】 かんこ	캉꼬
□ 활	【弓】 ゆみ	유미
□ 활개치다	のさばる	노사바루
□ 활기	【活気】 かっき	칵끼
□ 활동	【活動】 かつどう	카쓰도-
□ 활력	【活力】 かつりょく	카쓰료꾸
□ 활로	【活路】 かつろ	카쓰로
□ 활발함	【活発】 かっぱつ	캅빠쓰

가
나
다
라
마
바
사
아
자
차
카
타
파
하

□ 활보	【闊歩】 かっぽ 캅뽀
□ 활약	【活躍】 かつやく 카쓰야꾸
□ 활용	【活用】 かつよう 카쓰요-
□ 활자	【活字】 かつじ 카쓰지
□ 활주로	【滑走路】 かっそうろ 캇소-로
□ 활화산	【活火山】 かっかざん 칵까장
□ 홧김	【腹立ち紛れ】 はらだちまぎれ
	하라다찌마기레
□ 홧술	【自棄酒】 やけざけ 야께자께
□ 황금	【黄金】 おうごん 오-공
□ 황금색	【山吹色】 やまぶきいろ 야마부끼이로
□ 황새	こうのとり 코-노또리
□ 황송함	【恐縮】 きょうしゅく 쿄-슈꾸
□ 황야	【荒野】 こうや 코-야
□ 황제	【皇帝】 こうてい 코-떼-
□ 황토	【黄土】 おうど 오-도
□ 황혼	【黄昏】 たそがれ 타소가레
□ 황홀	【恍惚】 こうこつ 코-꼬쓰
□ 황홀(멍한 모양)	うっとり 웃또리

□ 회견	【会見】 かいけん	카이껭
□ 회계	【会計】 かいけい	카이께-
□ 회고	【回顧】 かいこ	카이꼬
□ 회기	【回帰】 かいき	카이끼
□ 회담	【会談】 かいだん	카이당
□ 회답	【回答】 かいとう	카이또-
□ 회동	【会同】 かいどう	카이도-
□ 회람	【回覧】 かいらん	카이랑
□ 회복	【回復】 かいふく	카이후꾸
□ 회비	【会費】 かいひ	카이히
□ 회사	【会社】 かいしゃ	카이샤
□ 회상	【回想】 かいそう	카이소-
□ 회색	【灰色】 はいいろ	하이이로
□ 회수	【回収】 かいしゅう	카이슈-
□ 회오리바람	【つむじ風】 つむじかぜ	쓰무지카제
□ 회의	【会議】 かいぎ	카이기
□ 회의	【懐疑】 かいぎ	카이기
□ 회장	【会長】 かいちょう	카이쬬-

□ 회장	【会場】 かいじょう	카이죠-
□ 회전	【回転】 かいてん	카이뗑
□ 회중시계	【懐中時計】 かいちゅうどけい	카이쮸-도께-
□ 회초리	むち	무찌
□ 회춘	【回春】 かいしゅん	카이슝
□ 회충	【蛔虫】 かいちゅう	카이쮸-
□ 회충약	【虫下し】 むしくだし	무시쿠다시
□ 회항	【回航】 かいこう	카이꼬-
□ 회화	【会話】 かいわ	카이와
□ 회화	【絵画】 かいが	카이가
□ 획득	【獲得】 かくとく	카꾸토꾸
□ 횡령	【横領】 おうりょう	오-료-
□ 횡단	【横断】 おうだん	오-당
□ 횡설수설	しどろもどろ	시도로모도로
□ 횡포	【横暴】 おうぼう	오-보-
□ 후계자	【後継者】 こうけいしゃ	코-께-샤
□ 후기	【後期】 こうき	코-끼
□ 후배	【後輩】 こうはい	코-하이

□ 후보	【候補】 こうほ	코-호
□ 후비다	ほじくる	호지꾸루
□ 후세	【後世】 こうせい	코-세-
□ 후속	【後続】 こうぞく	코-조꾸
□ 후예	【後裔】 こうえい	코-에-
□ 후원자	【後ろ楯】 うしろたて	우시로타떼
□ 후임	【後任】 こうにん	코-닝
□ 후처	【後添い】 のちぞい	노찌조이
□ 후천적	【後天的】 こうてんてき	코-뗀테끼
□ 후추	【胡椒】 こしょう	코쇼-
□ 후퇴	【後退】 こうたい	코-따이
□ 후회	【後悔】 こうかい	코-까이
□ 후회하다	【悔いる】 くいる	쿠이루
□ 훈독	【訓読】 くんどく	쿤도꾸
□ 훈련	【訓練】 くんれん	쿤렝
□ 훈방	【訓放】 くんぽう	쿰뽀-
□ 훈육	【訓育】 くんいく	쿵이꾸
□ 훈장	【勲章】 くんしょう	쿤쇼-

□ 훌륭함	【立派】 **りっぱ** 립빠	
□ 훌쩍	**ぶらりと** 부라리또	
□ 훌쩍훌쩍	**しくしく** 시꾸시꾸	
□ 훔치다	【盗む】 **ぬすむ** 누스무	
□ 훔치다(닦다)	【拭く】 **ふく** 후꾸	
□ 휘감기다	【巻きつく】 **まきつく** 마끼쓰꾸	
□ 휘두르다	【振り回す】 **ふりまわす** 후리마와스	
□ 휘발유	**ガソリン** 가소링	
□ 휘청거리다	**よろめく** 요로메꾸	
□ 휘파람	【口笛】 **くちぶえ** 쿠찌부에	
□ 휘호	【揮毫】 **きごう** 키고-	
□ 휴가	【休暇】 **きゅうか** 큐-까	
□ 휴간	【休刊】 **きゅうかん** 큐-깡	
□ 휴게소	【休憩所】 **きゅうけいしょ** 큐-께-쇼	
□ 휴교	【休校】 **きゅうこう** 큐-꼬-	
□ 휴대	【携帯】 **けいたい** 케-따이	
□ 휴대전화	【携帯電話】 **けいたいでんわ** 케-따이뎅와	
□ 휴대하다	【携える】 **たずさえる** 타즈사에루	

□ 휴무	【休務】	きゅうむ	큐-무
□ 휴식	【休息】	きゅうそく	큐-소꾸
□ 휴전	【休戦】	きゅうせん	큐-셍
□ 휴지	【塵紙】	ちりがみ	치리가미
□ 휴학	【休学】	きゅうがく	큐-가꾸
□ 흉가	【凶家】	きょうか	쿄-까
□ 흉계	【凶計】	きょうけい	쿄-께-
□ 흉내	【真似】	まね	마네
□ 흉내 내다	【真似る】	まねる	마네루
□ 흉년	【凶年】	きょうねん	쿄-넹
□ 흉악	【凶悪】	きょうあく	쿄-아꾸
□ 흉작	【凶作】	きょうさく	쿄-사꾸
□ 흉터	【傷痕】	きずあと	키즈아또
□ 흉하다	【醜い】	みにくい	미니꾸이
□ 흐느낌	【嗚咽】	おえつ	오에쓰
□ 흐르다	【流れる】	ながれる	나가레루
□ 흐리다	【曇る】	くもる	쿠모루
□ 흐물흐물		ぐにゃぐにゃ	구냐구냐

□ 흐뭇하다	ほほえましい 호호에마시-
□ 흑막	【黒幕】 くろまく 쿠로마꾸
□ 흑백	【黒白】 こくびゃく 코꾸뱌꾸
□ 흑색	【黒色】 くろいろ 쿠로이로
□ 흑인	【黒人】 こくじん 코꾸징
□ 흑판	【黒板】 こくばん 코꾸방
□ 흔들다	【振る】 ふる 후루
□ 흔들리다	【揺れる】 ゆれる 유레루
□ 흔들흔들	ぐらぐら 구라구라
□ 흔적	【跡形】 あとかた 아또카따
□ 흔하다	【数多い】 かずおおい 카즈오-이
□ 흔히	【俗に】 ぞくに 조꾸니
□ 흘리다	【流す】 ながす 나가스
□ 흙	【土】 つち 쓰찌
□ 흙먼지	【土埃】 つちぼこり 쓰찌보꼬리
□ 흙탕물	【泥水】 どろみず 도로미즈
□ 흙투성이	【泥まみれ】 どろまみれ 도로마미레
□ 흠뻑 젖음	びしょぬれ 비쇼누레

□ 흡사	さながら	사나가라
□ 흡수	【吸収】 きゅうしゅう	큐-슈-
□ 흡연	【喫煙】 きつえん	키쓰엥
□ 흥망	【興亡】 こうぼう	코-보-
□ 흥미	【興味】 きょうみ	쿄-미
□ 흥분	【興奮】 こうふん	코-훙
□ 흥분하다	【逆上せる】 のぼせる	노보세루
□ 흥신소	【興信所】 こうしんじょ	코-신죠
□ 흥정	【駆引き】 かけひき	카께히끼
□ 흥행	【興行】 こうぎょう	코-교-
□ 흩어지다	【散る】 ちる	치루
□ 히스테리	ヒステリー	히스테리-
□ 히죽이죽	にやにや	니야니야
□ 히트	ヒット	힛또
□ 힌트	ヒント	힌또
□ 힘	【力】 ちから	치까라
□ 힘겹다	【手強い】 てごわい	테고와이
□ 힘껏	【力一杯】 ちからいっぱい	치까라입빠이

신체 身体

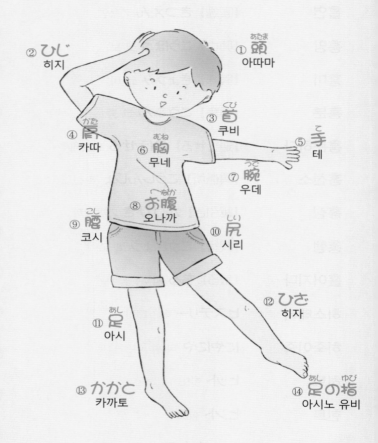

② ひじ
히지

① 頭
あたま
아따마

③ 首
くび
쿠비

④ 肩
かた
카따

⑥ 胸
むね
무네

⑤ 手
て
테

⑦ 腕
うで
우데

⑧ お腹
なか
오나까

⑨ 腰
こし
코시

⑩ 尻
しり
시리

⑫ ひざ
히자

⑪ 足
あし
아시

⑬ かかと
카까토

⑭ 足の指
あし ゆび
아시노 유비

① 머리 ② 팔꿈치 ③ 목 ④ 어깨 ⑤ 손 ⑥ 가슴 ⑦ 팔 ⑧ 배
⑨ 허리 ⑩ 엉덩이 ⑪ 다리 ⑫ 무릎 ⑬ 발뒤꿈치 ⑭ 발가락

574

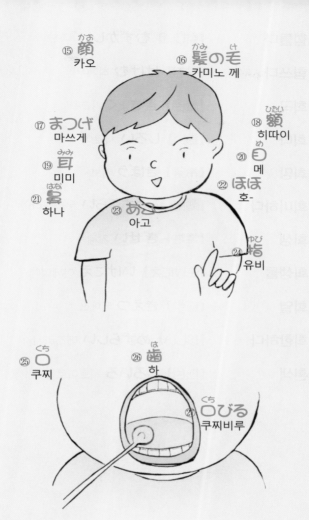

⑮ 顔 _{かお}
카오

⑯ 髪の毛 _{かみ の け}
카미노 께

⑰ まつげ
마쓰게

⑱ 額 _{ひたい}
히따이

⑲ 耳 _{みみ}
미미

⑳ 目 _め
메

㉑ 鼻 _{はな}
하나

㉒ ほほ
호-

㉓ あご
아고

㉔ 指 _{ゆび}
유비

㉕ 口 _{くち}
쿠찌

㉖ 歯 _は
하

㉗ 口びる _{くち}
쿠찌비루

⑮ 얼굴 ⑯ 머리카락 ⑰ 눈썹 ⑱ 이마 ⑲ 귀 ⑳ 눈 ㉑ 코
㉒ 볼 ㉓ 턱 ㉔ 손가락 ㉕ 입 ㉖ 치아 ㉗ 입술

□ 힘들다	【難しい】	むずかしい	무즈까시-
□ 힘쓰다	【励む】	はげむ	하게무
□ 희곡	【戯曲】	ぎきょく	기쿄꾸
□ 희다	【白い】	しろい	시로이
□ 희망	【希望】	きぼう	키보-
□ 희미하다	【薄暗い】	うすぐらい	우스구라이
□ 희생	【犠牲】	ぎせい	기세-
□ 희생물	【生けにえ】	いけにえ	이께니에
□ 희열	【喜悦】	きえつ	키에쓰
□ 희한하다	【珍しい】	めずらしい	메즈라시-
□ 흰색	【白色】	しろいろ	시로이로